U0584075

湖南省一流建设学科法学（湖南师范大学）建设项目

新时代检察制度研究

沈红卫　沈泽钰　著

九州出版社
JIUZHOUPRESS

图书在版编目（CIP）数据

新时代检察制度研究／沈红卫，沈泽钰著．－－北京：
九州出版社，2021.11

ISBN 978－7－5108－7651－6

Ⅰ．①新… Ⅱ．①沈…②沈… Ⅲ．①检察机关—司
法制度—研究—中国 Ⅳ．①D926.3

中国版本图书馆 CIP 数据核字（2021）第 215812 号

新时代检察制度研究

作　　者	沈红卫　沈泽钰　著
责任编辑	陈春玲
出版发行	九州出版社
地　　址	北京市西城区阜外大街甲 35 号（100037）
发行电话	（010）68992190/3/5/6
网　　址	www.jiuzhoupress.com
印　　刷	唐山才智印刷有限公司
开　　本	710 毫米×1000 毫米　16 开
印　　张	16.5
字　　数	244 千字
版　　次	2022 年 1 月第 1 版
印　　次	2022 年 1 月第 1 次印刷
书　　号	ISBN 978－7－5108－7651－6
定　　价	95.00 元

★版权所有　侵权必究★

目 录
CONTENTS

第一章

检察制度的历史沿革

一、检察制度的概念和功能

（一）检察制度的概念

对"检察制度"概念的界定首先要从"检察"一词开始。由于世界各国经济发展各异，文化背景存在差异，因此，各国对"检察"一词的理解也存在一定差异。大陆法系国家中"检察"通常被认为是维护国家公共利益的制度和行为。如在日本，"检察"的含义就是代表公共利益的人在法律规定的权限范围内对刑事案件提起公诉并对法院判决的执行情况进行监督的行为；在法国，最初的"检察"的含义是指专人代表国王利益提起诉讼。英美法系国家中"检察"的内容主要体现在提起公诉的行为。如在英国，"检察"的含义体现在设置大陪审团专司起诉，起诉所代表的也主要是公共利益；美国对检察的理解，与英国类似。我国古代文献中对"检察"一词的使用也并不少见，据《后汉书·百官志五》所载："什主十家，伍主五家，以相检察。民有善事恶事，以告监官。"宋代沈括《梦溪笔谈·象数二》中有："国朝置天文院于禁中，设漏刻、观天台、铜浑仪，皆如司天监，与司天监互相检察。"章炳麟《驳康有为论革命书》中有："今天下四万万人之材性，长素岂尝为其九品中正，而一切检察差第之乎？"这些文章中"检察"都有检举、稽查和考察的意思。由此可见，"检察"的词义并没有因为地域和文化的差异而产生巨大差异。综上分析，"检察"一词主要含有法律监督、代表公共利益提起诉讼这两层含义。

检察制度是国家设置专门机关代表国家检察、控诉违法犯罪活动，从而保障国家法律得到公平有效实施的一项政治制度，是一国检察机关组织活动原则和具体制度规范的总称。不同于国家制度体系中的其他制度如审判、监狱等制度。检察制度是社会经济和国家政治法律制度发展完善到一定阶段的产物。检察制度具有其独特的内容：对违法犯罪提起公诉、监督国家机关是否严格公正执法、司法部门是否严格公正司法、维护社会公共利益、保障公民权利、维护良好社会秩序等。检察制度不仅能从根本上解决私诉产生的弊端，同时也为国家其他制度注入了生命活力，是现代法治建设的重要制度基础。由于各国检察制度建立的经济基础和产生的文化土壤不同，检察机构体系和具体职能的设置也各具特色。

（二）检察制度的功能

伴随人类社会诉讼制度的演变与完善，检察制度最终成为国家基本法律制度的重要组成部分。受各国社会制度及建立检察制度的历史背景等因素的影响，不同社会制度国家的检察制度存在很大差异，也决定了不同国家检察制度作用的不同。检察机关作为承载检察制度功能的主体，其检察权的享有与运行成为检察制度能否真正发挥其基本作用的核心。而关于检察权，现代各国，无论其社会制度如何，也无论其法律属于哪种法系，检察机关的职权都是由国家立法机关以宪法、检察机关组织法、各种诉讼法等法律法规来进行规范的。在我国，检察权、审判权和行政权平行存在，均由全国人民代表大会产生，受全国人民代表大会监督，向全国人民代表大会负责。现行《中华人民共和国宪法》《中华人民共和国刑事诉讼法》《中华人民共和国人民检察院组织法》等均对此做出了规定。从这些法律规定来看，我国人民检察院具有国家法律监督机关的性质，通过行使以下职权实现检察制度的基本功能。一是刑事公诉权。刑事公诉权是检察机关所行使的审查起诉权以及出庭支持公诉权的总称。随着国家政权的组织形式日益专业化，必须由一定的部门作为公益的代表，打击犯罪活动，保护国家和人民的合法权益，维护社会秩序。我国检察机关在刑事诉讼中行使检察权、批准逮捕权、提起公诉权、支持公诉权以及部分自侦案件的侦查权，通过这些职权的行使打击犯罪、保障国家和人民的合法权益不受侵犯。这构成了我国刑事公诉权的主要内容，也是我国检察机关在国家生活和社会生活中发挥重要作用的充分体现。

二是司法监督权。我国《宪法》和相关法律均规定检察机关是国家法律监督机关。因此，检察机关进行法律监督时，承担着保证法律统一实施的职能。具体表现为：第一，立案监督。对公安机关立案活动是否合法给予的监督成为立案监督的应有内涵。第二，对刑事侦查机关的侦查行为实施侦查监督，保证侦查权行使的合法性、准确性，从而防止侦查权滥用对公民的人身权和财产权造成侵害。侦查监督的权能发挥，在我国以检察机关与公安机关的相互制约关系为主要体现。第三，对审判机关审判行为实施审判监督，在保证当事人的合法诉讼权利得以行使的同时，达到保护其享有的合法实体权利的目的。当然，不同法系国家检察机关的这种监督职能的权限也有所不同。一般说来，大陆法系国家比英美法系国家更为广泛。我国检察机关的审判监督则有自身的特点，依法抗诉是我国检察机关依法履行这一权能的重要表现形式。第四，执行监督权。执行作为审判结果得以最终实现的一个重要保障手段，在诉讼机制中具有不可替代的作用。检察机关依法享有的执行监督权能否真正发挥作用，直接关系到法院的判决能否得以正确执行以及执行活动是否合法。我国检察机关不仅对刑事裁判的执行具有监督权，对监所等执行机关的活动的合法性同样施以监督。就这一点上看，我国检察机关对刑事判决、裁定的执行的法律监督范围和内容是多方面的，比英美法系国家检察机关的同类职权范围要广泛得多。此外，民事、行政司法监督权，也是我国检察机关法律监督必不可少的内容。我国在人民法院司法独立及当事人正当行使诉讼权利的基础上，通过检察机关对民事、行政诉讼的检察监督，保护国家和社会公共利益，进而实现现代法治社会公益诉讼的根本要求。但在这一点上，与发达国家相比，我们还相对薄弱，尚有待于进一步健全与完善。

值得注意的是，我国检察机关在保证宪法、法律的统一实施的同时，具有对法律适用的解释权。这种解释权对刑事诉讼中的侦查行为、公诉行为以及检察机关在民事、行政诉讼中的行为具有普遍约束力。这使司法解释权成为我国检察权制度中特有的内容。由此可见，就我国检察制度的实际运行来看，检察制度在维护我国现行的政治体制、经济制度和司法制度，维护我国法制的尊严与统一，制裁犯罪、保护人民，确保实现法律的公平正义等方面发挥了巨大作用。

二、中华人民共和国成立前的检察制度

（一）中国古代的弹劾制度

弹劾制度创立于秦汉。《通典·职官一》记载了"秦兼天下，建皇帝之号，立百官之职……又置御史大夫"，为纠察之任。在御史大夫之下，有御史中丞、侍御史。中丞内领侍御史15人，受公卿奏事，"举劾按章"。侍御史察举非法，有违失举劾之。南朝梁时期的刘勰在《文心雕龙》中说，秦汉设弹劾制，是为了"辟礼门以悬规，标义路以植矩"，使"逾垣者折肱，捷径者灭趾"，以做到"理有典刑，辞有风轨，总法家之式，秉有儒家之文"，此乃"直方之举也"。又说"按劾之奏，所以明宪清国"。由于弹劾是纠察官邪、肃正纲纪的必要措施，因此，弹劾制与御史制伴随始终，为历代封建王朝所重视和继承。《通典·职官六》载，唐御史大夫"掌肃清风俗，弹纠内外"。《唐会要》中的《杂录》和《弹劾》分别载玄宗天宝二年（743年）八月七日敕："所置御史，职以弹违。"德宗即位即诏令"御史得专弹劾"。《宋史·职官四》载，监察御史"掌分察六曹及百司之事，纠其谬误，大事则奏劾，小事则举正"。宋朝政和七年（1117年）御史中丞"以本台觉察弹奏事刊为一书，殿中侍御史以上录本给付"。可见，当时对弹劾很重视。《金史·百官一》载，御史大夫和中丞"掌纠察朝仪，弹劾官邪"。金世宗多次强调，御史台是"监察纠弹之司"，监察御史"专任纠弹""职在弹纠"。元《台纲》明确规定，御史台的主要职责是"弹劾中书省、枢密院、制国用使司等内外百官奸邪非违"。《明史·职官三》载："都御史职，专纠劾百司。""十三道监察御史，主察纠内外百司之官邪，或露章面劾，或封章奏劾。"清《钦定台规·训典三》载乾隆帝谕："建国设立科道寄以耳目重任，建言参劾

及其专责。"可见，弹劾在中国封建社会中作为一种政治措施一直被沿袭相用。

御史弹劾的对象，凡文武百官，内外臣僚，甚至包括皇亲贵胄与宦官在内，不论官阶高低，都可以弹劾，可谓"自皇太子以下无不纠"。其中犯法违纪的朝廷命官是御史弹劾的重点对象。御史还可以弹劾自己的上级御史大夫或御史中丞。如元朝文宗时，监察御史秦起宗弹劾其上级御史中丞和尚，受人妇人、贱买县官屋，不报。结果和尚服辜，禁锢原籍，终其身。明清在两大监察系统科道之间也实行横向的互纠。如明永乐初年，耿通任刑科给事中，弹劾都御史陈瑛、御史袁纲、贾珩朋比为奸，构陷无辜，诸人遂被治罪。宣宗时，年富掌刑科给事中，时都御史顾佐等失入死罪 17 人，年富劾之。反之，都察院对六科给事中也有纠劾之权。在地方上，总督、巡抚和巡按御史之间均可相互纠弹。这样，整个封建官吏（包括监察官自身），都无不处于最高统治者设置的监察网络之中，任何官吏如果违法失职，都会受到弹劾，这正是中国封建弹劾制的重要特征。

纠弹内容，极为广泛。凡官吏失职，违法犯罪，以至个人思想品德、生活作风、婚姻亲事、酗酒失态等，无不在纠弹之列。如清代《钦定台规·训典二》规定"诸王贝勒大臣有旷废职掌，耽酒色，好逸乐，取民财物，夺民妇女，或朝会轻慢，冠服不具及以不适己意，托病偷安不朝参入署者"，均要受到稽察。乾隆年间，总督熊学鹏仅因在父母亡故期间拜发奏章，就被御史指责为"忘亲不敬"，而加以弹劾。可见，御史纠弹范围之广。中国古代御史可弹劾一切官吏，但不能弹劾最高统治者皇帝，这是我国古代弹劾制与近代西方议会弹劾制的一大区别。资本主义国家的弹劾案，是针对一种普通法律所不能制裁的罪行，把国家元首和行政首脑作为弹劾的主要对象。中国古代御史弹劾与西方近代议会弹劾的共同点都是对官吏不法行为的追究，属于一种强有力的监察手段和方式。伟大的民主革命先行者孙中山先生在《五权宪法》一书中，曾对中国古代弹劾制作了高度评价："说到弹劾权，在中国君主时代，有专管弹劾的官，像唐朝的谏议大夫和清朝的御史之类""这种御史，都是梗直得很，风骨凛然……可见从前设御史台谏的官，原来是一种很好的制度。"

（二）清朝末年检察制度的出现

1. 清末中国检察制度的初创

19 世纪末，清王朝的统治形势危如累卵，内有蓬勃兴起的资产阶级民主革命运动，外有欧美列强的疯狂侵略。为了挽救国势于危难之中，维持万世一统的封建政权，清政府逐步意识到必须改变统治方式。特别是日本在日俄战争中获得胜利后，有关立宪的呼声越来越高，坚定了清政府立宪的决心。1905 年 7 月 16 日，清政府发布《派载泽等分赴东西洋考察政治谕》，委派载泽、戴鸿慈、徐世昌、端方等要员到日本及欧美各国考察政治。1906 年 9 月 2 日，在考察大臣的推动下，清政府颁布了改革官制上谕，实行改革，改变了我国长期以来行政、司法不分的大一统格局，为此后的司法体制改革奠定了基础。

清末司法体制的改革采取司法与行政分立的原则，将沿袭了数千年的司法机关的构成及职权区划做了调整：改刑部为法部，直辖内外审判、检察各厅，掌审判检察所有一切官员的请简奏补委用之权，统理司法行政事务；改大理寺为大理院，为全国最高审判机关，地方设高等审判厅、地方审判厅、初级审判厅。与此相对应，在各级审判厅内设检察厅，在大理院设总检察厅，地方设高等检察厅、地方检察厅、初级检察厅。值得一提的是，军机处、法部、大理院在 1906 年 9 月 20 日的《会奏核议大理院官制折》中提出："……司直官称，亦缘古制，惟名义近于台谏，拟改总司直为总检察厅丞，改司直为检察官……"① 司直实现了从大理寺属官到检察官的华丽转身，这也是中国历史上第一次出现真正意义上的检察官称谓。相对而言，清末司法体制的改革力度是前所未有的，但这并不足以挽回清王朝的颓势，清王朝于1911 年在武昌起义的炮声中覆亡。尽管这些改革成果在当时尚未完全发挥作用，但对此后的北洋政府有很大影响。

---

① 《流变的符号，制度的变迁——漫话司直官到检察官的演进》，正义网—检察日报，2006 年 8 月 14 日。

2. 清末检察机关的组织机构

由于深受"远师法德,近仿东瀛"的影响,清末检察机关的设置与日本有很多相似之处,比如检察机关内设于审判机关之中、四级检察机关制,等等。1910 年颁行的《法院编制法》① 第八十五条规定,检察机关包括总检察厅、高等检察厅、地方检察厅以及初级检察厅等四级。由于采取"审检合一"制,检察厅均内设于审判机关之中,其中,总检察厅设在大理院内,高等检察厅设在高等审判厅内,地方检察厅设在地方审判厅内,初级检察厅设在初级审判厅内。作为补充,在大理分院设总检察厅分厅,在高等审判分厅设高等检察分厅,在地方审判分厅设地方检察分厅。

各级检察厅的设立与废止,由法律定之。在人员设置方面,《法院编制法》第八十六条规定,总检察厅设总检察厅丞一员,检察员二员以上;高等检察厅设检察长一员,检察员二员以上;地方检察厅设检察长一员,检察员二员以上;初级检察厅不设检察长,只设检察员一员或二员以上。至于高等检察厅分厅和地方检察厅分厅,则不设检察长,只设检察官。总检察厅丞、高等检察厅检察长、地方检察厅检察长负责监督该检察厅的事务。不设检察长的初级检察厅如果有两名以上的检察官,则须任命其中资深者作为监督检察官,以监督该检察厅的事务;如果只有一名检察官,那么该初级检察厅的事务由分管该地方检察厅的检察长负责监督。同样,不设检察长的地方及高等检察分厅,如果有两名以上的检察官,则须任命其中资深者作为监督检察官,以监督该检察分厅的事务。检察官的员额,由法部奏定之。在检察厅系统内部,上级检察厅负责人有权监督属于检察官职权范围内的司法行政事务。具体而言,总检察厅及其下各级检察厅都由总检察厅丞监督;高等检察厅及高等审判厅管辖区域内之各检察厅由高等检察长监督;地方检察厅及其所附置地方审判厅管辖区域内之各检察厅由地方检察长监督;初级检察厅监督检察官或检察官监督该厅各员。除此之外,《各级审判厅试办章程》还规

---

① 参见《法院编制法最初之稿》,中国政法大学古籍保存本书库藏书,宣统三年(约1911 年)抄本。

定了司法警察官、营翼兵弁、地方印佐各员作为检察厅的补助人员，针对特定事项，听候检察厅的调遣。

3. 清末检察机关的主要职权

根据《法院编制法》《各级审判厅试办章程》以及《检察厅调度司法警察章程》的有关规定，清末时期检察机关的职权主要包括逮捕权、取证权、公诉权、上诉权、判决执行的监督权、特定民事案件的干预权等。检察机关的逮捕权主要体现在指挥调度司法警察逮捕罪犯，根据《各级审判厅试办章程》的有关规定，司法警察在执行检察事务时应受检察厅长官的调度。对于现行犯在警署接受讯问时供出同案要犯的情况，若逮捕稍迟恐人犯逃匿时，司法警察方可先行逮捕，但必须及时将讯问口供录送检察厅。检察厅对于犯罪嫌疑人或人犯所在地不确定时，可以随时摘录事由，交由警署侦捕。对于重要的刑事案件，不论是否在辖区之内，一经检察厅的调度，司法警察必须立即遵照办理。对于取证权，《检察厅调度司法警察章程》有明确规定：检察厅应当指挥司法警察调查、搜集有关犯罪嫌疑人的犯罪事实和证据。司法警察搜查证据时须听从检察官的调度，对于有可能作为证据使用的物品，应当设法保存，勿使其淹没或移动其位置，以待检察官莅临勘验。关于公诉权，《检察厅调度司法警察章程》《各级审判厅试办章程》做了具体规定，例如因被害者报案、他人告发、司法警察官移送或自行发觉者之刑事案件，都由检察官提起公诉，检察官在收受诉状后24小时内要移送审判厅。刑事案件虽有原告，概由检察官用起诉正文提起公诉，其未经起诉者，审判厅概不受理。凡经检察官起诉的案件，审判厅不得无故拒绝，被害者亦不得自行和解。关于上诉权，检察官可以对刑事案件的判决结果提起上诉，与原告人、被告人、代诉人提出上诉后还能撤回上诉不同，检察官提起上诉后不能撤回。关于判决执行的监督权，《各级审判厅试办章程》亦有明确规定：凡判决之执行，由检察官监督指挥之，凡死刑，经法部宣告后，由起诉检察官监视行刑。关于特定民事案件的干预权，清末的检察机关对于一般民事诉讼案件采取不干涉的态度，但为了维护伦理纲常，检察官必须莅庭监督婚姻事件、亲族事件、嗣续事件的审判。有关上述事件的审判，如果审判官不待检察官莅庭而做判决者，其判决无效。

（三）民国初期检察制度的创建

1. 民国初期的时代背景

清政府为了维持岌岌可危的统治地位，进行了包括司法制度改革在内的一系列的变革。但在内忧外患的情况下，辛亥革命的一声炮响，标志着立宪派意图通过清政府主导的和平变革方式缓步推进中国走向宪政之路的努力归于失败。辛亥革命成功后，资产阶级革命派在湖北建立了该时期第一个省级革命政权——湖北军政府，随后各省纷纷宣布独立并成立了军政府。1911 年12 月 3 日，宣布独立的各省都督府代表联合会在汉口决议通过了《中华民国临时政府组织大纲》；1911 年 12 月 9 日，在南京举行的各省代表会选举孙中山为中华民国临时政府第一任临时大总统；1912 年元旦，中华民国临时政府宣告成立。从宣告成立到袁世凯宣誓就任中华民国临时大总统，中华民国临时政府仅仅存续了三个月的时间。由于存在时间较短，加之主要工作又侧重于军事、外交、筹款等，对包括检察制度在内的司法制度改革工作则顾及较少。面对独立省份在司法制度方面各自为政的局面，南京临时政府意识到了统一司法制度的重要性。但由于"编纂法典，事体重大，非聚中外硕学，积多年调查研究，不易告成"，在难以颁制统一法典的特定时代背景下，借用前清时期法律也成为次优选择。孙中山先生曾经就此事明确表达了自己的观点："四级三审之制，较为完备，不能以前清曾经采用，遂尔鄙弃。"[1]

当然，中华民国临时政府对前清的法律采取了选择性采纳的态度，如"关于皇室之罪全章及关于内乱罪之死刑，碍难适用外，余皆由民国政府，声明继续有效，以为临时适用法律"。由此，前清时期制定的《法院编制法》等法律也得以继续适用。中华民国临时政府时期检察机关的建制、名称、职权等基本沿袭了清末的有关制度。有关清末检察机关的组织机构、职权等已在上文有所体现，此处不再赘述。由于革命力量尚未达到彻底推翻清政府的程度，为了早日建立全国性的民主政权，以孙中山为首的资产阶级革命党人

---

[1] 《孙中山全集（第二卷）》，北京：中华书局 1986 年版，第 157 页。

同实际掌握清政府军政大权的袁世凯进行了谈判。1912年2月12日，在袁世凯的逼迫下，清政府宣布退位诏书，统治中国268年的清王朝最终覆灭。随后，孙中山向临时参议员提出辞职咨文并向参议员推荐袁世凯。1912年3月10日，袁世凯在北京宣誓就任中华民国临时大总统，这一行为标志着北洋军阀时期的开始。史学界一般将自1912年北洋军阀集团首领袁世凯在北京掌控全国政权到1928年原属于北洋军事体系的奉系宣布"东北易帜"统称为"北洋军阀时期"，可分为北洋军阀袁世凯统治时期、北洋军阀皖系统治时期、北洋军阀直系统治时期、北洋军阀奉系统治时期四个时期。从这四个时期的名称就可以看出：中华民国并未就此走上民主共和的坦途。在这短短的十几年间，出现了护国运动、袁氏称帝、府院之争、张勋复辟、军阀混战等政治对立和军事争斗的局面。在如此纷繁复杂的历史背景下，这一时期的检察制度也几经更迭，展现了与其他时期不同的特点。根据现有的历史资料，这一时期的中华民国临时政府、北洋政府以及广州、武汉国民政府均就检察制度做出过规定。

2. 北洋政府时期的检察制度

北洋政府成立后，先后颁布实施了《刑事案件须照检察制度各节办理通令》《地方审判厅刑事简易庭暂行规则》以及《审检厅处理简易案件暂行细则》等法律。客观地来讲，北洋政府时期较为重视司法制度改革，检察制度的改革也取得了一定成绩，比如在司法独立方面就有所突破。宋教仁1913年遇刺身亡后，社会各界反应强烈，纷纷要求严惩凶手。由于此案涉及国务总理，当时的江苏都督程德全等人不得不致电袁世凯，提出组织特别法庭审讯的请求，但遭到司法总长许世英的极力反对。最后，由上海地方审判厅受理此案，上海地方检察厅在侦察取证、提起公诉过程中不畏权贵，两次传讯当时的国务总理赵秉钧，反映出了当时司法较为独立的状况，这在中国历史上是极为罕见的。

3. 北洋政府时期检察机关的主要职能

北洋政府成立后，对检察制度进行了更为详细的规定，使得检察机关的职能更趋具体。具体表现在侦查、公诉、批捕、指挥逮捕、监督审判、监督刑罚执行、参与民事诉讼等方面。在侦查方面，检察官受领案件后应立即开展侦查，在侦查过程中，实行强制处分、羁押、扣押等措施时，一般应请示检察长，侦查中或侦查结束后，如果认为没有检举的必要或证据不充分时，应当速将详细理由书呈检察长核阅。在公诉方面，检察官不仅应当对自行侦查的案件、司法警察移送的案件提起公诉，而且对审判中发现的新罪行，可以口头起诉，只需事后补充起诉书或在审判笔录中注明。但与此同时，由于确定凡是必须自诉的案件检察官不能提起公诉，所以法律通过扩大自诉案件范围的方式对检察官的公诉权做出了限制。

此外，赋予检察官上诉权，规定"被害人应无上诉权，但得向检察厅申诉，如检察官认为有理由，自当提起上诉"。[①] 但也只允许对判决中运用证据欠妥的部分提起上诉。

在批准逮捕和指挥逮捕方面，应检察官的请求，检察长可以下发逮捕书，实施逮捕。检察官不仅可以指挥司法警察，还拥有指挥调动宪兵以及森林、铁路、税务等部门警察的权力，甚至在必要时还可以指挥军队（和专门设立了军事检察机关有关）。在监督审判方面，一是赋予总检察长维护法律统一的权力，例如，《民事非常上告暂行条例》明确规定"高等审判厅以下法院之判决，如显然与约法或其效力相等之法律、优待条例有抵触而业经确定者，总检察长得随时向大理院请求撤之"，地方检察厅不服审判机关的判决可以依照抗告程序要求重审或报请总检察长撤销。二是检察官对审判活动享有一定的干预权。《高等以下各级审判厅试办章程》规定："凡地方审判厅第一审刑事案件预审时，推事应征询检察官意见，检察官应于三日内提出意见书。"在监督判决执行方面，这一时期检察官的权力较大，不仅负责监督判决的执行，还对一些刑罚有执行权。《刑事诉讼草案执行编》规定："执行裁判，由配置于……审判衙门内之检察官执行之。"袁世凯曾明令"笞刑由检察官或知事会同典狱官，于狱内执行"。在参与民事诉讼方面，与清末相比，检察官充当民事案件的诉讼当事人和公益诉讼代理人的权力在这一时期

---

① 龙宗智：《检察制度教程》，北京：中国检察出版社2006年版，第44页。

受到了限制。

（四）南京国民政府的检察制度

在北伐战争进入最后胜利的时刻，蒋介石开展了反共活动，大肆屠杀共产党人和工农革命群众，成立了以蒋介石为首的、以官僚资本主义为经济基础的南京国民政府。南京国民政府成立之后，蒋介石不断拉拢、收编原属北洋军阀的武装力量，1928年奉系军阀张学良宣布"东北易帜"后，南京国民政府在形式上完成了全国的统一。南京国民政府时期，检察制度也经历了一个不断演变的过程。在成立初期，南京国民政府沿用北洋政府的检察制度，分别在大理院、高等审判厅、地方审判厅、初级审判厅之中设置总检察厅、高等检察厅、地方检察厅、初级检察厅，负责侦查、起诉等检察事宜。随着政局的不断稳定，南京国民政府逐步开始了司法制度的改革。这一时期的检察制度同样可以从组织结构、职能权限两个方面进行了解。

1. 国民党政权检察机关的组织机构

（1）普通检察机关的设置

1927年8月16日，南京国民政府颁发了《裁撤各级检察厅并改定检察长名称令》（第148号训令），宣布从1927年10月1日起将各级检察厅一律裁撤，原来的检察长及监督检察官也一并改为各级法院的首席检察官。其后，司法部向国民政府呈送《裁撤检察机关改定法院名称延期实行呈》，要求于1927年11月1日起一并实行。1927年10月20日，南京国民政府发布第89号指令，批准了司法部的呈请。1927年10月25日，南京国民政府颁布了《最高法院组织暂行条例》，不设检察厅的条文标志着检察厅正式被撤销，最初于1927年初在广州、武汉国民政府时期实行的"审检合一制"最终在全国范围内得以统一实施。1932年10月28日，南京国民政府颁布了"法院以一人为首席检察官，其检察官员额仅有一人时，不置首席检察官"，而且"检察官对法院独立行使其职权"。但应当指出的是，地方法院检察职权基本由县长兼理。虽然武汉国民政府曾在各县设立司法委员公署，按照事务繁简，分别派遣司法委员一人或二人，从县长手中接管各县司法事务，但这也只是一项从行政权中分离审判权的措施，检察权往往还是由县长行使。

南京国民政府在 1929 年时计划用六年的时间广泛建立地方法院，司法行政部于 1935 年 6 月 27 日提出《县长兼理司法事务暂行条例草案》，拟订《县长兼理司法事务暂行条例》，其重要内容包括变更县长兼理司法事务，在县政府设司法处、司法处审判官独立行使审判职务、审判官由高等法院院长呈部核派、司法处行政事务及检察职务均由县长兼理等。一些地方县长兼理检察职权的情况甚至一直持续到 1949 年。

（2）特种检察机关的设置

在"审检合一"的前提下，特种检察机关设立的直接基础乃是特种刑事法庭的存在。早在 1927 年 8 月，国民党中央政治会议第 118 次会议就通过了《特种刑事临时法庭组织条例》，受理反革命或土豪劣绅案件。在解放战争时期，南京国民政府于 1948 年 4 月 2 日一并公布了《特种刑事法庭组织条例》和《特种刑事法庭审判条例》，专门审理共产党员或为共产党工作的人员的案件。根据《特种刑事法庭组织条例》的规定，特种刑事法庭分为中央特种刑事法庭和高等特种刑事法庭两种。其中，高等特种刑事法庭受理"危害国家紧急治罪条例所规定案件"，中央特种刑事法庭"复判高等特种刑事法庭判决之案件"。无论是高等特种刑事法庭抑或是中央特种刑事法庭，均设庭长一人，审判官若干人，检察官一至三人，主任书记官一人，书记官若干人。

（3）军事检察机关的设置

为了加强对军队的控制，南京国民政府对广州国民政府在 1925 年制定的《国民革命军陆军审判条例》进行了修正并于 1928 年重新公布实施（条例名称未变），对军人犯罪案件以及非军人特定犯罪案件进行审判。该条例第四章"陆军检察"明确规定"军人犯刑法上之罪或违警刑罚及其他法律之罪者，有军事检察权诸官均有搜查凭证之权"。1930 年，条例被修订为《陆海空军审判法》，该审判法也专设"军事检察"一章。

2. 国民党政权检察机关的主要职权

南京国民政府针对检察机关的职权出台了一系列的规范性文件，包括《各省高等法院检察官办事权限暂行条例》《地方法院检察官办事权限暂行条例》《中华民国刑事诉讼法》（1928 年）、《最高法院检察署处务规程》《法院组织法》《中华民国刑事诉讼法》（1935 年）等。总体而言，这一时期检察机关的职权主要体现在侦查、起诉、审判监督、刑罚执行监督、监禁场所的监督五个方面。

（1）侦查

南京国民政府于 1928 年 7 月 28 日公布的《中华民国刑事诉讼法》第二百三十条规定："检察官因告诉、告发、自首或其他情事知有犯罪嫌疑者应即侦查犯人及证据。"1932 年 10 月 28 日公布的《法院组织法》第二十八条规定："检察官之职权如下：一、实施侦查、提起公诉、实行公诉、协助自诉、担当自诉及指挥刑事裁判之执行；二、其他法令所定职务之执行。"1935 年 1 月 1 日公布的《中华民国刑事诉讼法》第二百零七条规定："检察官因告诉、告发、自首或其他情形知有犯罪嫌疑者，应即侦查犯人及证据，实施侦查，非有必要，不得先行传讯被告。"从司法院 1931 年发布的第 467 号解释令"检察官知有犯罪嫌疑者，无论该嫌疑人是否公务员及其已否停职，均得实施侦查处分"来看，检察官具有很大的侦查权。具体表现在调度司法警察甚至军队、传唤被告人、通缉被告人、逮捕现行犯、讯问被告人、羁押被告人、鉴定、传唤证人、勘验等。

（2）起诉

检察官起诉权主要体现在公诉案件和自诉案件两个方面。对于公诉案件，"采国家诉追主义，以检察官代表国家行使刑事原告职权"，1935 年《中华民国刑事诉讼法》第二百四十三条规定："提起公诉，应由检察官向管辖法院提出起诉书为之。"在案件审理过程中，检察官始终掌握着公诉案件的追诉权，第二百四十四条规定："于第一审辩论终结前，得就与本案相牵连之犯罪或本罪之诬告罪，追加起诉。"第二百四十八条规定："检察官于第一审辩论终结前，发现有应不起诉或以不起诉为适当之情形者，得撤回起诉。"对于妨害风化罪、妨害婚姻及家庭罪和妨害名誉及信用罪等自诉案件，检察官一般不介入，但被害人可以请求检察官进行侦查，而侦查终结后必须由检察官决定是否以公诉方式起诉，如果决定不起诉，被害人及其配偶均不得再行起诉。

（3）审判监督

检察官的审判监督权主要体现在上诉权、抗告权和申请再审权三个方面。上诉权包括普通上诉权和非常上诉权，对于普通上诉权而言，检察官对于非最高法院作出的第一审或第二审判决，如果认为判决结果不当，有权向上级法院提起上诉。1935年公布的《中华民国刑事诉讼法》第三百三十六条规定："当事人对于下级法院之判决有不服者，得上诉于上级法院。"第三百三十九条规定："检察官对于自诉案件之判决得独立上诉。"对于非常上诉权而言，第四百三十四条规定："判决确定后，发现该案件之审判系违背法令者，最高法院之检察长得向最高级法院提起非常上诉。"第四百三十五条规定："检察官发见有前条情形者，应具意见书，将该案卷宗及证物送交最高法院之检察长，声请提起非常上诉。"抗告权体现在第三百九十五条的规定："当事人对于法院之裁定有不服者，除有特别规定外，得抗告于直接上级法院。"抗告提起后，原审法院的判决暂不发生效力。根据《中华民国刑事诉讼法》的规定，在有罪判决确定后，如果发现赖以定案的证据、证言、诬告等情形，检察官可以申请再审，第四百二十三条规定："声请再审无停止刑罚执行之效力，但管辖法院检察官在关于再审之裁定前，得命停止。"

（4）刑罚执行监督

检察官的刑罚执行监督权主要体现指挥裁判的执行、负责死刑执行的监督和非死刑刑罚执行的监督。在指挥刑罚执行方面，1935年公布的《中华民国刑事诉讼法》第四百六十一条规定："执行裁判由为裁判之法院之检察官指挥之。"在死刑执行监督方面，第四百六十七条规定："执行死刑应由检察官莅视，并命书记官在场。"第四百六十八条规定："执行死刑应由在场之书记官制作笔录。笔录应由检察官及监狱长官签名。"在非死刑刑罚执行监督方面，第四百七十一条规定："受徒刑或拘役之谕知而有下列情形之一者，依检察官之指挥，于其痊愈或该事故消灭前，停止执行……"第四百七十四条规定："罚金、没收、没入及追征之裁判，应依检察官之命令执行之……"

（5）监禁场所的监督

检察官对于监禁场所的监督主要体现在对在押犯人及人犯的监督和对假释及保外服役者的监督两个方面。在对在押犯人及人犯的监督方面，依照《中华民国监狱规则》的有关规定，检察官要巡视监狱，受理被监禁者的申诉，并有权要求监狱长官依照有关监狱法规行使职权，对违法行为予以纠正。在对假释及保外服役者的监督方面，依照《假释管束规则》《监犯保外服役暂行办法》的规定，监狱对于某人予以假释时，应当将假释的事由通知给假释者居住地的地方法院检察官、假释者原判决的地方法院检察官，以便检察官掌握情况并监视，检察官认为假释者失去假释条件时，可出具意见书，经高等法院首席检察官转报司法行政部审核，将假释者重新关押到监狱之中。

三、中华人民共和国成立后的检察制度

（一）20 世纪 50 年代的中国检察制度

1949 年 9 月 27 日，中国人民政治协商会议第一届第一次全体会议通过《中央人民政府组织法》，规定国家的最高检察机关是"最高人民检察署"。1949 年 10 月 1 日，中央人民政府委员会第一次会议任命罗荣桓为最高人民检察署检察长。同年 11 月 1 日，最高人民检察署正式开始办公。此后，《中央人民政府最高人民检察署试行组织条例》（1949 年 12 月 20 日经中央人民政府主席批准）、《中央人民政府最高人民检察署暂行组织条例》（1951 年 9 月 3 日中央人民政府委员会第十二次会议通过）、《各级地方人民检察署组织通则》（1951 年 9 月 3 日中央人民政府委员会第十二次会议通过）等规范性文件先后出台。对于这一时期的检察制度可以从以下几个方面进行认识：一是在职权方面，根据《中央人民政府组织法》第二十八条以及《各级地方人民检察署组织通则》第二条的规定，在政府机关、公务人员和全国国民之严格遵守法律等问题上，最高人民检察署负最高检察责任；地方各级人民检察署的主要职责在于检察各级政府机关、公务人员、国民是否严格遵守中国人民政治协商会议共同纲领、人民政府的方针和法律法令；负责对反革命及其

他刑事案件提起公诉；对各级审判机关之违法或不当裁判提起抗诉；检察监所及犯人劳动改造机构之违法措施；处理人民不服下级检察署不起诉处分之声请复议案件；代表国家公益参与有关社会和劳动人民利益之重要民事案件及行政诉讼。

二是在领导关系方面，根据 1949 年 12 月 20 日经中央人民政府主席批准的《中央人民政府最高人民检察署试行组织条例》第二条的规定，"全国各级检察署均独立行使职权，不受地方机关干涉，只服从最高人民检察署之指挥"。最高人民检察署和地方各级人民检察署是垂直领导关系。然而《各级地方人民检察署组织通则》（1951 年 9 月 3 日中央人民政府委员会第十二次会议通过）第六条规定："地方各级人民检察署受上级人民检察署的领导，各级地方人民检察署（包括最高人民检察署分署）受同级人民政府委员会之领导。"李六如同志在担任最高人民检察署副检察长时曾发表《关于〈最高人民检察署暂行组织条例〉和〈各级地方人民检察署组织通则〉的说明》，他指出："所以作如此的修正……经济发展不平衡，各地情况悬殊不一，地域辽阔，交通不便，而各级人民检察署，目前又多不健全或尚未建立，因此暂时还只能在中央统一的政策方针下，授权于地方人民政府……地方政府领导强，经验多，易于了解本地情况。"

三是在机构定位方面，1951 年 9 月 3 日中央人民政府委员会第十二次会议通过《中央人民政府最高人民检察署暂行组织条例》第三条规定："最高人民检察署受中央人民政府委员会之直辖。"《各级地方人民检察署组织通则》（1951 年 9 月 3 日中央人民政府委员会第十二次会议通过）第六条规定："各级地方人民检察署（包括最高人民检察署分署）为同级人民政府的组成部分，受同级人民政府委员会之领导。"

由此可以看出，在这一时期，检察机关的定位是政府的组成部分。尽管在这一时期也出现过裁减检察署的不同论调，但毋庸置疑的是，检察机关已在全国范围内普遍建立起来。在 1951 年 7 月，全国共建立起大行政区检察分署 5 个，省（行署、市）人民检察署 50 个，专区省分署 51 个，县（市）人民检察署 352 个，合计 458 个检察署。到了 1953 年 8 月，全国共建立起 900

余个人民检察署，有 4200 余名检察干部，与 1951 年相比，机构增加一倍，人员增加到三倍。对此，董必武同志认为检察机构与人员的数字的不断增加，证明检察署的工作是在不断地发展的。也许有同志觉得这样发展很慢，但毕竟是向前的、扩大的，不是后退的、缩小的。

1954 年 9 月 20 日，第一届全国人民代表大会第一次会议通过了《中华人民共和国宪法》（以下简称《宪法》），对检察机关的组成、名称等做了一系列的修正。次日，会议也通过了《中华人民共和国人民检察院组织法》（以下简称《人民检察院组织法》）。依据这两部法律，对这一时期的检察制度可以从以下几个方面进行认识：第一是在检察机关的名称上，"检察署"一律改称为"检察院"。第二是在机构组成方面，规定我国检察系统由最高人民检察院、地方各级人民检察院和专门人民检察院组成。第三是在领导关系方面，《宪法》第八十三条和《人民检察院组织法》第六条有相关规定，即各级人民检察院独立行使职权，不受国家机关的干涉，也就是将上一时期的双重领导体制改变为垂直领导体制。第四是在机构定位方面，《人民检察院组织法》第二十条和二十一条做了明确规定：最高人民检察院检察长由全国人民代表大会选举，省级人民检察院的检察长、副检察长、检察员和检察委员会委员，由最高人民检察院提请全国人民代表大会常务委员会批准任免，省、自治区、直辖市的人民检察院分院和县、市、自治州、自治县、市辖区的人民检察院的检察长、副检察长、检察员和检察委员会委员，由省级人民检察院提请最高人民检察院批准任免。这样的规定改变了原先检察机关属于行政机关的定性，使之成为专门的司法机关。为了更进一步厘清行政权和司法权之间的区别，全国人民代表大会常务委员会于 1955 年 11 月 10 日通过了《全国人民代表大会常务委员会关于地方各级人民法院院长、人民检察院检察长可否兼任各级人民委员会的组成人员问题的决定》，决定各级人民检察院检察长一概不能在各级人民委员会兼任职务。五是在职权方面，与前一时期相比，主要变化在全面规定了检察机关对侦查机关、人民法院进行监督的权力。

应当说，"五四宪法"对检察机关所作出的规定是较为科学和便于实施的，正是在这些规范性文件的指引下，检察制度在这一时期获得了一定的发展。但是，与前一时期检察制度的不断发展相反，这一时期的检察制度受到了不小的波折。从 1957 年下半年开始，我国开展了一场扩大化的"反右倾斗争"，社会主义法制建设遭受到了冲击。在这样的社会大背景下，我国的检察制度也受到了一些负面影响，主要体现在思想意识、组织形态和业务工作等三个方面：在思想意识方面，实行垂直领导被视为"向党闹独立"，检察机关的法律监督职能被认为是"矛头对内"；在组织形态方面，提倡"一长代三长、一员代三员"的公检法联合办案模式，中央政法小组甚至向党中央提出了公检法合署办公的报告，一些地方的检察机关成为公安机关的检察科；在业务工作方面，检察机关无法发挥其应有的作用。

（二）20 世纪 60 年代至 70 年代中期的中国检察制度

这十年期间，我国经历了"文化大革命"，我国的检察制度受到了一定程度的破坏。各级检察机关相继被撤销，逐渐转变为由公安机关行使检察职权。1975 年 1 月 17 日，中华人民共和国第四届全国人民代表大会第一次会议修改的《中华人民共和国宪法》，其第二十五条明确规定："检察机关的职权由各级公安机关行使。"

（三）党的十一届三中全会后的中国检察制度

"文化大革命"结束后，我国认识到了建设社会主义法制的重要性。在进行社会主义法制建设的过程中，我国的检察制度也得到了恢复和很大程度的发展。在这一时期，有许多重要的法律法规对检察制度进行了规定，最重要的当然属《宪法（1978 年）》《宪法（1982 年）》以及《人民检察院组织法》等。在四十多年的时间里，我国的检察制度先后经历了恢复重建、稳固发展和纵深改革三个阶段。1978 年 3 月 5 日，中华人民共和国第五届全国人民代表大会第一次会议通过了《宪法（1978 年）》，拉开了检察机关恢复重建的大幕。到 1979 年中，全国各级人民检察院已经有 97% 的地方建立起来，检察干部已经配备了 25000 余人。总体而言，我国的检察制度在这一时期获得了一个平稳发展。这一时期的检察制度主要可以从以下三个方面进行认识：一是在职能定位上，《人民检察院组织法》（1979 年 7 月 1 日第五届全国人民代表大会第二次会议通过）第一条明确规定"中华人民共和国人民检察院是国家的法律监督机关"，这一规定一直沿用至今。二是在领导关系上，这一时期也先后经历了变革。《宪法（1978 年）》第四十三条规定"最高人民检察院监督地方各级人民检察院和专门人民检察院的检察工作，上级人民检察院监督下级人民检察院的检察工作。"中国上级检察机关对下级检察机关的领导关系因该条款的规定而被改变。《人民检察院组织法》第十条规定："最高人民检察院领导地方各级人民检察院和专门人民检察院的工作，上级人民检察院领导下级人民检察院的工作。"这就重新实现了双重领导体制，并一直沿用至今。三是在职权方面，取消了检察机关对国家机关、公务人员等是否遵守法律的一般法律监督权，使得检察机关更加趋向于司法监督机关，通过启动和参与诉讼实现法律监督的目的。

20 世纪 80 年代末以来，我国的检察制度在恢复重建的基础上，又有了长足的发展。主要体现在以下几个方面：

1. 检察法律法规进一步健全

1995 年 2 月 28 日第八届全国人民代表大会常务委员会第十二次会议通过了《中华人民共和国检察官法》（以下简称《检察官法》），该法对检察官的任职资格和条件、检察官的权利和义务、检察官的保障制度等方面进行了较全面的规定，使检察官的权利保障有法可依。《检察官法》先后于 2001 年、2017 年、2019 年进行了三次修正。

《人民检察院组织法》1979 年颁布后，随着国家法治的健全发展，分别于 1983 年、1986 年、2018 年进行了三次修正，特别是 2018 年的修订，对检察院的职权进行了较大幅度的增设和调整。

2018 年修正的《中华人民共和国刑事诉讼法》，顺应监察体制改革的需要，对检察机关的职权进行了调整，将检察院的反贪污贿赂犯罪侦查局、渎职犯罪侦查局移交监察委员会。

2. 组织机构上实现了科学化

2000 年在《最高人民法院、最高人民检察院机关机构改革意见》的通知下，最高人民检察院开始开展内设机构改革工作，科学调整检察机关内设机构。此后检察机关的业务机构主要由反贪污贿赂总局、职务犯罪预防厅、侦查监督厅、公诉厅、民事行政检察厅、控告检察厅、刑事申诉检察厅等部门组成。2012 年随着我国刑事诉讼法的重大修改增加了死刑复核检察厅、未成年人刑事检察部门，将监所检察厅更名为"刑事执行检察厅"。由于在实践中出现了各级检察机关机构设置不合理、名称不统一等问题，2016 年最高人民检察院联合中央机构编制委员会办公室出台《省以下人民检察院内设机构改革试点方案》，推进内设机构的科学设置与职能整合。2018 年监察体制改革的深入推进，检察机关的职能发生了重大调整，原有的反贪、反渎等部门转隶监察委员会。同年 12 月中央印发了《最高人民检察院职能配置、内设机构和人员编制规定》，以"协调发展、专业化建设、提升司法质量效率、规范统一"为目标展开了最高人民检察院的内设机构改革，按照案件类别以及职能作用的不同分别设置了十个检察厅，将批捕与公诉部门及其职能加以合并，并形成了刑事、民事、行政、公益诉讼"四大检察"并行的法律监督总体布局。

3. 检察官管理方面实现了规范化

在检察官任用方面，最高人民检察院通过了《初任检察员、助理检察员考试暂行办法》，规定从 1995 年起，全国范围内的初任检察官都必须通过统一组织实施的资格考试。2001 年，司法部与最高人民法院和最高人民检察院一起共同颁布了《国家司法考试实施办法（试行）》，规定自 2002 年起，国家对初任法官、检察官和取得律师资格实行统一的司法考试制度。从初任检察官考试到国家司法考试，检察官职业的准入门槛被大大提高了。在检察官纪律方面，《检察官纪律处分暂行规定》（1995 年最高人民检察院通过）对检察官的纪律要求进行了十分详尽的说明。后来，为适应不断发展变化的形势，最高人民检察院于 2004 年又出台了《检察人员纪律处分条例（试行）》，取代了《检察官纪律处分暂行规定》。在检察官培训方面，最高人民检察院于 1989 年成立了中国高级检察官培训中心。1991 年，我国又建立了中央检察官管理学院。1998 年，该学院更名为"国家检察官学院"。各省级都相继成立了检察官分院，依照《检察官培训条例》对检察干警进行全方位的培训。

4. 在业务工作方面进行了专业化探索

这主要体现在主办检察官责任制、人民监督员制度、检务督察制度、犯罪嫌疑人权利保障制度、检务公开制度、量刑建议制度、检察引导侦查制度、公益诉讼制度等方面。

中华人民共和国成立以来，伴随着检察改革的深入推进，检察机关的法律职能衍生出了新的内涵。检察机关的法律监督体系、检察权运行、机构与队伍以及与之相关的制度机制均在实践中不断得以革新。现阶段，我国已经形成了"四大检察"与"十大业务"的检察新格局，这也成为未来检察制度发展的重要起点。在新的历史时期，我们一方面需要在强调以办案为核心的基础上，围绕刑事、民事、行政、公益诉讼"四大检察"着力推进各业务部门职能的有效行使，并在刑事检察工作中发挥检察机关的审前主导作用，完善检察引导侦查机制与审查逮捕工作机制，适应以证据为核心的刑事犯罪指控体系，根据办案的实际需要调整公诉模式，保证法律监督职能的有效发挥；另一方面则要继续加强检察队伍与人员的建设，完善相应的配套制度建设，从而推动新时代检察工作的创新发展。

我们都生活在科技时代，伴随着现代科技的发展，互联网技术日新月异，大数据、人工智能等为司法实践带来新课题的同时也带来了新的机遇。这些新的机遇有助于破解改革进程中的一些难题，为检察队伍的专业化、规范化建设及其检察职能的有效发挥提供助力。我们更加应该充分地认识到，破除体制机制障碍的根本途径要依靠改革，而突破传统司法手段的局限则要依靠科技，两者的融合必将激发更大的创造力。2016 年最高人民检察机关发布的《"十三五"时期检察工作发展规划纲要》要求加快建立和优化智慧检务五大体系：检察信息感知体系、高效网络传输体系、智能信息服务体系、智慧检务应用体系、科技强检管理体系。2018 年 1 月 3 日最高人民检察院发布的《最高人民检察院关于深化智慧检务建设的意见》提出：深化智慧检务的建设目标是加强智慧检务理论体系、规划体系、应用体系"三大体系"建设，形成"全业务智慧办案、全要素智慧管理、全方位智慧服务、全领域智慧支撑"的智慧检务总体架构。到 2020 年底，充分运用新一代信息技术，推进检察工作由信息化向智能化跃升，研发智慧检务的重点应用；到 2025 年底，全面实现智慧检务的发展目标，以机器换人力，以智能增效能，打造新型检察工作方式和管理方式。为实现智慧检务的改革目标，检察机关在接下来的改革中需要进一步加强信息化、大数据、人工智能与司法体制改革的深度融合，找准技术与制度的契合点。在国家未来的法治发展中，与科技的碰撞与结合是不可避免的，而在中国未来检察制度的发展中，同样应该试着将科学技术与日常检察工作相结合。例如，在过去几年，法院已经利用区块链技术进行了民事、刑事电子存证、取证。保证电子证据的真实性、不被篡改是网络案件审判中的一道难关，这道难关被称为涉网审判的"最后一公里"。在区块链技术下进行刑事电子存证则有利于克服电子证据保存困难、易被篡改的困难、提高案件审理的效率、打通数据信任的"最后一公里"。比如北京互联网法院携手工信部安全中心、百度等区块链产业企业共同建立了其专属的电子证据平台"天平链"，互联网法院建立了云智慧网络服务平台。这些与科技结合的做法，都可以大大提高司法效力，拉近与公众的距离，提高司法公信力。为此，在未来的检察制度建设中，我们要充分利用科技与司法的结合，碰撞出公平、效率的火花。

我国的检察制度经历了 70 多年的艰苦历程。70 年来，伴随着国家法治发展与进步，检察机关始终坚持推进制度完善和深化改革工作，初步建立了权责明晰、监管有效、保障有力的检察工作机制，取得了历史性进步，逐渐走上了一条遵循司法规律又符合中国国情的检察改革之路。习近平总书记指出，"历史和现实都告诉我们，一场社会革命要取得最终胜利，往往需要一个漫长的历史过程。只有回看走过的路、比较别人的路、远眺前行的路，弄清楚我们从哪儿来、往哪儿去，很多问题才能看得深、把得准。"[①] 回顾这

---

① 《习近平在学习贯彻党的十九大精神研讨开班式上发表重要讲话》，中华人民共和国中央人民政府网站，2018 年 1 月 5 日。

70 余年来的检察事业发展，能够总结出诸多有益经验，可以进一步推进检察工作的发展，也可以为检察制度的健全完善提供助力，为我们走好未来的司法改革之路提供理论支持。

四、新时代习近平论检察制度

（一）习近平总书记论检察公益诉讼

探索建立检察机关提起公益诉讼制度，是党的十八届四中全会作出的一项重大改革部署，也是以法治思维和法治方式推进国家治理体系和治理能力现代化的一项重要制度安排。

2014 年 10 月 23 日，习近平总书记在《关于〈中共中央关于全面推进依法治国若干重大问题的决定〉的说明》中提到："在现实生活中，对一些行政机关违法行使职权或者不作为造成对国家和社会公共利益侵害或者有侵害危险的案件，由于与公民、法人和其他社会组织没有直接利害关系，使其没有也无法提起公益诉讼，导致违法行政行为缺乏有效司法监督，不利于促进依法行政、严格执法，加强对公共利益的保护。由检察机关提起公益诉讼，有利于优化司法职权配置、完善行政诉讼制度，有利于推进法治政府建设。"

2015 年 5 月 5 日，习近平总书记主持召开中央全面深化改革领导小组第十二次会议，审议通过了《检察机关提起公益诉讼改革试点方案》，明确指出探索建立检察机关提起公益诉讼制度，"要牢牢抓住公益这个核心，重点是对生态环境和资源保护、国有资产保护、国有土地使用权出让、食品药品安全等领域造成国家和社会公共利益受到侵害的案件提起民事或行政公益诉讼，更好维护国家利益和人民利益"。[①]

2017 年 5 月 23 日，习近平总书记主持召开中央全面深化改革领导小组第三十五次会议。审议通过《关于检察机关提起公益诉讼试点情况和下一步工作建议的报告》。会议认为，"正式建立检察机关提起公益诉讼制度的时机

---

① 《习近平：把握改革大局自觉服从服务改革大局 共同把全面深化改革这篇大文章做好》，《人民日报》，2015 年 5 月 6 日。

已经成熟"。①

2017 年 6 月 27 日，检察机关提起公益诉讼制度正式写入修改后的《中华人民共和国民事诉讼法》（以下简称《民事诉讼法》）和《中华人民共和国行政诉讼法》（以下简称《行政诉讼法》），并于当年 7 月 1 日起正式施行。这标志着我国以立法形式正式确立了检察机关提起公益诉讼制度。

2017 年 9 月 11 日，习近平总书记在向第二十二届国际检察官联合会年会暨会员大会致贺信时提到，检察官作为公共利益的代表，肩负着重要责任。中国在发挥检察官公益保护作用，推进法治建设中积累了不少经验，也愿积极借鉴世界有关法治文明成果。希望各国检察官以本届会议为契机，分享保护公益、推进法治建设的经验，深化司法合作交流，共同为促进人类和平与发展的崇高事业作出新的贡献。②

2018 年 7 月 6 日，习近平总书记主持召开中央全面深化改革委员会第三次会议。会议强调，设立最高人民检察院公益诉讼检察厅，要以强化法律监督、提高办案效果、推进专业化建设为导向，构建配置科学、运行高效的公益诉讼检察机构，为更好履行检察公益诉讼职责提供组织保障。③

（二）习近平谈司法责任制

2014 年 6 月 6 日，习近平总书记主持召开中央全面深化改革领导小组第三次会议。习近平总书记强调，"完善司法人员分类管理、完善司法责任制、健全司法人员职业保障、推动省以下地方法院检察院人财物统一管理、设立知识产权法院，都是司法体制改革的基础性、制度性措施。"④

2015 年 3 月 24 日，中共中央政治局就深化司法体制改革、保证司法公

---

① 《习近平主持召开中央全面深化改革领导小组第三十五次会议》，新华网，2015 年 5 月 23 日。

② 《习近平致信祝贺第二十二届国际检察官联合会年会暨会员代表大会召开》，《人民日报》，2017 年 9 月 12 日。

③ 《习近平：激发制度活力激活基层经验激励干部作为 扎扎实实把全面深化改革推向深入》，人民网，2018 年 7 月 17 日。

④ 《习近平：改革要聚焦聚神聚力抓好落实 着力提高改革针对性和实效性》，《人民日报》，2014 年 6 月 7 日。

正第二十一次集体学习，习近平总书记在主持学习时指出，"要紧紧牵住司法责任制这个牛鼻子，凡是进入法官、检察官员额的，要在司法一线办案，对案件质量终身负责。"①

2015 年 8 月 18 日，习近平总书记主持召开中央全面深化改革领导小组第十五次会议，审议通过了《关于完善人民检察院司法责任制的若干意见》，指出"检察人员应该对其履行检察职责的行为承担司法责任，在职责范围内对办案质量终身负责，依法履职受法律保护"。②

2017 年 8 月 29 日，习近平总书记主持召开中央全面深化改革领导小组第三十八次会议，审议通过了《关于加强法官检察官正规化专业化职业化建设全面落实司法责任制的意见》。"会议强调，在总结司法责任制改革试点成功经验的基础上，加强法官检察官正规化专业化职业化建设、全面落实司法责任制，是深入推进司法体制改革的重大部署安排。要巩固和完善改革成果，把坚持党的领导贯穿始终，加强法官检察官思想政治与职业道德建设，完善员额制，落实责任制，强化监督制约，健全保障机制，为深入推进司法责任制改革提供规范明确的政策依据。"③

（三）习近平论人民监督员制度

2014 年 10 月，党的十八届四中全会审议通过了《中共中央关于全面推进依法治国若干重大问题的决定》。该决定关于司法公正提出了检察制度的进一步改革，如完善人民监督员制度，重点监督检察机关查办职务犯罪的立案、羁押、扣押冻结财物、起诉等环节的执法活动。④

2015 年 2 月 27 日，中央全面深化改革领导小组第十次会议审议通过了

---

① 《习近平：以提高司法公信力为根本尺度 坚定不移深化司法体制改革》，《人民日报》，2015 年 3 月 26 日。
② 《习近平：增强改革定力保持改革韧劲 扎扎实实把改革举措落到实处》，《人民日报》，2015 年 8 月 19 日。
③ 《习近平：加强领导总结经验运用规律 站在更高起点谋划和推进改革》，人民网，2017 年 8 月 30 日。
④ 《中共中央关于全面推进依法治国若干重大问题的决定》，中国政府网，2014 年 10 月 28 日。

《深化人民监督员制度改革方案》，人民监督员制度自此进入全面深化改革的新阶段。"会议强调，深化人民监督员制度改革是党的十八届三中、四中全会提出的一项重要改革举措，目的是进一步拓宽人民群众有序参与司法渠道，健全确保检察权依法独立公正行使的外部监督制约机制，对保障人民群众对检察工作的知情权、参与权、表达权、监督权具有重要意义。要认真总结人民监督员监督范围、监督程序试点和人民监督员选任管理方式改革试点经验做法，在人民监督员选任方式、监督范围、监督程序、知情权保障等方面深化改革。实行人民监督员制度，引入外部监督力量，改变了检察机关查办职务犯罪案件的具体程序和要求，健全了对犯罪嫌疑人、被告人的权利保护机制，是对司法权力制约机制的重大改革和完善。"[1]

（四）习近平论检察人才队伍保障

2014年6月6日，习近平总书记主持召开中央全面深化改革领导小组第三次会议。习近平总书记强调，"完善司法人员分类管理、完善司法责任制、健全司法人员职业保障、推动省以下地方法院检察院人财物统一管理、设立知识产权法院，都是司法体制改革的基础性、制度性措施"。[2]

2015年6月5日，习近平主持召开中央全面深化改革领导小组第十三次会议。"会议强调，建立从政法专业毕业生中招录法官助理、检察官助理的规范机制，对推进人民法院、人民检察院队伍正规化、专业化、职业化建设，提高司法队伍整体职业素质和专业水平具有重要意义。"[3]

2015年9月15日，习近平总书记主持召开中央全面深化改革领导小组第十六次会议。"会议强调，开展法官、检察官单独职务序列和工资制度改革试点，是促进法官、检察官队伍专业化、职业化建设的重要举措。要突出

---

① 《习近平主持召开中央全面深化改革领导小组第十次会议》，人民网，2015年2月28日。

② 《习近平：改革要聚焦聚神聚力抓好落实　着力提高改革针对性和实效性》，《人民日报》，2014年6月7日。

③ 《习近平：树立改革全局观积极探索实践　发挥改革试点示范突破带动作用》，《人民日报》，2015年6月6日。

法官、检察官职业特点，对法官、检察官队伍给予特殊政策，建立有别于其他公务员的单独职务序列。要注重向基层倾斜，重点加强市（地）级以下法院、检察院。要实行全国统一的法官、检察官工资制度，在统一制度的前提下，体现职业特点，建立与法官、检察官单独职务序列设置办法相衔接、有别于其他公务员的工资制度。要建立与工作职责、实绩和贡献紧密联系的工资分配机制，健全完善约束机制，鼓励办好案、多办案。要加大对一线办案人员的工资政策倾斜力度，鼓励优秀人员向一线办案岗位流动。"①

2015年12月9日，习近平总书记主持召开中央全面深化改革领导小组第十九次会议。"会议强调，完善司法人员分类管理、完善司法责任制、健全司法人员职业保障、推动省以下地方法院检察院人财物统一管理，是司法体制改革的基础性措施。"②

2016年3月22日，习近平总书记主持召开中央全面深化改革领导小组第二十二次会议。"会议指出，建立法官检察官逐级遴选制度以及从律师和法学专家中公开选拔立法工作者、法官、检察官，是加强法治专门队伍正规化、专业化、职业化建设的重要举措。要遵循司法规律，坚持正确的选人用人导向，建立公开公平公正的遴选和公开选拔机制，规范遴选和公开选拔条件、标准和程序，真正把政治素质好、业务能力强、职业操守正的优秀法治人才培养好使用好。要坚持稳妥有序推进，注重制度衔接，确保队伍稳定。"③

2016年7月22日，习近平总书记主持召开中央全面深化改革领导小组第二十六次会议，审议通过了《关于建立法官、检察官惩戒制度的意见（试行）》。会议强调"要坚持党管干部原则，尊重司法规律，体现司法职业特点，坚持实事求是、客观公正，坚持责任和过错相结合，坚持惩戒和教育相

---

① 《习近平：坚持以扩大开放促进深化改革 坚定不移提高开放型经济水平》，《人民日报》，2015年9月16日。

② 《习近平主持中央全面深化改革领导小组第十九次会议》，《人民日报》，2015年12月10日。

③ 《习近平：推动改革举措精准对焦协同发力 形成落实新发展理念的体制机制》，《人民日报》，2016年3月23日。

结合，规范法官、检察官惩戒的范围、组织机构、工作程序、权利保障等，发挥惩戒委员会在审查认定方面的作用"。①

2017 年 8 月 29 日，习近平总书记在主持召开中央全面深化改革领导小组第三十八次会议时强调，要加强法官检察官正规化专业化职业化建设加强法官检察官思想政治与职业道德建设。②

---

① 《习近平：以更大的决心和气力抓好改革督察工作 使改革精准对接发展所需基层所盼民心所向》，人民网，2016 年 7 月 23 日。
② 《习近平：加强领导总结经验运用规律 站在更高起点谋划和推进改革》，人民网，2017 年 8 月 30 日。

第二章

检察院的性质和职权

一、检察院的性质

（一）检察院性质确立的理论依据

在我国，设置作为专门行使法律监督权的检察院，构建具有中国特色的检察制度，有着坚实的理论基础。毛泽东思想、邓小平理论和法治理论、法律的普适性与法制的统一性理论、司法公正性理论共同为我国设置检察权、构建具有中国特色的检察制度奠定了坚实的理论基础。

1. 毛泽东思想、邓小平理论和法治理论

中国共产党领导中国人民战胜了帝国主义、封建主义和官僚资本主义迎来了全国的解放，开辟了中国历史的新纪元。中华人民共和国成立后，如何实现人民当家做主的主人翁地位成了首先要考虑的问题。毛泽东从国体和政体两个方面解决了人民当家做主的问题。新中国诞生前夕，毛泽东在《论人民民主专政》一文中，精辟地阐述了国家的政权性质："总结我们的经验，集中到一点，就是工人阶级（经过共产党）领导的以工农联盟为基础的人民民主专政。"人民民主专政包括两方面的内容，即"对人民内部的民主和对反动派的专政方面，互相结合起来，就是人民民主专政。"① 关于政权组织形式，他高度赞扬民主集中制，认为新中国的国家政权应当采取民主集中制即人民代表大会制。"我们采用民主集中制，而不采用资产阶级议会制。议会

---

① 毛泽东：《毛泽东选集》（第四卷），北京：人民出版社 2008 年版，第 1475 页。

制，袁世凯、曹锟都搞过，已臭了。在中国采取民主集中制是很合适的。我们提出开人民代表大会……不必搞资产阶级的国会制和三权分立等。"① 毛泽东的这些思想为国家机关包括检察机关的组建奠定了坚实的理论基础。

中华人民共和国人民民主专政的国家政权以民主集中制为组织原则，以人民代表大会为政权组织形式。董必武在报告"中华人民共和国中央人民政府组织法草拟的经过及基本内容"时，对这一选择加以说明："政府组织的原则是民主集中制，具体表现为人民代表大会制的政府。民主集中制原则与资产阶级旧民主主义三权分立原则相对立。旧民主主义的议会制度是资产阶级当权者玩弄手段，欺骗广大人民的一种民主制度，而我们的制度是议行合一的人民代表大会制，人民行使国家权力的机关是各级人民代表大会和各级人民政府。中央人民政府委员会按照民主集中制原则组织政务院、军事委员会、最高人民法院和最高人民检察署。"② 在决定检察机关设置的过程中，曾有两种截然不同的观点：一种观点主张检察机关直属于国家权力机关，与行政机关和审判机关平行设置且地位独立；另一种观点则主张检察机关隶属于行政机关。鉴于中国和苏联对马克思主义意识形态的认同、人民民主观的契合、建国初期的境遇和任务相似，经过讨论，最终认为应当借鉴苏联的建国经验和检察制度模式，在国家最高权力机关之下，设立独立的检察机关。

为学习苏联检察建设的经验，1949 年 3 月，中共中央决定由刘少奇率代表团访苏，一方面学习列宁的社会主义法制思想和检察监督理论；另一方面邀请苏联政法方面的有关专家或法学家来中国指导法制建设。1979 年 7 月 1 日，彭真同志在《关于七个法律草案的说明》中曾明确指出："列宁在十月革命后，曾坚持检察机关的职权是维护国家法制的统一，我们的检察院组织法就是运用列宁这一指导思想，结合我国实际情况制定的。"③

此后，在中国检察制度的发展过程中，邓小平提出的建设有中国特色的

---

① 毛泽东：《毛泽东文集》（第五卷），北京：人民出版社 1993 年版，第 136 页。
② 《董必武报告：中华人民共和国中央人民政府组织法草拟的经过及基本内容》，《人民日报》，1949 年 9 月 23 日。
③ 彭缜：《关于七个法律草案的说明》，《人民日报》，1979 年 7 月 1 日。

社会主义法学理论和民主法制思想进一步丰富和发展了列宁的法律监督思想，将法律监督纳入了依法治国的方略中，从而使权利保障、权力制约与法律监督密切相连。邓小平的法律监督思想可以归纳为以下两点：

第一，发展社会主义民主，健全社会主义法制。邓小平继承和发展了毛泽东思想中关于民主立国的理论，立足中国实际，把握时代发展的脉搏和契机，发展社会主义民主，建设社会主义法制，二者是辩证统一的关系：民主是法制的前提和基础，法制是民主的体现和保障。邓小平曾多次指出："社会主义民主与社会主义法制是不可分的。""为保障人民民主，必须加强社会主义法制。必须使民主制度化、法律化，使这种制度和法律不因领导人的改变而改变，不因领导人的看法和注意力的改变而改变。"为实现社会主义民主法制，1978 年，邓小平首次完整地提出我国法制建设的十六字方针：有法可依，有法必依，执法必严，违法必究。

第二，法律监督是权力制约的重要机制。邓小平针对过去权力过分集中，容易导致个人独断专横的弊端，从中国特色的社会主义实际出发，提出强化法律监督的思想，把党的领导和法律监督相结合，通过法律监督维护人民的合法权益，保证权力的良性运行。在坚持人民主权原则的同时，依法对国家权力进行合理配置，实现权力之间的相互制约。

中国的检察权和检察制度固然是以列宁的法律监督思想为指导，借鉴苏联检察制度模式建立的，但从理论的根本上来说，中国检察权的设置和检察制度的构建，主要还是在毛泽东思想、邓小平理论和法治理论的指引下完成的，立足中国人民代表大会制度的宪政基础和法治实践基础，是经过本土化建设的、具有中国自己的特色、有别于苏联的检察制度。例如，中国检察机关不享有"一般监督"的全部职能，没有立法监督权；中国检察机关的法律监督并非"最高监督"，而是人民代表大会下的专门监督；经过反复实践，中国检察机关在领导体制上没有实行垂直领导，而是实行双重领导，形成了具有中国特色的检察委员会制度，等等。

2. 法律效力的普适性与法制的统一性理论

（1）法律效力的普适性要求法律监督

立法者总是希望其制定的法律适用于所有对象，希望每个人都能够遵守法律，法作为一般的行为规范在国家权力管辖范围内具有普遍适用的效力和特性。然而，凝结在法律中的国家意志是相对于个人意志而独立存在的，不管人们的主观愿望如何，都必须遵守法律，这就与追求无拘无束的个人意志天性产生了矛盾和冲突。这种矛盾和冲突在客观上决定了法必须以国家强制力为后盾，通过强有力的检查督促手段来保证实施，强迫人们遵守和服从，对违法者施加法律制裁，从而维持法律效力的普适性。正如哈特所言：在任何时间和地点，法律都有一个最为显著的普遍特征，这就是它的存在意味着特定种类的人类行为不再是任意的，而是在某种意义上具有强制性。由于法不能始终为人们自愿遵守，如果没有一个有效的、以国家强制力为后盾的法律监督机制的存在，法律就会成为毫无意义的一纸空文，法律效力的普适性就难以维持。因此，法律监督是法律存在的基础和保障，是法律本身的逻辑要求。

（2）法制的统一性需要法律监督

法律作为一种制度性、规则性的设计，必须为人们提供统一的行为准则，在国家权力所及范围内统一适用。然而，法律的适用又总是针对具体案件，个别进行的，通过具体的执法者把法律的一般原则适用于具体对象。如果每个执法者都根据自己的情感偏好和对法律的理解来适用法律，那么就会导致裁判结果的畸轻畸重，相同的案件得不到同样的处理，法制就无统一性可言。因此，为保证在每一个案件中法律适用的统一、协调，就必须建立起一种监督制约机制，以保证每一个执法者都能按照统一的原则和标准适用法律，进而维护法律的严肃性和统一性。自法律产生以来，法律监督就在国家权力机构中占有一席之地。古希腊时期，柏拉图在《法律篇》中反复强调"法律维护者"，谈到"你们必须指派一个官员，他要有极锐利的目光去监督规则的遵守情况，这样，各种各样的犯法行为都会引起他的注意，而犯法者受到法律及神的惩罚"。① 我国宪法明确规定，检察机关是国家的法律监督机关，检察机关承担着维护国家法制统一，保障法律正确实施的职责。维护法制统一是法律监督的根本责任和内在价值，要保证法律的统一正确实施，就离不开对法律实行监督。检察权特有的监督特性，使其与行政权、审判权相区别。

3. 司法公正性理论

（1）司法公正的内涵

公正是司法的生命和灵魂，也是司法的首要价值追求和最高境界。公正，从字面上说，具有正当、合理、公平、平等等含义，司法公正指的是在司法活动的过程中和裁判结果中所体现的公平与正义的精神，包括实体公正和程序公正两个方面。实体公正，是指司法机关在准确认定案件事实的基础上，正确适用法律，对诉讼当事人的实体权利和义务作出公正的裁判结果；程序公正，是指在司法活动中，要充分保障当事人及其他诉讼参与人的诉讼权益，使他们有充分的空间表述愿望、主张权利和请求，受到公平的对待，以体现整个司法过程的公正性。实体公正和程序公正二者是辩证统一的关系，要平等对待，不可偏废。实体公正是司法活动追求的根本目标，离开实体公正，司法活动是没有实际意义的。而程序公正是实现实体公正的重要保障，不公正的程序是难以实现实体公正的。过程公正与结果公正同等重要，正义不但要得到实现，而且必须以人们看得见的方式得到实现。司法公正是衡量一个国家法治水平的重要标志，是实现社会公平正义的最后保障力量。公正始终是司法活动的本质要求，失去公正，就不是司法。司法公正与否，事关重大，正如英国著名学者培根所言："一次不公正的裁判比多次不平的举动为祸尤烈。因为这些不平的举动不过弄脏了水流，而不公的裁判则把水源败坏了。"

（2）确保司法公正是检察机关法律监督工作的永恒主题

摒弃司法腐败，否定司法专横，是司法公正的应有之意。法律监督的目

---

① 何勤华主编：《西方法学名著述评》，武汉：武汉大学出版社 2007 年版，第 8 页。

的在于依法约束司法，防止司法的懈怠和滥用，维护司法公正。如果司法权的行使不受任何有效制约，就难以避免专断与滥用的嫌疑。司法作为居中的裁判者，以评判纠纷中的是非曲直为神圣使命，人们将发生的纠纷诉诸法院，无非是想谋求纠纷的公正解决，如果裁决不公正，就不可能平息纠纷，甚至可能加剧冲突，司法的目的将无法实现。现实生活中屡屡发生司法腐败、司法专横等现象，严重危害法制的尊严，损害了司法权威。检察机关的法律监督可以最大限度地遏制司法腐败，克服司法专断，从而保障司法公正，确保国家法律的统一正确实施。司法公正离不开法律监督，维护司法公正是法律监督所追求的主要目标和价值取向，二者具有内在的、本质的、必然的联系。

由于司法人员个人认识能力的局限性以及先入为主的思维定式，往往会影响对案件事实的准确认定。同时，个人利益或阶层利益驱使、案外压力干扰、业务素质不高、职业道德缺失等也会影响司法人员对证据的不当采信以及对法律规则的不当适用，这些都可能导致裁判结果的错误和司法的不公，导致司法权对公民权利的侵犯。因此，为防止和纠正错误适用法律和司法不公对法治的损害和破坏，使当事人的合法权益得到最终维护，需要制定必要的补救方案，除了法院的二审终审制、审判监督制等内部补救手段外，更需要在法院外部建立起监督制约机制。在我国，检察机关作为专门的法律监督机关，通过履行立案监督、侦查监督、审判监督、执行监督等具体职能，对立案、侦查、审判、执行等司法活动进行监督，对违法和失误行为加以制裁和矫正，为司法公正的实现提供了有力的保障。

（二）对检察权性质的争论

一般认为，现代宪政意义下的检察权诞生于中世纪的法国。检察权本来是法国王室的"国王代理人"在各个封建领地为维护国王地方利益而形成的机制。后来，检察权这种为封建君主服务的权力形式，被资产阶级成功地运用到三权分立的原理中来，从而成为他们权力分立与制衡的重要力量；检察权也逐步形成了以公诉权为核心的相关制度从而与审判权鼎立存在。这个在西方政治社会产生的法律概念，在我国古代我们可以发现相同语义的词源。

例如，《后汉书·百官志五》记载："什主十家，伍主五家，以相检察。民有善事恶事，以告监官。"宋代沈括在《梦溪笔谈·象数二》中写道："国朝置天文院于禁中，设漏刻、观天台、铜浑仪，皆如司天监，与司天监互相检察。"据《资治通鉴·唐纪八》记载，唐太宗李世民谓黄门侍郎王圭曰："国家本置中书、门下以相检察，中书诏救或有差失，则门下当行驳正。"这三处的"检察"一词均含有检举监督的意思。

近年来，很多学者主张为了保证控辩平等、审判中立，实现当事人主义，应该以法律监督机关定位。也有一部分人认为检察机关的公诉权性质必须坚持，不可动摇。可以说，这是一场关系检察制度的前途，检察工作的全局，检察事业的根本的论辩。虽然我国宪法规定了检察机关的法律监督机关的地位，但是如果我们仅仅依靠直接援引宪法条文来作为自己观点的论据，这是极其乏力的。道理很简单，那就是如果理由正当，宪法和法律本身也是可以修改的。其实，当代中国检察制度在理论上尤其是在诉讼理论上备受争议，原因就在于其独特的法律监督的定性以及法律监督与侦查、公诉等具体职权的关系。因此，我们应该多从哲学的观点出发，时刻注意区分检察权的属性和权能，不偏不倚地科学定位我国检察权的性质。

权能，是指权力的表现形态和具体内容，是权力主体在法律许可的范围之内各种手段和措施的行为尺度。宪法对于检察机关的法律监督权能，并没有做出规定，它把这个规定权限让渡给了其他法律。根据《人民检察院组织法》，检察院的主要权能有：一是侦查权，检察院对于直接受理的案件有权进行侦查；二是侦查监督权（包括批捕权和对于公安机关的立案监督权），主要是由侦查监督部门行使；三是公诉权，检察机关行使的最多的权能之一，"检察机关代表国家对犯罪嫌疑人提起公诉并出庭支持公诉，是维护法律权威的重要手段"；四是诉讼监督权，指检察机关对法院的审判以及执行活动的监督，主要包括以下内容：首先是刑事诉讼程序的启动和终结监督，其次是民事、行政和刑事审判的监督，再次是民事、行政和刑事判决执行过程合法性的监督，最后是监管场所监管情况的监督。

从上述权能我们可以看出我国检察机关的权能是不仅限于公诉权的，所以以西方国家检察理论来衡量我国检察制度的学者妄图以"行政权说"来改造我国检察权的理论是难有立足之地的。由于检察制度以公诉制度为基础，所以问题的关键在于我们赋予检察权以公诉权之外的其他权能是否合理。其实，西方国家的检察制度也并非以公诉职能作为其唯一的权能：英国的检察机关只享有部分案件的公诉权，如经济犯罪或其他犯罪则由税收、海关部门提起公诉，可以说连作为核心权能的公诉权也并不完全享有；而法国的检察机关虽然以公诉为核心权能，该国的检察机关却还有公益诉讼甚至是监督法院审判的权力。西方检察权仍然以公诉权为核心权能，著者认为这是一个国家对于检察权性质的取向问题，换句话说，检察权的性质定位必然是由其核心内容决定的，而核心内容的选择是完全由各国自己决定的。西方国家的检察权就是公诉权，后来检察权不断扩张，但是其本质和核心内容却一直是公诉制度，这是由西方国家的国情和法律制度所决定的。俄罗斯虽然以三权分立的基本原则构建国家法律制度，在刑事诉讼中也崇尚控辩平等，但也仍然保留了苏联留下的检察机关法律监督的职能。虽然俄罗斯通过诉讼改革弱化了检察权诉讼监督的职能，但是作为监督权性质的检察权却没有改变。从哲学的角度来说，事物的性质是由该事物矛盾的主要方面决定的。通过对于我国检察权权能的分析，我们不难发现法律监督才是我国检察权的核心内容，因此，我们应该将检察权的属性和权能区别开来，从而得出合理的结论——我国检察权的属性理应为法律监督权。

二、检察院的职权

（一）检察院的具体职权

人民检察院的职权界定，是备受争议的问题。现行法律规定和运作状况是检察权的范围比较广泛，但实现路径则相对狭窄，主要集中在刑事领域。检察机关的职权不应局限于刑事监督，但也不能是一般监督。人民检察院职权是《宪法》赋予检察机关的履行检察职能的权力，一般说来，包括公诉权、批捕权、侦查权、诉讼监督权等。根据人民检察院参与诉讼活动的种类划分，可分为刑事诉讼中的职权、民事诉讼中的职权、行政诉讼中的职权和部分行政行为监督权。人民检察院刑事诉讼中的职权包括公诉权、自侦权、侦查监督权、刑事诉讼监督权等，在民事和行政诉讼中的职权包括民事公益诉讼权、行政公益诉讼权、抗诉权等，行政行为监督权包括治安拘留、劳动教养、监所关押限制人身自由的监督权等。

1. 违宪案件调查权

宪法监督制度是现代法治国家的普遍性选择，考察现代各国的宪法监督制度实践，主要有三种模式：以英国为代表的议会型宪法监督模式，以美国为代表的普通法院型宪法监督模式和以德国为代表的宪法法院型宪法监督模式。现行《宪法》确立了我国的违宪审查制度是代表机关审查制，但没有设立专门的宪法审查机关，而缺乏专门的违宪审查组织机构，会使宪法监督不能经常化，同时极易使宪法监督流于程序。而且传统理论认为宪法不具有可诉性，所以我国也没有建立对具体违宪行为的宪法诉讼制度。宪法监督从理论上讲应包含三个方面的内容：调查和处理违宪的法律文件；审查国家机关以及各政党和社会团体的违宪行为；处理国家机关之间的权限争议。

我国应该设立专门的宪法监督委员会，直属全国人民代表大会，负责独立行使违宪审查权，即实行由全国人民代表大会的宪法监督和宪法委员会的专门违宪审查相结合，以宪法委员会为主的复合审查体制。检察机关应当享有违宪案件调查控告权，由其负责启动宪法监督审查程序，由宪法委员会决定是否受理。检察机关还应享有根据宪法委员会的指令或有关国家机构的控告，对有违宪可能的案件进行调查和取证的权力，最终以及将违宪案件连同证据提请宪法委员会审理的权力，最终由宪法委员会作出是否违宪的裁定。检察机关之所以应享有违宪案件调查控告权，是因为检察机关是公共利益的代言人，而《宪法》是国家的根本大法，具有最高的法律效力，其核心内容应该是保障人权。正如列宁曾说过，"宪法就是一张写满人权力的纸"①，《宪法》总纲之后的第一章规定的便是公民的基本权利和义务，国家机构的规定位于公民权利义务之后，这说明国家机构的设置也是以保障人权为目的

---

① 列宁：《列宁全集》第 12 卷，北京：人民出版社 1987 年版，第 50 页。

的。当法律文件或具体行为违反宪法的宗旨时，受到侵犯的必然是公民权利与利益，即公共利益受到侵害，检察机关理应行使违宪案件调查控告权，主张公共利益，当然宪法作为国家的根本法，不仅代表公共利益，亦代表国家利益，国家本质上由统治阶级建立的维护阶级统治的国家机器，统治阶级以国家的名义发布法律维护统治阶级的利益，而统治阶级的利益并不全是公共利益，这时国家利益便与公共利益相互分离，具有自己独特的利益内容，这些国家利益主要包括国家的安全利益、外交利益、军事利益以及意识形态利益等，以维护统治阶级的政治统治为目的，我国的国家机构是民主集中制，中央统一领导，涉及这些国家利益的法律都包括在基本法范畴内，但只有全国人民代表大会才有权制定，同时全国人民代表大会也具有宪法修改权，而全国人民代表大会是不会允许这些基本法的内容与宪法相冲突的。因此对这些法律文件不存在违宪审查的必要，因此国家利益受到侵害的情况多是由一些具体的行为造成的，我国刑法对严重的危害国家利益的行为有相应的具体规定，当危害国家安全的行为发生时，用刑法相应的罪名惩治这种行为，即可维护国家利益，不需要上升到宪法诉讼的高度。

2. 刑事案件追诉权

刑事案件追诉权是指检察机关对犯罪行为实施调查，向法院提出控告，请求法院正确适用法律，追究犯罪嫌疑人责任的权力，包括侦查指挥权和起诉权两个部分。在我国，侦查权主要属于公安机关和国家安全机关，因此侦查指挥权主要是对公安机关和国家安全机关的侦查活动进行指挥监督，具体包括：要求公安机关立案侦查的权力、退回公安机关补充侦查的权力、批准逮捕的权力、具体指导侦查机关侦查的权力等。起诉权具体包括审查决定起诉和决定不起诉的权力，刑事犯罪不仅是对受害人利益的侵犯，而且是对整个社会公共秩序的严重破坏，如果社会公共秩序遭到破坏，任何人的生活都会受到影响，甚至生存都得不到保障，这涉及社会每个人的利益，因此由检察机关对犯罪行为进行追诉，是保障公共利益的必然要求。

3. 行政案件起诉权

行政案件起诉权，即检察机关对严重违法的行政行为提请司法审查的权力，检察机关提起公诉的范围应包括以下几个方面：第一，行政决定违法，并侵害公共利益，没有具体相对人的；第二，行政决定有利于相对人，但却侵害公共利益，相对人不起诉的；第三，如造成重大环境污染等损害公共利益，负有监管职责的行政机关只给予较轻处罚的；第四，行政机关不作为损害公共利益的；第五，人民检察院认为应当提起公诉的其他案件。检察机关享有以上诉讼权力是检察权的性质决定的，作为公共利益的主张者，当具体行政权力违法侵犯到不特定多数人的利益，即公共利益时，检察机关必须提起公诉，保护公共利益不受政府权力的侵害，检察机关提起行政诉讼应当以公共利益是否能得到维护为唯一标准。

4. 民事案件起诉权

检察机关的民事起诉权主要是指对于特定范围内的某些涉及重大公共利益的民事案件，检察机关以公共利益代表人的身份，向法院提起民事诉讼的权力。这时检察机关的身份是民事案件的原告，享有民事案件原告的诉讼权利和义务，以是否侵犯公共利益为标准，应当将检察机关享有的民事起诉权的范围限定为下列案件：（1）国有资产流失案件。（2）公害案件，尤其是由于环境污染引起的不特定的大多数人的人身财产损害的案件。（3）其他公共利益和公共设施受到损害的案件。（4）破坏社会主义市场经济秩序的案件，如市场垄断、不正当竞争案件。（5）其他侵犯公共利益的民事案件。

5. 审判结果异议权

异议权，也可称抗诉权，是指检察机关认为已经发生法律效力的判决、裁定错误时，向法院提出异议，要求法院重新审判的权力。检察机关可以对任何案件提出异议，包括刑事、民事、行政案件，现代社会管理国家的标志和途径是法治，而法律的核心价值便是公平正义，法院作为司法机关，依法行使审判权，当一个错误的审判结果出现时，不仅仅是当事人的利益受到侵犯，法律本身公平正义的价值同样受到了践踏。

6. 刑罚执行监督权

刑罚执行监督权是指检察机关对已经生效的刑事判决、裁定的交付执行行为和执行情况进行监督，确保刑罚正确实施的权力。刑罚执行监督权在本质上是检察机关行使刑事追诉权的一种延伸，目的是确保犯罪嫌疑人承担其所应受到的惩罚，是刑事追诉权在个案上追求的结果，是公平正义价值的体现。

（二）检察院职权配置的理念

人民检察院的职权的配置应贯彻公正性、公益性和效益性理念。

1. 公正性的理念

公正是人类共同的追求，从远古以来，不管是西方还是东方，都是如此。强化法律监督，维护公平正义是检察机关的神圣使命。加强社会主义法治建设的基本要求是有法可依、有法必依、执法必严、违法必究。司法制度的本质就是保障司法公正，追求司法公正。对于我国社会主义检察制度而言，更应该在全社会保障和实现公平与正义。因此，检察职权的配置必须坚持的核心理念是公正。

2. 公益性的理念

社会公益性是检察权赖以生存、发展的内容。我国全国人民代表大会和全国人民代表大会常务委员会行使国家立法权，公安机关、检察院、法院行使司法权。检察权是检察机关在履行检察职能时《宪法》所赋予的法定职权，是司法权的一种。检察权以制约、制衡的角色出现，其权力的行使直接表现为代表国家干预社会生活，尤其是对危害国家利益、国家安全和社会公共利益的行为进行干预，对违法行为所破坏的社会关系进行修复。

在现代国家理论中，检察制度的完善和检察权的加强，是为了保障国家权力在广大民众的参与下，在宪法和法律的轨道上有效运行，不仅要代表国家指控追诉危害社会的各种犯罪，而且要维护社会公益和法治秩序。检察机关有权对涉及公共利益的民事、行政案件进行法律干预。公益性是贯穿检察制度发展始终的基本内容，将随着社会经济的发展，检察制度的公益性将体现得更全面。因此，我国的检察权配置，必须坚持检察权的公益性。

3. 经济性的理念

检察权的价值要求必然体现现代民主法治的价值，反映现代经济发展的要求，体现诉讼程序的成本投入效益。诉讼效益是现代诉讼制度的价值原则，无意义的追诉，只会导致司法资源的浪费，弱化检察权对国家利益、公共利益和公民个人利益的保护。在司法实践中，传统的诉讼程序繁琐，效率较低，积压了大量案件，尽管一些案件事实清楚，证据充分，也要通过繁琐程序按部就班，一些诉讼参与人苦不堪言，因此人民检察院的职权应该体现诉讼效益，做到尽量小的司法成本投入，获得最大的诉讼实效。

第三章

检察机关的内部机构设置

一、我国检察机关内部机构设置之检视

我国检察机关内部机构是以《人民检察院组织法》为原则设立的。该法第十八条规定："人民检察院根据检察工作需要，设必要的业务机构。"第十九条规定："人民检察院根据工作需要，可以设必要的检察辅助机构和行政管理机构。"这两条法律条文都原则性地规定了我国检察机关在立法的授权下，可根据人民检察院工作需要，对于其内设机构进行调整。但在内部机构设置和调整过程中缺乏必要立法指导，易出现一系列的内部机构设置问题。

（一）主要问题

1. 机构设置不规范

在检视我国检察机关内部机构设置过程中，可以发现我国检察机关在不同级别以及不同地区的内部机构设置都有所差别。内部机构设置的不一致会导致上下级检察机关的业务对接、办案组织与部门对接产生矛盾。我国检察机关内部机构设置不一致主要体现在两大方面。

（1）机构设置标准不统一。检察机关系统机构设置的科学性会为检察职能的实现奠定基础，但我国检察机关内部机构设置的标准并不统一。我国检察机关作为法律监督机关，按照法律监督职能进行划分，可划分为侦查监督部门、监所检察部门、铁路运输检察部门；检察机关也是刑事诉讼追诉权的行使者，所以按照刑事诉讼程序进行划分，可划分为审查批准逮捕部门、公诉部门、控告申诉检察部门；人民检察院作为职务犯罪的侦查机关，按照其

管辖范围的性质来划分，可划分为司法工作人员犯罪检察部门、民事行政检察部门。检察机关内部设置标准不统一会导致其划分出的职能部门之间出现职能重叠、责任追究不到位等问题。

（2）机构设置名称不统一。《人民检察院组织法》中只规定了检察机关可根据其工作需要，设置必要的业务机关和综合部门，但立法只是从宏观角度进行了原则性的规定，并未对其内部机构的名称等进行统一。在我国，检察机关内部对于某一职能部门的名称会因为检察机关级别或者地域不同而产生差别。例如在我国最高人民检察院，有的职能部门名称是"厅"，有的则是"总局"，还有的是"办公室"，例如"公诉厅""法律研究办公室"。而在地方检察机关，对于公诉部门，有的检察院称"公诉一处""公诉二处"和"公诉三处"，有的检察院则称"公诉处""刑事审判监督处"和"二审监督处"，还有的检察院称"公诉办公室"（下设三个公诉处）；对于检察教育宣传部门，有的检察院称"宣传处"，有的检察院称"宣教处"，有的检察院则称为"组宣处"，还有的检察院称"新闻处"等。名称设置的不一致，对于上下级人民检察院之间的工作业务对接产生很大影响，例如下级人民检察院与上级人民检察院进行业务对接，但是上级人民检察院却可能没有相应的职能部门，这对于检察职能的发挥会有一定程度的限制，检察机关的高效原则也会受到影响。

2. 检察职能重叠

我国检察机关在设立内部机构过程中，根据不同的设立标准设立的内部机构可能会产生职能重叠。例如行使审判监督权的部门，是设在公诉部门还是专门设立一个审判监督部门，就直接反映监督职能在各个机构之间是否会出现重叠。此种重叠出现的原因主要是检察机关对于检察权的认识不够深刻，对于检察权的划分并不到位。检察机关内部机构职能重叠还会导致在司法责任的承担上出现相互推诿的现象，导致责任追究不到位。造成此现象的根本原因是检察机关在内部机构设置过程中没有用系统和发展的眼光看待问题，在各机构设置中并未考虑机构之间的协调问题。检察机构的科学分配不仅有利于检察职能的发挥，而且能为检察机关高效运作提供保障。

3. 内部设置机构独立性不够

检察机关在我国宪法中的定位是国家法律监督机关，行使法律监督职能。检察机关作为独立的司法机关，由人民代表大会产生，并对人民代表大会负责，与行政机关应当具有平等地位。但在我国的司法实践中，检察机关的地位通常远低于行政机关，甚至是与行政机关的下属部门具有同等地位，这就使检察机关内部机构设置的独立性受到了限制。《人民检察院组织法》中规定检察机关可根据必要工作需要，设立业务机构和综合机构等，但是在实践中，检察机关能否设立新的机构部门不仅自身决定不了，甚至上级检察机关也难以决定。检察机关设立新的机构部门必须要报本级地方编制部门审查批准，而地方编制部门在审查过程中会以地方政府各级部门之间是否平衡为是否批准的出发点，致使有些业务机构，尽管从检察机关来看确属工作需要，但地方编制部门却很难予以批准。当检察机关确实需要相应的职能部门进行工作却无法得到满足时，其检察职能就不能完全得到发挥，检察权就做不到完全独立。

（二）问题成因

1. 立法不完善

关于检察机关内部机构设置问题，我国只有《人民检察院组织法》有所涉及，且该法对检察机关内部机构设置只做了原则性规定，并未对于其设立标准、设立程序、设立条件进行细致规定。立法对于此规定较为模糊的原因有以下两点：（1）检察制度改革在不断推进，检察职能的分配与检察权的大小息息相关，如若将检察机关内部机构设置规定太具体，那么检察权本身出现变动就会出现立法上的矛盾。例如，自监察委成立以来，检察机关对于国家工作人员贪污贿赂犯罪的监督权力就交由监察委来行使，那检察机关内部关于此部分职能的机构就会因检察权的变动而不得不重组或者解散。立法的原则性规定给检察制度的改革留下了发展空间。（2）检察机关内部具有公诉职能、法律监督职能、职务犯罪调查职能、公益诉讼等职能。检察机关内部职能具有复杂性，如果将内部机构设置标准固定，则会导致检察职能必须从一而终，而在司法实践中，就存在一定的落差。近年来，我国检察部门提出要捕诉合一，打破传统的审查逮捕和提起公诉两部门阅卷工作的格局，认为两部门重复阅卷不仅会导致公诉效率的下降，而且会造成司法责任的难追究。因此，有人提出"捕诉合一"的改革构想，并在最高人民检察院的部署下在各级检察机关展开实施。检察机构职能的复杂性也就让立法难以将划分标准具体化，只能做出原则性规定。

2. 检察权分类不科学

检察机关内部机构职能机构的设置是对检察权的合理分配，而作为检察机关独立于其他机关的基本权力——检察权，在检察机关内部分配职能上起到重要作用。检察机关内部机构设置不科学就是检察机关对于自身检察权认识不到位或者不全面所造成。检察机关内部一直将自身定位为法律监督机关，因此其在内部职能机构划分时会按照法律监督标准进行划分，形成各个阶段的法律监督。我国现阶段会考虑将检察权向外延伸，不断扩大检察权的外延，例如"侦捕诉一体化"司法改革的试点。该试点就是将检察机关的检察权向侦查阶段渗入，检察机关派驻检察官到公安机关，对于案件调查进行引导和介入，公安机关必须要接受检察机关在侦查阶段的引导，并听取检察机关提出的建议，为后面的审查起诉提供便利。这是检察机关检察权拓展的典型，而检察机关检察权的拓展必定会影响到检察机关内部职能机构的设置，例如会增设相应的职能部门，专门负责对公安机关的侦查进行引导。

3. 行政化管理模式根深蒂固

检察机关作为典型的司法机关行使的是司法权，但在检察机关内部却出现了明显的行政化趋势，例如检察机关内部人员的职称是完全按照行政机关内部进行评级的，且他们的工资待遇与其行政职称密切相关，晋升与否与其业务能力关系较大。在检察机关人员看来，检察机关内部机构分配得越精细越有利于检察职能的发挥，但这样就会造成各级检察机关划分出大量的职能机构，检察机关内部重复的划分会导致人浮于事，造成司法资源的大量浪费。

（三）产生影响

1. 司法责任难追究

检察机关内部职能分配直接关系到检察权的行使，各内部职能机构之间若不进行明显分工，则会造成司法责任追究的不到位的问题。在检察权划分标准不统一的情形下，有部分内部机构因为划分的标准不一致，最终部分职能重叠。在检察机关处理案件过程中，会出现多机构都对此案件行使检察职能的情况，如若处理不慎，则会追究相应检察机关内部机构的责任，但在追究过程中也会出现各内部机构之间推卸责任，最终该责任难以得到追究的现象。

2. 检察职能高效发挥

检察机关职能机构设置是对于检察权的合理分配，检察机关内部各机构之间分工合理、高效配合不仅有利于检察权的发挥，也有利于检察职能的发挥。而我国检察机关内部检察机构之间往往互不沟通，缺乏必要配合，在行使检察职能时往往各行其是。这会对检察机关内部统一性的形成产生影响。

3. 检察司法资源浪费

检察机关内部机构设置过多，将检察权切分得过于细致，因工作需要增添过多检察部门，为各部门顺利运作招收额外的检察人员，会造成检察机关人浮于事，司法资源大量浪费。检察机构合理分配会事半功倍，但机构设置不合理，机构职能重叠，会造成检察机关工作效率低下，对于同一案件的重复阅卷等会造成另一种程度的司法资源浪费。

二、外国检察机关内部机构设置之评析

检察机关的内部设置与该国的国情、领导体制等密切相关，各国检察机关内部组织机构设置模式的基本决定因素在于检察机关内部组织机构设置期望实现的主要功能。不同国家所要实现的功能目的不同，其设置的检察机关内部机构职能也会不同。而在大陆法系和英美法系之间，此种差别会更加明显。

（一）大陆法系

关于大陆法系的检察机关内部机构设置，可通过大陆法系几个典型国家进行相应介绍，例如法国、德国。尽管同属于大陆法系国家，但各国的检察机关内部机构设置还是具有较大差别的。

在法国，检察院是设立在法院内的，管理较为松散。检察机关主要包括驻大审法院检察院、驻上诉法院总检察院、驻最高法院总检察院以及在军事法院、海商法院的特设检察机关。法国检察机关的内部机构设置具有强烈的以查清案件事实真相为目的的色彩。其内部机构具体表现如下：第一，作为目的为查清案件事实且具有起诉权的基层检察机关，其内部设置比其他的检察机关更加复杂。而驻最高法院总检察院因为其职能相对单一，所以其内设机构比较简单。第二，检察机关内部划分的标准较为单一，并未形成多重划分标准，主要是以案件类型为标准，对于内部机构进行划分。第三，检察机关内部机构的人员和财政管理是独立于检察院以外的，并不属于其内部机构设置所要规定的内容。检察院的财政管理十分复杂，对所有法院和检察院人员和资源的集中管理，由坐落在上诉法院层次的地区行政机构负责，检察官对于其机构预算的具体分配具有很大的决定权。

在德国，各级检察院分别设立在同级法院中，但是检察院与法院之间并不存在隶属关系，两者各司其职，相互配合，但互不干涉。关于检察院的领导系统，联邦总检察院受联邦司法部领导，州级总检察院和州级检察院受州司法部领导。联邦总检察院对各州的检察机构没有领导和管理权，州级总检察院负责本辖区内所有检察院的管理。由于德国属于大陆法系，追求对案件事实的查证，因此其内部机构设置具有以下表现：第一，各地各级的检察机关会根据检察机关的大小进行内部机构设置，各地的检察机关内部机构设置也具有巨大差别。且检察机关内部机构主要根据任务的轻重进行划分，联邦和地方各州的检察院之间对于案件事实查证也具有较大差别。第二，在业务机构中，还会根据案件的难度，分为常见案件的办理部门和特殊案件的办理部门。第三，检察机关的人事问题由检察机关的内设机关负责，与法国的检察机关还是有差别的。但检察机关的财政问题也是检察机关的外部机关统一处理的，德国检察院内部机构的财政问题统一交由州司法部负责。

（二）英美法系

英美法系的检察系统内部机构设置与英美法系的立法初衷有很大关联。英美法系在立法目的上追求程序正当，并且检察机关追求绝对独立，检察院独立于法院，内部机构独立于检察院本身。

美国检察系统具有高度独立性，上下级之间、联邦和地方之间、检察院与法院之间都高度独立。美国检察机关的组织机构具有以下特点：第一，检察机关相对分散，全国的检察机关并不具有系统性，并不存在全国统一、上下级分明、独立的检察系统。且美国上下级检察院之间并不存在指导与监督的职能，联邦、州、市镇三级检察机关各自行使自己的职能，并不受上级检察机关的领导和监督。第二，检察机关之间并没有所谓的隶属关系。对于普通的刑事案件，都是由地方检察官行使追诉职能，除非有明文规定，否则各州的检察长并不能指挥、监督地方检察官，也不能干涉刑事案件的办理。检察机关与检察机关内部机构设置也有极大差别，检察机关内部机构设置具有以下特点：第一，分散性。美国的检察机关分为联邦司法部总部机构、各联邦地方检察机关的内设机构、州检察机关、市检察机关等，各级机构设置都有所不同，具有易令人混淆的分散性。第二，多样性。美国检察机关的内部组织机构在职能划分和部门设置上都有很大的差异，而且，一个检察机关的内部组织模式也不是一成不变的。实际上，几乎每个新检察官上任之后都会在一定程度上对检察署的机构进行改组，特别是当新检察官与其前任检察官来自不同政党的时候。总之，多样性是美国检察机关的基本组织特征。

英国由于其国情的复杂性，检察系统也划分为英格兰与威尔士、苏格拉、北爱尔兰三个相对独立的检察系统。并且各检察系统之间互不干涉，其运行方式和内部机构设置都有所不同。而在内部检察机构中尤为重要的一点即在于分工明确，无论是在皇家检控署总部，还是在42个地区检控署，都由检察长负责法律相关事务，而设立一个常务副检察长负责行政、事务性工作。

（三）大陆法系与英美法系比较

大陆法系和英美法系在检察机关内部机构设置上有明显不同的主要原因在于不同法系所追求的立法价值不同。在大陆法系，立法注重对于案件事实的查证，公权力在介入刑事案件时，会特别注重对于案件真相的查证。而在英美法系，法官处于消极被动状态，立法更加注重双方当事人的权益保护，注重诉讼中的程序正义。

大陆法系注重案件事实查证，因此其检察机关的内部设置是按照案件类型和案件查证的难易程度进行划分的。且在大陆法系的检察院中，最高级别的检察院因其职能较少，所以其内设机构较为简单；而地方检察机关是追求案件事实的主力军，其内设机构相对来说较为复杂。且地方检察院接受上级检察院的领导与监督。而英美法系，注重检察院外部和内部的独立，地方检察院并不隶属于上级检察院，甚至不接受上级检察院的领导与监督。

造成两大法系检察机关机构设置差异如此大的原因有以下几点：第一，对于刑事诉讼功能的理解不同。英美法系认为刑事诉讼和民事诉讼都是解决当事人矛盾的方式，检察机关的设置并不需要与法院对立，只要形成对抗式的诉讼构造即可。而大陆法系认为刑事诉讼是国家进行统治的工具，检察机关必须要同法院形成一对一的格局。检察机关的机构设置最终是为了诉讼目的的实现。第二，具体国情的不同也会造成检察机关格局的不同。例如同属于大陆法系的德国和法国，有的是单一制而有的是联邦制国家，其在设立检察机关系统时也会有所区别。第三，各级检察机关的设置不同也会影响检察机构内部设置，检察机关内部机构设置完全是服务于检察系统的，其内部职能的实现是为了检察系统检察权的实现。

三、检察机关内设机构改革之宏观视角

对于我国检察机关内部机构设置存在的问题，我们要进行全面的看待，在提出具体方案之前要进行宏观思考，我国检察机关内部机构设置应当遵循什么样的理念和原则是我们应当考虑的问题。

（一）改革理念

检察机关内部机构设置关系到检察机关检察权的行使，内部机构设置的科学性将使检察工作顺利进行，为检察机关职能的实现打下基础。因此检察机关内部机构设置必须要有科学的改革理念来引导，让我国检察机关内部机构设置混乱问题得到解决。而科学的改革理念应当从以下三个方面展开。

1. 法律监督理念

检察机关在我国宪法中的定位是法律监督机关，检察机关不仅要对外展示为监督机关，且对内也要展现检察机关的特质。检察机关内部各职能机构必须意识到法律监督的根本目的，即保证国家法律的正确实施，司法公正，惩治司法腐败，推进公正执法。检察机关内部可设置审查批准逮捕机构、审查起诉机构、民事行政检察机构等，各个机构行使各自职能，加大对于刑事案件立案监督、侦查监督、刑事审判监督、执行监督、民事行政诉讼监督的力度，形成检察机关的全面监督系统。

2. 公平正义理念

公平正义是朴素的法律价值观，我国立法、司法、执法的最终目的都是追求实体和程序上的公平正义。检察机关在发挥其检察职能的过程中，在诉讼的不同阶段都必须体现公平正义价值。公平正义理念在检察机构设置方面主要表现在检察机关各部门刑事职能要立足查清案件事实，在查清案件事实的每一过程中体现公平正义。检察机关以维护公平正义为目标，其内部机构设置就需要保证可以正确有效地查清案件事实，正确适用法律、正确适用法律程序、法律步骤，在诉讼过程中平等对待双方当事人。因此，在设立检察机关内部机构部门时，各机构部门都要在行使职能中确保公平正义目标的实现。对于不利于实现公平正义的机构设置，应当予以取缔和撤销，而对于有利于实现公平正义目标的机构应当予以保留，并让该机构在行使检察职能中发挥其独立价值。

3. 权力制约理念

我国检察机关是监督其他机关的法律监督机关，但是权力本身就应当受到监督，除了外部监督以外，还需要受到内部监督。只要国家的权力存在，掌握权力的机关或者人员就有可能以权谋私、滥用职权。检察机关在刑事诉讼过程中，通过行使批捕权、审查起诉权、审判监督权在整个刑事诉讼过程中起到重要作用。检察机关的作为和不作为均会影响到被告人的财产权、人身权甚至是生命权。因此检察机关在行使检察权的过程中其权力必须要受到其他权力的监督，否则权力膨胀会产生腐败、渎职等现象。检察机关内部机构设置过程中也必须践行此种理念，在检察机关内部设置部门机构，各部门机构除分工合作外还必须要实施互相监督。必须坚持以权力制约权力，建立有效的权力制约机制，杜绝权力滋生腐败问题，让检察权在阳光下行使。

（二）改革原则

1. 系统性原则

检察机关内部机构的设置必须要有科学有序的部门结构，使各机构部门之间做到和谐统一。系统内部各要素在系统内部都具有独立价值，并在发挥自身价值的同时影响其他要素的发展，所以需要把各要素的特征进行个性化处理，并根据各要素之间的关联度进行合理划分，既要做到各机构之间职能不重叠错位，也要做到各司其职，划分各自职能范围，防止职责不清，互相推诿。在新时代的改革浪潮中，各机构之间也要响应党的号召，在新时期展现新的面貌。例如在新时期提出的"捕诉一体化"，就是最高人民检察院在地方进行试点，并逐步在全国推行的新举措。它将原先负责审查批准逮捕和审查起诉的机构合二为一，主要目的是提高诉讼效率，避免检察机关内部两机构重复阅卷造成的司法资源以及办案时效的浪费。这一改革就让检察机关内部机构职能和机构定位出现了重大调整，而该改革的出现影响的不仅仅是审查逮捕和审查起诉两个机构，对于检察机关其他机构也会产生相应影响。在审查批捕时，同侦查机关的对接就需要合并后的整个机构进行，而在起诉阶段，不仅仅是原先的公诉部门承担责任，而是由合并后的机构整体对外承担责任，因为在公诉阶段对于被告人的审查批捕也是由其做出。如果在诉讼阶段被告人并不构成检察机关指控犯罪，且对其进行的逮捕拘押也实属错误，该责任则由合并后的检察机构承担，而不用追认到原先具体的机构身上。因此，检察机关内部机构设置不能仅局限于局部，而要用系统的眼光对于内部机构进行设计。必须树立科学观念，把检察机关作为一个系统，全面地分析各个机构的功能、作用以及其对于其他机构所造成的影响。特别是要认真考察各个机构在增强党的执政能力建设和推进党风廉政建设，在加强社会主义民主和推进社会主义法制建设中的重要作用，并以此来确定我国检察机关内部机构的总体框架。

2. 分工合作原则

《中华人民共和国刑事诉讼法》规定了侦查机关、公诉机关、法院之间要分工合作，相互制约，相互监督。该原则一方面体现了机关之间具有相对独立的地位，任何机关都不得影响和制约另一机关的决定。另一方面就是各机关之间为实现惩治犯罪，保障人权的刑事诉讼法目的，必须要完成好各自的刑诉法任务。分工合作有利于公权力机关高效打击犯罪，维护社会安稳。检察机关内部机构设置也是同样的道理，各部门机构之间为了更好地行使检察职能，行使该部门的检察权，做好本职工作的同时还需要配合其他部门，共同完成检察任务。分工合作原则作为机构设置的黄金原则，必须要予以重视，检察机关在设置内部机构时应当考虑好各机构之间的衔接问题，各机构之间只有按照科学的原则进行分工才能提高办案效率，缩短检察机关办案时间。分工合作就必须要保证内部机构的设置上下衔接，以保持畅通，避免繁杂的中间环节拖延办案时间。分工合作原则的另一个重大作用即在于追究司法责任时，可根据分工的分配，直接找到应当负责的部门，避免各部门之间的责任推诿。

3. 高效原则

检察机关内部设置部门机构，在强化法律监督和分工合作的基础上，还需要坚持内部机构精简干练，避免机构人员庞杂、人浮于事、职能重叠等现象。检察机关内部机构精减有利于检察机关进行统一调动、安排、统筹，避免多机构之间分工不明、权责不统一等问题。检察机关机构科学设置、层次分明、合理分工、管理有序、统筹一致，为实现检察机关的内部职能，强化检察机关法律监督能力提供强有力的机构保障。高效原则在检察机关设置内部机构时需要考虑各机构之间在工作时的衔接配合，高效的基础是机构设置恰当，各机构之间层次分明。高效原则作为检察机关内部机构设置改革的指导性原则，不仅是对于检察机关内部设置提出的要求，也是检察机关内部工作部门在处理案件时必须秉承的价值追求。合理有效的内部机构设置会促进检察机关行使高效职能，而不合理不科学的内部机构设置会降低检察机关的办事效率。在机构设置中，必须要摒弃不利于高效原则进行的部门设置，要形成合理有序的内部机构排列。

四、检察机关内设机构改革具体方案

检察机关内部职能机构设置代表了我国检察机关对于检察权的行使，检察机关内部机构设置的科学与否，直接决定了检察机关职能是否能高效行使。基于此，针对我国检察机关内部部门设置存在的问题，在宏观改革理念和原则的指导下，著者试对于检察机关内部机构设置提出具体方案。首先，我们应当明确我国法律赋予检察机关的各项职能，并进行系统梳理。其次，针对检察机关内部的业务机构进行合理划分，避免多标准划分、不统一名称、司法责任难追究等问题。最后，设置非业务部门，此类部门机关行使了与检察职权无关的权力，但却是一个机关所必备的部门，对于机关的非业务事件进行处理。

（一）对于检察权的合理分解和配置

检察机关内设机构作为行使检察职权的组织形式，其设置是否科学合理取决于对检察权的分解和配置是否科学、是否合理。对检察权进行合理分解与配置，是检察机关内设机构改革的必然要求和前提条件。

在我国，学者对于检察权合理分解与配置的方法还存在争议，主要有以下几种观点：有的学者从诉讼职能的角度出发，将检察权分为侦查方面的检察权（或称检察侦查权）、公诉方面的检察权（即公诉权）和诉讼活动监督方面的检察权（即诉讼监督权）三大类。有的学者则将检察权分为四大类，即调查权、追诉权、建议权（纠错建议权、整改建议权、处置建议权）、法律话语权（立法建议权、法律解释权、法律文件提请审查权）。有的学者将检察权分为五大类，如最高人民检察院朱孝清副检察长主编的《检察学》将

检察权分为检察侦查权（专门调查权、采取强制措施权）、批准和决定逮捕权（批准逮捕权、决定逮捕权）、公诉权（起诉权、支持公诉权、公诉变更权、量刑建议权、不起诉权、抗诉权）、诉讼监督权（刑事诉讼监督权、民事审判监督权、行政诉讼监督权）、其他职权（包括司法解释权、检察建议权、参与社会治安综合治理的职责）；石少侠教授将检察权分为公诉权、侦查权、侦查监督权、审判监督权、执行监督权。① 有的学者将检察权分为六大类，如最高人民检察院孙谦副检察长主编的《中国特色社会主义检察制度》将检察权分为职务犯罪侦查权、批准和决定逮捕权、刑事公诉权、对刑事诉讼的法律监督权（刑事立案监督权、侦查活动监督权、刑事审判活动监督权、刑罚执行监督权）、对民事审判和行政诉讼活动的法律监督权、其他职权（特种案件检察权、司法解释权、参与社会综合治理权）。还有的学者将检察权分为职务犯罪侦查权、审查逮捕权、刑事公诉权、刑事诉讼监督权、民事审判监督权、行政公诉与行政诉讼监督权、法律话语权七大类职权。

在著者看来，将检察权分为三类更为科学。一是检察领导权，下设检察行政领导权、检察业务领导权、检察人事领导权。二是检察业务职权，下设检察侦查权、批准逮捕权和刑事公诉权、诉讼监督权、其他职权。第三是检察非业务职权，下设检察人事管理权、检察财务管理权、检察装备管理权、检察综合管理权。此种分类将检察机关内部的业务职能和非业务职能区分开来，有利于保证机构内部部门设置数量以及权力在各部门之间的倾斜。

（二）内设业务机构的改革

1. 统一名称

检察机关内部机构设置的名称直接反映了检察机关对于检察权的认识。例如检察机关代表国家刑事法律监督职能，代表国家行使公诉权，那么追究被告人的违法犯罪行为究竟属于公诉科还是法律监督科的职权。在不同级别

---

① 石少侠：《我国检察机关的法律监督一元论——对检察权权能的法律监督权解析》，《法制与社会发展》2006 年第 5 期，第 23 - 35 页。

和不同地域的检察系统，对于此项检察权理解不一致就会导致该机关内部的机构设置名称不一致，而行使同一职能的机构名称不一致会导致不同检察机关之间业务衔接，工作汇报等找不到对口的职能部门，增添额外的繁杂程序，浪费诉讼时间和司法资源。

关于检察机关内设业务机构的名称，学者们提出了许多不同的观点。例如，有的学者提出检察机关内设业务机构的名称应当统一为"署"，如职务犯罪检察署、公诉署、诉讼监督署等。有的学者认为，在内设业务机构的称谓上，应当上下保持统一，可以考虑两种方案：一种是各级检察机关的业务机构一律称"厅"，正好与人民法院的"庭"相对应；另一种是参照现在反贪污贿赂局的称谓，各级检察机关的业务机构一律称"局"，最高人民检察院的业务机构称"总局"。还有的学者提出基层检察院内设机构应实行"大部制"构想，名称统一为"庭"，如职务犯罪案件侦查庭、刑事犯罪案件审查庭、检务监督庭、检务管理庭和检务保障庭。但就著者看来，检察机关内设机构的名称应当上下统一，体现检察机关法律监督的本质特征及其承担的职能，非业务机构的名称应当反映其基本功能。检察机关内部设置，从最高人民检察院到基础检察机关应当统一名称，按照最高人民检察院改革后的称呼，统一称为"部"。而业务机关与非业务机关的应当用"检察"来进行区分，检察机关行使检察监督职能的机构都应当在其名称中加上"检察"，来代表其检察职能。

2. 机构整合

在司法改革推进过程中出现了以下改革动向，我们应当根据此改革动向逐步调整，例如最高人民检察院提出的批准逮捕机构和审查起诉机构的整合问题。审查批准逮捕本是由审查批准逮捕部门负责的，我国长期以来"捕""诉"分离，两个部门分别阅卷审查，但是检察机关事务众多，为保障审查起诉质量，提高审查批捕以及审查起诉的效率，减少两部门的重复阅卷，专家提出将批捕部门和审查起诉部门合并。此项功能的合并在新时期已经在全国进行试点并取得喜人的成绩，可以说此项改革是检察机关内部机构整合的重要一步。例如检察机关派出机构的调整。《人民检察院组织法》中提及人民检察院在行使检察职能的过程中，认为其需要设置派出机构，就可设置检察机关派出机构。检察机关派出机构设置的便捷性也就导致我国检察机关内部各职能部门会在其认为有利于自身行使检察职能时设置派出机构，最后造成派出机构设置混乱，各级别派出机构所属不明确，责任追究不到位。

　　因此在我国检察机关内部机构改革过程中，必须要在重视派出机构混乱问题，检察机关内部机构在设置派出机构时必须及时备案，且派出机构必须在原派出部门的权力范围以内行使检察权，不能越权行使检察权。在派出机构违反规定行使检察权时，必须追究原派出机构的责任，避免责任无法追究等问题的发生。例如将我国民事行政检察部门一分为二，将民事案件与行政案件分别处理。原因有二，一是因为我国民事案件数量和行政案件数量不均衡，对民事案件进行审查和对行政诉讼进行审查的标准不统一。民事诉讼中充分尊重双方当事人的意愿，当事人具有自由处分权，可以进行和解结案；而在行政诉讼中，行政机关行使的是国家的权力，并不具有处分权，因此不得随意与行政相对人进行和解调解。其二，我国现阶段行政诉讼案件实行跨区域集中管理，对行政案件的监督程度要大大增强，重视行政案件在我国诉讼中的地位，应当单独设立行政检察部门，对行政诉讼案件进行监督。而民事案件因为其数量庞杂，也需要专门处理民事案件监督的检察官进行监督，二者分立有利于检察机关职能的实现，提高检察权的高效行使。

　　3. 分级管理

　　我国检察机关一共有四级，不同级别的检察机关所要行使的检察职能也有所差别，检察任务较重的检察机关可设置数量较多的内部机构，而对于检察任务较为轻松的检察机关，可根据检察任务轻重设置少量的内部机构。例如最高人民检察院除需承担办案任务以外，还需承担制定司法解释，发布指导性案例，对于案件进行指导等任务。在最高人民检察院内部机构设置过程中就要注重使不同机构承担检察政策和工作思路的确定、对下指导和监督、司法解释和规范性文件的制定等不同职能，而此种职能在其他检察机关就无须设立相应部门予以配套。在省级检察机关，其一方面要保证向下贯彻最高人民检察院的指导思想，另外一方面，省级检察机关还需要承担省级的检察工作职能，需要办理较为重大的公诉案件。而市县级的检察院主要检察职能为在该辖区内代表国家行使追诉权，提起公诉，实施法律监督。且地方检察机关的内设机构并不必然与上级检察机关一一对应，而只需根据本辖区内案件的多少，或者主要案件的类型进行职能机构分配。检察机关内部机构的设立应当遵循原则性和灵活性，根据各地实际情况进行调整。

（三）非业务部门的改革

上文著者将检察权分为检察领导权、检察业务职权和检察非业务职权三大类，因此在检察机关内部机构设置上也应当分为三大部门，分别行使相应检察职权。检察机关内部领导机构的改革，主要是对检察委员会的人员组成、议决程序和办事机构的改革。对于检察机关内部非业务部门，即政治部、办公室、纪检监察部门、计划财务部门、后勤装备部门、直属事业单位等机构，最高人民检察院可以根据其工作内容来独立设置，因为最高人民检察院处理的案件数量较少，更多的是起到指导作用。而在地方各级人民检察院，可对照最高人民检察院的机构设置，根据本地区的实际情况相对从简。首先将纪检监察部门与政治部合并，单独设置政治部。因为在检察院以外我国有专门的纪检机关和监察委，检察机关内部的纪检工作和监委工作职能被适当削弱。而政治部的主要工作内容即是检察机关内部的思想政治教育、政治学习、教育培训、党务工作，以及检察机关内部机构的设置、人员编制、人事任免等工作。其次是将财务部门、后勤部门与办公室合并，专门设置办公室。我国司法机关内部结构中都存在办公室这一机构，主要负责检察机关的文件起草、会议组织、会议布置、财务报账、宣传、档案归档、对外接待、数据统计等非业务性活动。因为办公室的职能繁杂，完全可将财务部和后勤部的职能包括在内，将此三部门进行合并，有利于诉讼职能的高效发挥，节省司法资源。将非业务部门节省下来的司法资源运用到业务部门上，增强检察机关的办案能力，更好地实现检察机关的法律监督职能。

第四章

检察机关的领导体制

一、一重监督一重领导的领导体制

检察机关的领导体制是中国特色社会主义人民检察制度的一个重要组成部分。一个国家的检察机关实行的领导体制由国家政权性质和国情决定。根据现代领导学原理，领导体制是以领导权限为划分基础来设置的机构及其相互关系的制度和规范，因此，检察机关的领导体制是指国家权力机关与检察机关之间、上级检察机关与下级检察机关之间、检察机关内部上下级之间围绕权限划分形成的各种领导关系的制度化。包括两个方面：其一，检察机关的内部领导体制；其二，检察机关的外部领导体制。其中检察机关的外部领导体制在近年来成为讨论的热点。

（一）检察机关领导体制设立的历史渊源

一个检察机关属于何种领导体制是由多种因素决定的，包括国家的政权特性、国情、检察权的性质等。现行的检察机关领导体制也是在经过长时间的历史探索过程才形成的。

中华人民共和国成立后颁布的《中央人民政府组织法》规定了国家检察机关的设置，同时规定最高人民检察署的组织条例由中央人民政府委员会制定。1949 年经中央人民政府主席毛泽东批准的《中央人民政府最高人民检察署试行组织条例》中规定："全国各级检察署均独立行使职权，不受地方机关干涉，只服从最高人民检察署之指挥。"由于这种垂直领导体制行不通，所以在试行不到两年后便做了修改。1951 年，中央人民政府通过的《各级地方人民检察署组织条例通则》中规定："各级地方人民检察署受上级人民检察署的领导。"又规定："各级地方人民检察署（包括最高人民检察署分属）为同级人民政府的组成部分，同时受同级人民政府委员会之领导。"从而将检察机关的垂直领导制改为双重领导制。

此后，1954年，在我国第一个五年经济建设计划的大背景下，《人民检察院组织法》规定："地方各级人民检察院独立行使职权，不受地方国家机关的干涉""地方各级人民检察院和专门人民检察院在上级人民检察院的领导下，并且一律在最高人民检察院的统一领导下，进行工作。"从而恢复垂直领导制。

1978年，《宪法》规定"地方各级人民检察院对本级人民代表大会负责并报告工作""上级人民检察院监督下级人民检察院的检察工作"。将领导关系改为监督关系。但是，1979年全国人民代表大会又将监督关系改为领导关系。

1982年《宪法》最终确定了1979年对检察机关领导体制的修改，并做出了全面详细的规定，现行《宪法》是2004年在1982年《宪法》的基础上修改实施的。其中第一百三十二条规定："最高人民检察院领导地方各级人民检察院和专门人民检察院的工作，上级人民检察院领导下级人民检察院的工作。"第一百三十三条规定："最高人民检察院对全国人民代表大会和全国人民代表大会常务委员会负责。地方各级人民检察院对产生它的国家权力机关和上级人民检察院负责。"另外，《人民检察院组织法》第十条也有相关规定。

对于我国目前的检察机关领导体制，学者们尚有争议。目前学界观点有三："双重领导体制""一重领导、一种监督体制""垂直领导体制"。

1. "双重领导体制"说

主张这种观点的学者认为我国的检察机关目前采用的是双重领导体制，因为从宪法和检察院组织法的规定来看，我国的各级地方检察机关一方面要接受上级检察机关的领导，另一方面又要接受地方党委的领导。

2. "一重领导、一种监督体制"说

持这种观点的学者不同意把最高人民检察院对全国人民代表大会和全国

人民代表大会常务委员会负责以及地方各级人民检察院对产生它的国家权力机关负责看成国家权力机关对检察机关的领导关系。虽然国家权力机关有权决定国家机关的设置、有权决定"一府两院"的人事任免，但在组织系统上，"一府两院"都相对独立于国家权力机关。国家权力机关把检察权赋予检察机关，是国家职能划分的具体体现，但在具体工作中，国家权力机关不参加检察机关的工作部署、计划安排、工作指导，不解决办案和其他工作中的具体问题，因而也就不实施领导职责。因此，国家权力机关和检察机关之间的关系不是领导关系而是法律监督关系。[①]

3. "垂直领导体制"说

持这种观点的学者反对把国家权力机关对检察机关的监督关系看成检察机关领导体制的"一重"，因为领导和监督是两个不同的范畴，不能把二者混淆，因此，把监督关系看作领导关系是不科学的。现行《宪法》第一百三十二条和《人民检察院组织法》第十条规定：最高人民检察院领导地方各级人民检察院和专门人民检察院的工作，上级人民检察院领导下级人民检察院的工作。这一规定的核心是确认检察机关上下级之间的垂直领导关系。不过，党对检察机关的领导，并不意味着人民检察院与本级党委具有组织上的隶属关系，因而党委不能直接向检察机关下达指令或命令，更不能直接代替检察机关作出属于检察职能范畴的决定。党的领导与检察机关依法独立行使职能都是宪法确立的基本原则，都必须坚持，不能顾此失彼。

上述观点之所以不同，主要是因为学者们对全国各级人民检察院对同级人民代表大会和常务委员会负责并报告工作的性质认识存在分歧。

（二）检察机关与国家权力机关的关系

1. 人民检察院与人民代表大会的一般关系

第一，人民代表大会产生人民检察院。《宪法》对人民检察院的产生做了相关规定，其中第三条第三款明确指出，国家行政机关、审判机关、检察

---

① 孙谦、刘立宪主编：《检察理论研究综述（1989—1999）》，北京：中国检察出版社2000年版，第53—54页。

机关都由人民代表大会产生，对它负责，受它监督。同时，《宪法》在对最高人民检察院检察长的选举和罢免等都有较为详细的规定。

第二，人民检察院的职权来自人民代表大会的授予。人民代表大会制度是我国的根本政治制度，人民代表大会将检察权交由人民检察院行使，同时《宪法》第一百三十六条明确规定，人民检察院依照法律规定独立行使检察权，不受行政机关、社会团体和个人的干涉。

第三，人民检察院对人民代表大会负责并报告工作。《宪法》第一百三十八条规定，最高人民检察院对全国人民代表大会和全国人民代表大会常务委员会负责。地方各级人民检察院对产生它的国家权力机关和上级人民检察院负责。

第四，人民代表大会监督人民检察院。根据我国人民代表大会制度，各级人民代表大会及其常务委员会均有权监督由其产生的人民检察院。这与《宪法》第一百三十四条规定中华人民共和国人民检察院是国家的法律监督机关，并不矛盾。人民代表大会监督人民检察院行使职权，而人民检察院的职权是"法律监督机关"，其主要内容是在法律方面的专门监督权，而人民代表大会行使的对人民检察院的监督是来自权力机关的监督。同时，为了保证人民代表大会常务委员会更为有效地监督人民检察院，常委会的组成人员不得担任人民检察院的职务。

2. 正确认识人民代表大会及其常委会对检察机关的监督

首先要处理好两个关系。一是人大监督与检察机关法律监督之间的关系。人民代表大会及其常委会所享有的监督权是《宪法》赋予的，是人民代表大会制度原理的具体体现，是代议制逻辑下实现人民主权的一种保障形式。[①] 人民代表大会及其常委会对检察机关的监督包括两方面的内容，分别是法律监督和工作监督。其法律监督与检察机关的专门法律监督不在同一层面，两者是上位权力与下位权力的关系。人大法律监督的对象是涉及"一府

---

① 韩大元：《地方人大监督检察机关的合理界限》，《国家检察官学院学报》2011 年第 1 期，第 3－8 页。

两院"的所有执法、司法机构，是对所有法律制度实施情况的监督，是最高层级的法律监督。而作为专门法律监督机关，我国检察机关的法律监督权是在人民代表大会制度之下的国家权力再分配的结果，是一种专门的监督。人民代表大会及其常委会的法律监督是最高层次的权力监督，而检察机关的法律监督是分权后，在人大监督之下的，在特定范围内的监督。就国家层面而言，人大常委会的监督不会影响检察机关依法独立行使法律监督权，这是毋庸置疑的。而且检察机关接受人大监督是正确履行职责的重要保证。但对于地方来说，地方人民代表大会及其常委会是面向其所在行政区域人民的，向其负责，受其监督。地方检察机关的检察长虽然由地方人民代表大会选举产生，但检察权是一种独立的国家权力形态，检察机关的活动与整个国家活动有着直接的密切关系，是国家权力运行机制的重要组成部分。这是检察机关具有国家属性的重要表现。对此，地方人大常委会要给予充分的尊重。地方人大常委会对检察机关的监督应限于合法性监督。① 作为国家法律监督机关，检察机关的重要职责是保证国家法律的统一正确实施。其履行职责必须在法律授权的范围内，也必须依据法律的规定，既包括实体上的依据，也包括程序上的依据。如果检察机关违法行使职权，当然是要受到监督的，而地方人大常委会的合法性监督正是针对检察机关违法行使检察权进行的。因此，地方人大常委会的合法性监督和检察机关独立行使职权是并行不悖的。

二是上级检察机关领导与同级人大常委会监督之间的关系。人民代表大会作为代议机关，全国人大与地方人大以及地方各级人大相互之间并不存在领导与被领导的关系。地方检察机关与其同级人民代表大会之间的权力关系是单向的，其性质是抽象的权力和具体的权力之间的关系，内容上是授权与职责、监督与负责的关系。地方人民检察院的权力是地方人大取之于辖区内人民的集中的权力的具体量化形式，这种关系表示地方检察机关要直接向产

---

① 韩大元：《地方人大监督权与人民检察院法律监督权的合理界限——兼评北京市人大常委会〈决议〉》，《国家检察官学院学报》2009 年第 3 期，第 30 – 35 页。

生它的人大负责，并通过人大向人民负责。① 而根据我国宪法和检察院组织法的规定，检察机关上下级之间是领导关系，即上级检察机关领导下级检察机关的工作，最高检察机关领导全国地方检察机关的工作。这是由我国的政治制度和人民检察院的特殊地位决定的。"法律本身所具有的权威性、统一性和不可割裂性，必然要求检察机关实行自上而下的集中统一领导，以保证法律的实施不致因层级或地方的差异而不一致或产生歧义。"② 检察机关上下一体的领导体制有利于保证检察机关依法、独立、公正地行使职权，有利于保证法律的统一正确实施，有利于避免"地方保护主义"的干扰。因此，对于地方检察机关而言，接受和利用同级人大常委会的监督，不能影响上级检察机关的领导。从实践情况看，当前检察机关上下级的领导关系重点在于检察业务工作方面，一切领导活动均围绕检察业务工作的展开而进行。而地方人民代表大会及其常委会对检察机关的监督是宏观监督，包括对检察机关有关工作机制实施情况的监督、对检察权运行情况的监督、对检察人员的执法行为监督和职业道德监督。并且，根据《中华人民共和国各级人民代表大会常务委员会监督法》（以下简称《监督法》）的有关规定，各级人大及其常委会对检察机关的监督坚持依法监督、集体行使职权、公开监督的原则。因此，上级检察机关的领导和同级人大及其常委会的监督并不是重叠的两套制度，两者在范围上是各有侧重的。

3. 人民代表大会对人民检察院监督的内容和形式

从总体上讲，国家权力机关对人民检察院监督的内容，就是看检察机关是否遵守和执行宪法、法律和国家的方针政策，是否依法行使检察权。具体有以下几项：

（1）人民检察院是否依法行使检察权，是否依照法律规定办理刑事案件和民事、行政诉讼案件。

---

① 甄贞等：《人大监督与检察工作》，见张晋辉著：《中国检察（第11卷）》，北京：北京大学出版社 2006 年版，第 199 页。

② 胡盛仪：《试论我国检察机关领导体制的改革与创新》，《社会主义研究》2002 年第 4 期，第 87－88 页。

（2）人民检察院所作的司法解释、具体运用法律和地方性法规的答复以及制定的其他规范性文件是否和宪法、法律相抵触。

（3）人民检察院是否严格执行国家的方针、政策和国家权力机关的决议、决定。

（4）人民检察院的机构设置和派出机构设置是否合法。

（5）人民检察院的组成人员是否合法，是否按照《人民检察院组织法》的规定任免工作人员。

（6）人民检察院的组成人员是否依法办事，是否履行职责，清正廉洁。

（7）国家权力机关认为应当由自己监督的其他事项。

以人民代表大会监督人民检察院的法律依据为标准，可以将监督的形式分为国家性的和地方性的。其中，国家性的监督主要有：听取工作报告、质询或询问、罢免人民检察院检察长。地方性的监督主要有：执法检查和执法责任制、送发法律监督书、错案追究制度、述职评议、个案监督制度等。

根据法律规定，国家权力机关对人民检察院可以采取以下多种方式进行监督。

（1）听取和审议人民检察院的工作报告

这是国家权力机关对人民检察院实施监督的主要方式。根据《中华人民共和国全国人民代表大会议事规则》第二十二条、第三十条，《中华人民共和国地方各级人民代表大会和地方各级人民政府组织法》第八条、第三十九条，《人民检察院组织法》第十条的规定，全国人民代表大会及其常务委员会和县以上地方各级人民代表大会及其常务委员会有权听取和审议人民检察院的工作报告。人民检察院检察长应当到会报告。根据审议情况，人民代表大会或常务委员会可以做出相应的决议或决定。

听取和审议专项工作报告，是人大及其常委会行使监督权的重要方式，不仅有助于人大了解检察工作情况，而且有助于解决检察机关体制、机制中的突出问题。针对制约检察机关法律监督工作的突出问题，人大常委会可结合本地实际，通过决议或决定的形式，加强检察机关法律监督工作。如为专门研究解决诉讼监督工作中的薄弱环节和问题，近年来有30个省、自治区、直辖市的人大常委会通过了关于加强人民检察院法律监督工作的决议或决定。其中涉及的具体措施有以下四点：一是进一步明确检察机关法律监督的范围。强化法律监督、维护公平正义是检察机关永恒的工作主题。在强化对诉讼领域法律监督的基础上，加大对诉讼领域外法律实施情况的法律监督力度。如加大对行政执法的监督力度，促进行政机关依法行政，鼓励地方检察机关在实践中努力探索。二是强化法律监督手段和措施，进一步明确检察机关强化法律监督的手段和措施，对实践中行之有效的监督手段，可以通过决议或决定的形式赋予其法律上的效力。三是要求各级人大常委会监督和支持地方检察机关依法独立履行职责，明确要求各级人大常委会依法监督和支持检察机关的法律监督工作，有计划地听取专项工作报告，适时组织相关的执法检查，开展视察、重大事项和审议意见的督办，监督和支持检察机关依法独立履行职责。四是对地方政府及有关执法、司法部门提出配合检察机关法律监督的明确要求。要求地方政府积极支持检察机关依法履行法律监督职责，不得干预检察机关独立行使检察权，为检察机关开展法律监督工作提供必要的保障。同时，督促有关行政机关依法行政，要求有关行政机关加强与检察机关的联系，构建和完善行政执法与刑事司法相衔接的信息共享平台，建立健全案件移送机制，确保检察机关及时掌握在行政执法中发现的涉嫌犯罪线索。要求地方法院、司法行政机关依法自觉接受检察机关的法律监督，对检察机关提出的监督事项，应当认真研究、及时函复，切实纠正确有错误的执法、司法行为，支持、配合检察机关对法律监督工作的实践探索。

（2）审查文件

人民检察院所作的司法解释、具体运用法律、法规所做的答复及其他规范性文件，在颁发的同时，应当报送同级人大常委会。人大常委会经过审查，认为有同宪法、法律相抵触或不适当的，可以指令检察院自行纠正，或者撤销该文件，宣布该文件无效。

（3）向人民检察院提出质询

根据《中华人民共和国全国人民代表大会常务委员会议事规则》第二十五条、《中华人民共和国地方各级人民代表大会和地方各级人民政府组织法》

第四十七条的规定，全国人大常委会和县以上地方各级人大常委会会议期间，地方各级人民代表大会举行会议的时候，常委会组成人员和会议代表，可以依据法律规定，向本级人民检察院提出质询。质询必须是有针对性的，问题和内容应当明确。对国家权力机关的质询，有关人民检察院负责人必须认真答复。答复可以是口头的，也可以采用书面形式。国家权力机关依照规定对答复不满意的，可以决定让人民检察院再答复或补充答复。

由司法腐败导致的涉法涉诉上访数量居高不下，群众反映非常强烈。如何在新形势下强化检察机关的法律监督工作成为一项重要的政治要求。当前，检察机关囿于体制机制不完善、法律程序不完备、人员素质不高、执法环境不如意等因素，存在不敢监督、不善监督、不愿监督等多种问题。各级人大及其常委会要加强对检察机关履行法律监督职责的监督，重点监督检察机关是否正确履行法律监督职权，在监督过程中是否存在非法的或不适当的行为，是否有不履行职责或不正确履行职责的行为，并对需要改进或必须加以纠正的问题提出意见。

（4）任免和批准任免人民检察院组成人员的人事监督

依照法律规定任免人民检察院组成人员，是各级国家权力机关的一项重要职权，也是对人民检察院工作人员实施监督的重要方式之一，根据《人民检察院组织法》第三十七条、三十八条、三十九条和其他法律的有关规定，最高人民检察院检察长由全国人民代表大会选举和罢免，最高人民检察院副检察长、检察委员会委员、检察员由最高人民检察院检察长提请全国人民代表大会常务委员会任免。地方各级人民检察院检察长分别由同级人民代表大会选举和罢免；副检察长、检察委员会委员、检察员和省一级人民检察院分院检察长，分别由该级人民检察院检察长提请同级人大常委会任免，地方各级人民检察院检察长的任免，须报上一级人民检察院检察长提请该级人民代表大会常务委员会批准。省一级人民检察院和县一级人民检察院派出的检察院检察长、副检察长、检察委员会委员和检察员，均由派出的人民检察院检察长提请本级人民代表大会常务委员会任免。全国和省、自治区、直辖市人民代表大会常务委员会根据本级人民检察院检察长的建议，可以撤换下级人民检察院检察长、副检察长和检察委员会委员。

强化人事监督，对于提高各级人民代表大会及其常委会对检察机关监督的权威性具有重要作用。《监督法》扩大了各级人大及其常委会对检察机关领导干部的人事选择权和任免权，从组织上保证了人民意志和组织意图的实现，对检察机关的监督更加直接，更加明确、有力。但是，《监督法》只着重规定了有关检察人员撤职案的审议和决定程序，并未规定其他人事监督的情形。应当继续完善人大及其常委会对检察机关人事监督的方式和程序。①人事监督的对象不应仅限定于检察机关的主要领导干部，应扩大至履行办案职责的检察官。一方面，对地方检察长人选加强审查。不符合检察长任职条件的，坚决拒绝。另一方面，加强对检察官的监督力度。加强与检察机关的经常性联系，建立检察机关工作人员绩效信息共享机制，准确、系统、全面掌握检察官的道德素质、工作水平和业务能力，确保检察官依法正确行使检察权，切实维护检察官职业的权威和公信力。

4. 完善国家权力机关对人民检察院监督的建议

首先，在制度上要扩大国家权力机关监督的方式和范围。第一，在监督方式上要增加对"一府两院"工作的评议。这种方式是国家权力机关在监督实践中创造的一种新形式，是许多地方试行的结果，对促进"一府两院"的工作发挥了积极作用。建议通过立法将这一方式固定下来，使"评议"有法可依。第二，在监督内容上，建议增加国家权力机关对人民法院、人民检察院分歧案件的最终决定权。实践中，人民法院和人民检察院在一些案件上长期意见不一，僵持不下，影响了案件的及时处理，造成了不良社会影响，有失法律尊严和国家机关的威望。因此，建议增加人大常委会对"两院"分歧案件请示的最终决定权，使案件尽快得出结论，避免久拖不决。

其次，国家权力机关在工作中要注意依法监督。一要防止个人干预。人大及其常委会是国家权力机关，实行民主集中制，在民主的基础上集中，也就是

---

① 郭兴莲、陈运红：《国家权力机关对司法机关的监督论纲》，《法学杂志》2010 年第
8 期，第 96 – 99 页。

集体负责制，而不是个人负责制，不是个人行使权力，它对"一府两院"的监督是通过集体决定的方式实现的。人民检察院只对国家权力机关负责，而不对个人负责。个人对"一府两院"的工作有看法，应通过法定程序提出，不能直接进行干预。二要注意抓大事。人大及其常委会担负着繁重的立法、审查国民经济和社会发展计划、审查国家预决算、确定国家大政方针、任免国家机关工作人员等重大任务，不可能事无巨细都进行监督。监督的重点应当为是否违反宪法、法律和是否正确执行国家的方针、政策的重大问题，特别是对人民检察院办理案件的监督，主要应当是检察长提请的重大案件和人民群众反映强烈、有重大影响的案件。对一般性案件，可以由人民检察院依法办理，以便充分发挥检察机关法律监督的职能作用。

再次，加强对地方政府计划和预算的监督。在听取和审议政府国民经济和社会发展计划和预算执行情况报告的过程中，可以就加大对检察机关支持力度、加大资金投入、确保政法经费足额到位等内容，向政府提出意见建议。目前我国实行的是中央财政与地方财政"分灶吃饭"的财政体制，经济发达地区，检察机关的行政装备和业务经费就充足一些，干警的工作福利待遇就好一些，经济不发达地区经费就少。检察机关经费全部依赖于地方财政，财政困难的地方就容易出现因办案经费不足而产生不正之风，甚至"为钱办案"的现象。解决这一问题的根本途径为各级检察机关的经费由国家财政统一开支。中央司法体制改革提出省以下检察院、法院人、财、物由省级保障的方案，但在具体落实中还会面临许多问题。省级人大及其常委会要支持本省检察院根据实际需要提出的年度预算方案。

（三）上下级检察机关的关系

《宪法》第一百三十七条规定：最高人民检察院是最高检察机关。最高人民检察院领导地方各级人民检察院和专门人民检察院的工作，上级人民检察院领导下级人民检察院的工作。

目前我国上下级检察机关之间属于领导关系，这是经过历史的沉淀才得出的最适合我国国情的领导制度，详见表4-1：

表4-1　我国上下级检察机关间关系的变化

年份	内容	特征	法律依据
1949 年	指挥权	各级检察署由最高人民检察署指挥；最高人民检察署检察长主持全署事宜	《中央人民政府最高检察署试行组织条例》第二、五条
1951 年	领导权	最高人民检察署检察长主持全署事宜；各级地方人民检察署检察长主持全署事宜；各级地方人民检察署受上级人民检察署的领导；各级地方人民检察署（包括最高人民检察署分署）为同级人民政府的组成部分，受同级人民政府委员会之领导	《中央人民政府最高人民检察署暂行组织条例》第五条；《各级地方人民检察署组织通则》第四、六条
1954 年	领导权	地方各级人民检察院和专门人民检察院在上级人民检察院的领导下，并且一律在最高人民检察院的统一领导下，进行工作；最高人民检察院对全国人民代表大会负责并报告工作；在全国人民代表大会闭会期间，对全国人民代表大会常务委员会负责并报告工作	《中华人民共和国人民检察院组织法（1954 年）》第六、七条
1979 年	领导权	最高人民检察院对全国人民代表大会和全国人民代表大会常务委员会负责并报告工作；地方各级人民检察院对本级人民代表大会和本级人民代表大会常务委员会负责并报告工作；最高人民检察院领导地方各级人民检察院和专门人民检察院的工作，上级人民检察院领导下级人民检察院的工作	《中华人民共和国人民检察院组织法（1979 年）》第九、十条

　　接受上级人民检察院工作领导，下级人民检察院可以通过事前参与、事中参与及事后参与的方式来发挥主动性和积极性。从决策科学化、民主化的角度看，下级人民检察院能动地接受上级人民检察院工作领导，使用频率最高、最有效率的应是事前参与和事中参与机制。事前参与机制有利于上级人

民检察院正确决策，事中参与机制对于决策的适时调整与修正意义重大。遗憾的是二者都缺少相应的程序保障。从实践看，事前参与有原则性的规定，如《关于加强上级人民检察院对下级人民检察院工作领导的意见》指出，上级人民检察院在制定规范性文件、作出重要工作部署以及其他重大决策出台前要充分发扬民主，主动征求和倾听下级人民检察院的意见。事中参与主要由请示和主动报告等沟通机制来实现，对此同样只有原则性规定而欠缺具体程序规范。相比之下，事后参与则有相对完善的程序规范，如《人民检察院检察委员会组织条例》第十五条规定，下级人民检察院对上一级检察委员会的决定如有不同意见，可以提请复议。上一级院应在接到复议申请后一个月内召开检察委员会进行复议并作出决定。经复议认为确有错误的，应当及时予以纠正。

程序的缺失或不明确极易使参与机制流于形式。一是不利于强化下级人民检察院发挥主动性、积极性的意识，二是影响下级人民检察院主动性、积极性的发挥效果。因此，应借鉴相对完善的事后参与程序规范来完善下级人民检察院参与上级人民检察院决策的事前参与、事中参与程序。这样既能确保上级人民检察院领导的科学性，又能培养和发挥下级人民检察院的主动性和积极性。

综上，人民检察院是由最高人民检察院和若干不同层级的下级人民检察院组成的，全国检察机关的整体活力与战斗力离不开下级人民检察院主动性和积极性的发挥。充分发挥下级人民检察院的主动性和积极性既不会否定或削弱上级人民检察院的工作领导，也不会导致或助长检察权的地方化，只会促进检察事业的全面协调可持续发展。

二、中国共产党对检察机关的领导

（一）中国共产党对检察机关领导的必要性

作为法律监督机关的人民检察院独立行使检察权，这一点在《宪法》中有明确规定。但在实践中，不少人对坚持党的领导和独立行使检察权的关系存在认识模糊的现象，认为坚持党的领导不可能独立行使检察权，要独立行使检察权就难以坚持党的领导。然而，作为社会主义国家重要组成部分的检察机关，是人民民主专政的重要力量之一，是社会主义依法治国的重要主体，因此，检察机关坚持党的领导，是落实依法治国方略的重要措施。

坚持党的领导和独立行使检察权是统一的。宪法规定检察机关依法独立行使检察权，是要求检察机关在法律规定的范围内，依法独立地处理检察事务，绝不是因此否定党对检察机关的领导。检察机关只有坚持党的领导，自觉接受人大监督，才能更好地保证国家法律的统一正确实施，才能保证党的路线、方针、政策在检察机关中贯彻落实。在推进社会主义法治建设的过程中，党的领导与检察机关独立行使检察权是辩证统一的，是互为条件，互相促进的。

检察工作坚持党的领导是一项基本原则。中国共产党是中国特色社会主义事业的领导核心。中国共产党的领导地位，是在领导中国人民进行革命、建设和改革的长期实践中形成的，是历史的必然选择。在中国的司法工作中肯定执政党的领导地位并发挥其领导作用，是一种历史必然性的体现。改革开放以来，社会主义民主与法制建设取得了举世瞩目的成绩，法治的观念日益深入人心，这一切都是在中国共产党的领导下进行的。特别是党的十五大确立"依法治国"的基本方略以来，社会主义法治建设进入了一个新的发展阶段。在这样一个历史时期，检察工作更要坚定不移地坚持党的领导。检察工作如果离开了党的领导，必然会偏离法治的正确发展轨道，必然会损害中国的法治建设，司法公正也就无从谈起。

加强党的领导是检察机关建设的根本保证。我党历来十分重视检察机关建设，并采取了一系列重要措施，进一步加强了党对检察机关的领导，切实保证了检察机关建设的政治方向。在指导思想上要把政法队伍建设作为全面落实依法治国基本方略、加快建设社会主义法治国家的基本要求，要深化司法体制改革，优化司法职权配置，规范司法行为，建设公正高效权威的社会主义司法制度，保证审判机关、检察机关依法独立公正地行使审判权、检察权。在工作目标上，要求把检察队伍建设成一支忠诚可靠、纪律严明、作风过硬、秉公执法、训练有素、业务精通的队伍。在组织领导上，要求进一步建立和完善检察机关队伍领导责任制，进一步加强检察机关的基层党组织建设，充分发挥党组织的战斗堡垒作用和共产党员的先进性作用，实行抓党建、带班子、抓党员、带队伍。

加强党的领导是检察机关改革方案顺利实施的关键。最高人民检察院对检察改革提出了明确的目标，各级检察机关也出台了相应的措施和方案。但是，由于我国正处于改革的攻坚阶段，我们所面临的新情况、新问题层出不穷。比如：部分体制的不健全，人、财、物的配置不合理，地区之间经济发展的不均衡等，这些问题的存在将严重阻碍检察改革的进行，而这些问题又是检察机关靠自身力量无法解决的，必须在党的领导下，动员社会的力量，才能从根本上解决问题。

（二）中国共产党对检察机关领导的方针

1. 坚持和依靠党的领导，就是要坚持马克思主义的指导地位

党的领导要求检察干部在思想上坚持马克思主义不动摇。为了有效抵制市场经济负面影响和西方国家各种法治思想的消极影响，抵制"左"的以及封建思想残余的影响，确保检察干警执法思想不偏离社会主义方向，执法目标不发生错误，手中的执法权力不被错用，我们就必须坚持用毛泽东思想、邓小平理论、"三个代表"重要思想、科学发展观和习近平新时代中国特色社会主义思想牢牢占领检察阵地，用马克思主义理论和社会主义法治理念武装检察干警，使检察干警牢固树立正确的世界观、人生观、价值观，始终坚持讲学习、讲政治、讲正气，坚决克服和有效防止个人主义、享乐主义、拜金主义等不良倾向；牢固树立一切从中国国情出发的意识，始终坚持马克思主义在政法意识形态领域的指导地位，坚决克服和有效防止盲目崇拜，片面宣扬西方政治制度、法律制度、价值观念的倾向；牢固树立严格依法办事的意识，始终坚持依法治国基本方略，坚决克服和有效防止以权代法、以言代法以及地方和部门保护主义倾向；牢固树立执法为民的意识，始终坚持一切依靠人民，一切为了人民，坚决克服和有效防止脱离群众、骄傲蛮横、盛气凌人的不良倾向；牢固树立平等保护的意识，始终坚持维护社会的公平正义，坚决克服和有效防止滥用职权、执法不公的倾向；牢固树立检察工作为

全党全国工作大局服务的意识，始终坚持法律效果和社会效果的统一，坚决克服和有效防止单纯业务观点的倾向；牢固树立党性意识，始终坚持党对检察工作的领导，坚决克服和有效防止把党的领导同依法治国对立起来，甚至削弱和淡化党的领导的倾向，要真正把检察队伍思想政治建设好，成为永远忠于党、忠于国家、忠于人民、忠于法律的高素质的检察队伍。

2. 坚持和依靠党的领导，就是要坚持执法为民的政治方向

检察机关坚持党的领导，就要遵循党的路线方针政策，在思想上、政治上与党中央保持高度一致，矢志不渝地坚持执法为民。坚持执法为民，强化法律监督，维护公平正义，是我们党"立党为公、执政为民"执政理念对检察工作的必然要求，是"三个代表"重要思想、科学发展观和党的宗旨在检察工作中最根本的体现，也是检察工作的永恒主题。司法不公必然损害人民利益，损害法律权威，损害党的形象。检察院要坚持社会主义法治原则，积极推进司法体制改革，提高执法水平，确保法律的严格实施，保证在全社会实现公平和正义。一要坚持有法可依、有法必依、执法必严、违法必究。强化法律监督意识，在法律监督中体现宪法的精神，坚持以人为本，尊重人权，切实保障公民的合法权利不受侵犯。二要坚持公正司法。要坚持法律面前人人平等，任何组织和个人都不得有超越宪法和法律的特权，坚决杜绝人情案、关系案、金钱案。要依法独立行使检察权，正确适用法律，提高办案效率，减少诉讼成本，真正做到实体公正和程序公正相统一，法律效果和社会效果相统一。三要坚持执法为民。把依法维护人民群众的合法权益作为检察机关的根本任务，始终把维护人民利益放在第一位，在执法观念上牢记为民宗旨，在执法过程中落实便民措施，在执法效果上实现利民目标。要真心实意地关心群众的疾苦，把群众的事看作自己的事，怀着深厚的感情执法办案，千方百计为群众解决困难。

3. 坚持和依靠党的领导，就是要充分发挥检察机关法律监督职能作用

中国共产党领导人民发展社会主义民主政治，建设社会主义政治文明。检察机关是国家的法律监督机关，在维护国家法律的统一正确实施、保障在全社会实现公平和正义方面承担着重要职责，是落实科学发展观、推进政治文明的

重要力量。所以要坚持党的领导，从维护改革发展稳定大局、巩固党的执政地位、维护人民群众根本利益的高度，切实增强责任感和使命感，以适应新形势、新任务的要求，在法律监督实践中掌握新知识、积累新经验、增长新本领，提高法律监督水平，善于运用科学发展的理念来破解检察工作中的难题，充分发挥检察机关的职能作用，努力用公正的司法保障公平和正义；用严格的执法，促进依法行政；用权威的司法，增强人民群众的法治意识。

4. 坚持和依靠党的领导，就是要建设高素质的检察干部队伍

要通过加强党组织建设和党员队伍建设，努力建设一支高素质的检察官队伍，为党的检察事业的发展提供组织保障。要按照党的先进性要求，建立健全保持检察机关先进性的长效机制。坚持民主集中制原则，增强党组织的活力和团结统一。要加强对广大党员的《中国共产党章程》（以下简称《党章》）、社会主义荣辱观和社会主义法治理念的教育，充分发挥共产党员的先锋模范作用。要按照"为民、务实、清廉"的要求，加强检察官队伍的思想政治建设，增强政治意识、大局意识、责任意识、奉献意识，培养其忠于法律、忠于事实、刚正不阿、不徇私情的优秀品格，培养其惩恶扬善、弘扬正义、扶正祛邪的职业道德，尽职尽责地为党和人民掌好检察权。要大力实施人才战略，突出检察官职业特点，强化教育培训，推进职业化、专业化建设，努力造就一大批政治上靠得住，业务上有水平，人民群众信得过的秉公执法的优秀检察官。要认真落实党风廉政建设责任制，加强纪律作风建设，坚持从严治检、严格教育、严格管理、严格监督，确保依法行使职权，坚决纠正执法不严格、不公正、不文明、不作为等人民群众反映强烈的突出问题，坚决防止和惩治权钱交易、贪赃枉法、徇私舞弊等司法腐败行为，纯洁检察队伍。领导干部必须以身作则，正确行使权力，始终做到清正廉洁，带头与各种腐败现象作斗争。要坚持从优待检，从政治上多加爱护，工作上多加指导，生活上多加关心，切实解决干警的实际困难，调动和保护好检察干警的积极性。

5. 坚持和依靠党的领导，就是要牢固树立服务大局的意识

《党章》指出，中国共产党在领导社会主义事业中，必须坚持以经济建

设为中心，其他各项工作都服从和服务于这个中心。检察机关坚持党的领导，就要牢固树立服务大局的理念，紧跟上级党委和上级检察机关的重大决策部署，立足党和国家工作大局，善于结合检察实际创造性地开展法律监督工作。服务大局是社会主义法治的重要使命，检察工作的重大政治责任就是要保障和服务中国特色社会主义事业大局，保障社会主义经济政治文化建设。服务大局要求我们检察干警必须以宽广的眼界观察世界，正确把握新时代发展要求，培养理论思维和战略思维，不断提高科学判断形势的能力，及时研究我国改革和建设中的新情况、新问题，把握服务党和国家大局的结合点，立足本职，全面正确履行职责，致力于推进小康全面建设进程，确保国家长治久安。

第五章

检察官资格和任免制度

检察官制度是检察制度的重要组成部分。检察官的个人素质、职业素养都反映在其工作效率与工作质量上，从而影响我国检察制度的运行。我国关于检察官资格和任免均起源于清末，随着时间的推移而不断完善。1995 年 2 月，第八届全国人民代表大会常务委员会第十二次会议通过了《中华人民共和国检察官法》（以下简称《检察官法》）。这在中国检察制度史上具有里程碑式的意义，它填补了历史上无检察官专门法律的空白。该法律于 2001 年、2017 年、2019 年共进行了三次修订。经修订的《检察官法》在 1995 年《检察官法》的基础上对检察官的任职资格、任免条件等做了更为详尽的规定，更符合我国依法治国的方针。

一、检察官资格制度

（一）检察官资格制度的历史发展

检察官的资格问题始于清末。清政府借鉴国外大陆法系国家司法制度，在对检察官任用资格的确定原则上比照法官和推事，虽没有专门的检察官法，但也可从其他法律中找寻到一些有关检察官任用资格的规定。宣统元年（1909 年）颁行的《法院编制法》依据检察官的等级不同对检察官的资格任用问题做出了不同的要求。检察官等级可分为一般检察官、高等检察官以及总检察官。一般检察官的资格取得需经过两次考试，该法律对参与考试人员的资格也做了较为详尽的规定：其中第一百六十条强调"推事及检察官，应照法官考试任用章程，经两次考试合格者，始准任用"。第一百七十条明确：

"凡在法政法律学堂三年以上，领有毕业文凭者，得应第一次考试。"同时也规定了第一次考试免试的情形："在京师法科大学毕业，及在外国法政大学或法政专门学堂毕业，经学部考试给予进士出身者，以经第一次考试合格论。"经过第一次考试合格或者具备第一次考试合格资格，才具有学习推事或检察官课程的资格，这些人经过两年的学习，方可参加第二次推事或检察官的资格考试。通过推事和检察官资格的第二次考试，才能候补推事及检察官。第二次考试也具有免试情形：如果具有第一次考试免考资格或应试资格，且又在京师及各省法政学堂任教习或律师三年以上，也就具备了第二次考试合格资格，可免试直接成为推事或检察官的候补人员。成为候补人员意味着一旦检察官职位出现空缺即可上任。

高级检察官或高级推事的则有更高的要求。依据《法院编制法》第一百一十八条、第一百一十九条之规定，高等检察官的任职资格为：任推事或检察官历 5 年以上；通过检察官或推事第一次考试合格或具备相应资格，并在京省法政学堂任教习或律师 5 年以上。以上条件只需要满足其中一条，即可任职高等检察官。总检察官的任职资格为任推事或检察官 10 年以上，或获得检察官、推事资格第一次考试合格之资格，并在京省法政学堂任教习或律师 10 年以上。

清末《法院编制法》第一百一十五条规定，凡有下列情事之一者，不得为推事及检察官：因褫夺公权丧失为官吏之资格者；曾处三年以上之徒刑或监禁者；破产未偿债务者。第一百二十一条规定，检察官在职中，不得为下列事宜：于职务外干预政事；为政党员、政社员及中央议会或地方议会之议员；为报馆主笔及律师；兼任非法所许之公职；经营商业及官吏不应为之业务。

北洋军阀统治期间，检察官的任用规定比清末更加具体。这一时期也是通过考试选拔检察官。北洋政府规定，在法政大学或学院或专科学校学习 3 年以上，取得专科以上文凭，才能参加司法官考试。同样，也有免试情形：对相当于法律三年制专科毕业学历的，司法部总长报送或批准，也可参加司法官考试。其中对"相当学历"的认定，也有更为严格的要求。具备司法官考试的资格后，需要参加四场考试。除了经学、史学外，还包括法学基础和刑、民、宪、商、诉讼等部门法。考试合格且未超过录用名额的，全部予以录用。逾于应取名额时，由典试官按照定额择优录取。

民国时期，国民党政府将检察官称为司法官，与法官享有同等的待遇。1935 年实施的《法院组织法》正式规定检察官的资格包括：经司法官考试及格，并实习期满者；曾在公立或立案之大学、独立学院、专门学校教授主要法律科目 2 年以上，经审查合格者；曾任推事或检察官 1 年以上，经审查合格者；执行律师职务 3 年以上，经审查合格者；曾在教育部认可之国内外大学、独立学院、专门学校毕业，且有法学上之专门著作，经审查合格并实习期满者。满足以上条件之一，就可以被任用为检察官。

检察官的任职资格问题可分为准入资格和禁用条件两种，对检察官的资格也基本上是从专业性和从业经验两方面提出要求。1983 年修订的《人民检察院组织法》对检察人员的任职资格没有做出相应的规定，法律中缺乏担任检察官必须具备的硬性条件，因此 1995 年颁布《检察官法》前我国仍然沿袭过去的做法，把司法机关作为安置复转军人的主要场所，以至于在大部分的检察院（或法院），复转军人出身的检察官（或法官）占了一多半。检察机关工作人员无论其职业素质是否符合检察业务工作要求都可以成为检察官，严重影响了检察职能的有效发挥。

1995 年 7 月 1 日生效的《检察官法》中对初任检察官和助理检察官的任职要求是：大专以上（包括大专）学历，参加由最高人民检察院定期举行的初任检察官资格考试，考试成绩合格者，在对其政治素质和思想品德等方面进行必要的考核后，择优授予检察官资格，发放"检察官资格证书"，实行检察官资格与检察职务相分离的制度，在未经法定程序任命为检察官职务之前并非检察官，但在实践中初任检察官考试都是在检察系统内举行的，检察辅助人员（书记员、司法行政人员、司法警察）实际上是检察官的唯一来源。1995 年《检察官法》对检察官资格的一系列限制性规定，对统一检察官素质、严格检察官的准入标准和推动检察事业的发展具有不可忽视的积极意义，但随着司法改革的不断深入，该法的弊端也很快显露出来：狭窄的选拔范围、数量较少的参照人数、偏低的学历和法律专业知识要求，严重制约了检察队伍素质的提高，必然对检察工作产生直接的影响。但该法的积极意义不可否认，它对检察官的资格条件、检察官的职责、权利和义务等做出了具体的规定，消除了中华人民共和国成立后检察官任职资格等问题处于法律空白的现象。2001 年全国人民代表大会对该法进行了修订，并于 2002 年 1 月 1 日正式实施，2017 年和 2019 年对《检察官法》又进行了两次修订，进一步完善了检察官的资格制度。

（二）现行检察官资格制度的有关规定

检察官作为法律人的一类，其任职条件在许多国家都和法官是相同的。主要有：有较高的法律专业知识水平；有一定的司法实践经验；有良好的品德等。另外在一部分国家，检察官的任职资格是区别于法官的。

法国、德国的检察官任职资格与法官的完全一样。法国的检察官称为"站着的法官"（magistrate assize），两者统称为法官（magistrates），所以二者任职的条件、待遇等都是相同的。德国要求检察官和法官一样必须经过两次国家考试。第二次考试合格后，可获得实习检察官身份，实习期限一年，期满由州司法行政长官审查决定是否授予候补检察官资格。候补检察官可正式执行检察事务。候补期限为 5 年以下，期满可获终身检察官的资格。成为终身检察官之前，实习检察官和候补检察官都可能被淘汰。

英国和美国一般要求检察官具有律师资格。英国的检察长必须是具有 10 年以上经验的出庭律师或阅卷律师，助理检察官和检察官必须是具有 7 年以上经验的出庭律师或阅卷律师。美国的检察官一般没有律师从业年限的要求，但也有少数例外，如新泽西州要求任地方检察官必须具有 5 年以上的实践经验。

日本初级检察官副检事的任命资格一是通过司法考试和副检事筛选审查合格，二是任二级官吏 3 年以上及任其他公务员并通过副检事筛选审查。其任职资格略高于《检察官法》的规定，之所以提高检察官的任职资格，原因是日本在继承西方近现代法律体制后，沿袭了西方关于确保检察官素质的法文化传统。例如，法国的检察官必须具有法学学士学位再经司法官职考试及格，并在司法研习中心受训 3 年半后始可充任。（法学博士可免除司法官职考试，且研习期缩短为 1 年）。

我国检察官资格制度的法律规定是 2019 年修订的《检察官法》，其中第三章"检察官的条件和遴选"规定了担任检察官的积极资格和禁止性条件。

《检察官法》第十二条规定，担任检察官必须具备下列条件：

（1）具有中华人民共和国国籍；（2）拥护中华人民共和国宪法，拥护中国共产党领导和社会主义制度；（3）具有良好的政治、业务素质和道德品行；（4）具有正常履行职责的身体条件；（5）具备普通高等学校法学类本科学历并获得学士及以上学位；或者普通高等学校非法学类本科及以上学历并获得法律硕士、法学硕士及以上学位；或者普通高等学校非法学类本科及以上学历，获得其他相应学位，并具有法律专业知识；（6）从事法律工作满五年。其中获得法律硕士、法学硕士学位，或者获得法学博士学位的，从事法律工作的年限可以分别放宽至四年、三年；（7）初任检察官应当通过国家统一法律职业资格考试取得法律职业资格。

适用第五项规定的学历条件确有困难的地方，经最高人民检察院审核确定，在一定期限内，可以将担任检察官的学历条件放宽为高等学校本科毕业。

法律文本本身来看，我们可以归纳出现行检察官任职资格的积极条件包括以下几个方面。

首先，必须具备中国国籍，检察事业是一项运用法律处理刑事案件的事业，它关系到国家安全与稳定，因此必须具备中国国籍，拥护中华人民共和国宪法。

其次，专业素质。无论是追古溯源还是放眼世界，作为一名合格的检察官，其专业素养是必不可少的。《检察官法》列明的专业素养要求为法律本科毕业（部分困难地区除外），拥有法律从业经验。而在实际操作过程中，我国的法律本科生想要获得检察官身份，还需要经过两次考试。第一次是需要通过国家统一组织的"国家司法资格考试"，主要是考查参加考试人员的法律专业知识水平，了解其法律知识水平。通过这一考试的人则拥有了一张第二次考试的准入证。第二项考试则是国家或各个省或多个省联合命题的公务员考试，检察官属于公务员的一种，因此，要想成为检察官还需参加公务员考试。而公务员的考试则不同于第一项考试，其内容除了法律知识外，还有行政能力测试和申论，主要考查考生的逻辑思维和语言表达能力等。这两次资格考试作为选拔检察官的方式，在专业素养和综合素质方面均有所考查。

但检察官从事的法律职业，是否通过考试就掌握了职业技能呢？法律职业是"一类具备特殊品质的专门职业。这种品质根植于一代代法律人的努力而积淀的职业传统，并经由长期的学习、法律训练和法律实践而悟得。"① 实务中所需要接触的错综复杂的案情，并不是从书本上能够完全学习到的。因此直接从法学院毕业且通过司法考试和公务员考试的考生中任命检察官不免有所局限。由于我国在选拔检察官的过程中对司法工作经验的重视不足，新的司法改革提出了选拔法官检察官的新方式：从学者、律师当中选拔。

司法改革为我国检察官选拔提供了新的路径，重视司法实践经验的选拔方式值得肯定。由此我们不难看出，实践的专业素质对检察官的重要性。从世界范围来看，有的国家也并不采取从法学院毕业生中选择检察官的方式。英国和美国从律师中选拔检察官，而日本、德国等则要求参选检察官的人员通过两次考试，同时第一次考试通过后还需要进行一定时间的实务训练，在实务训练完成后参与第二次考试，合格者才能担任见习检察官或候补检察官，再经过一定时间才能被任命为终身检察官。

最后，职业素养及个人素质。职业素养不同于专业素养，一个人的个人素质和职业素养不是由他所拥有的专业知识决定的。德才兼备，要求检察官除了专业知识过硬外，还需要有良好的品德。这里的品德，是指他的道德形象和人文素养。不论从事什么职业，职业素养和个人品德都极其重要，是从业的基础。国家加大反腐倡廉力度，严厉打击公职人员贪赃枉法、违法乱纪人员，其中司法腐败问题不容忽视。司法机关本来是严守法律、维护社会秩

---

① 季卫东：《法治秩序的建构》，北京：中国政法大学出版社1999年版，第214页。

序的标志，但却因公职人员个人素质问题使其公信力大打折扣。当然，我们也必须相信，人人守法，阳光司法并不难，提高个人素养、职业素养，才能充分发挥法律的真正作用。检察官应该拥有良好的职业素养和个人品德，不为权势屈服，不被金钱、利益诱惑，才能树立良好的社会形象，从而树立司法权威，赢得社会的支持。

《检察官法》第十三条规定了不得担任检察官的情形：（1）因犯罪受过刑事处罚的；（2）被开除公职的；（3）被吊销律师、公证员执业证书或者被仲裁委员会除名的；（4）有法律规定的其他情形的。这是检察官任职的消极资格规定。

（三）检察官资格制度存在的问题及解决思路

目前我国任用检察官在文化、专业素质及其他基本条件方面缺乏规范、统一的规定，各地区掌握的标准不一致，使一些不适合做检察工作的人进入检察官队伍。同时，原来的任用制度缺乏竞争机制和客观、明确的选拔条件，人才资源不能被充分利用。这些因素直接影响了检察官的整体素质和执法水平。没有科学化、规范化的任用制度，就难以择优选拔较高素质的人进入检察官队伍。因此，在《检察官法》的基础上，根据检察工作和检察官职务对检察官素质的客观要求，在借鉴国外检察官的资格制度和我国公务员录用条件的同时，考虑到我国的人才实际情况，除了法律所明确规定的担任检察官必须具备的条件包括政治、品德条件，年龄、身体条件，学历、专业条件等，检察官选拔条件还应当作出一些调整以弥补司法实践中选拔人才的不足和缺陷。

1. 检察官队伍精英化

首先，检察官作为一种特殊的法律职业，要求队伍要精英化。依据司法改革的方针，我们应当培训出一批专业素质强、综合能力强、工作效率高的精英检察官队伍，让我们的检察官队伍像特种兵部队一样强韧有力，剑出鞘而露其锋芒。检察官精英化要求我们对现有的检察官队伍进行整改，同时制定更为科学合理的选拔制度。目前，我国的检察官数量多，但素质和办案水平参差不齐。所以应对现有检察官队伍进行调整，将优秀检察官挑选出来起带头模范作用，已在检察官队伍里但业务水平不高的可转为辅助检察官，让其通过一定时期的专业学习尽快提高自己的业务水平。

借改革的春风重新修正检察官选拔制度，在注重选拔人才的专业知识的基础上，加强其实务培训。目前国家司法考试作为一个重要的衡量标准自然是必不可少的，同时可以增加适当的实习期限，从辅助岗位做起，再通过实务内容进行考核。这种做法将有利于整个检察官队伍的优中选优，提高整体素质。

2. 任职资格职业化

任职资格职业化是指在检察官任职资格制度中，设立合理的门框和晋升渠道，目前我国各大法学院校的毕业生源源不断地向社会输送，而单一的任职资格规定，却让实务经验缺失成为检察官队伍的最大短板。检察官是行使公权力的职业，其职业特性要求他们对每个案件都能正确处理。目前大量检察院采取的"先吸收优秀人才，再在实务中进行培养"的方式显然已经不能适应我国案件数量多、类型多、难度大的现状。检察官职业化道路需要铺设一条合理进阶的路，优秀的法学毕业生很多，但不一定都适合检察官队伍，这时，任职资格应偏向于有司法实务经验的法学毕业生。不仅如此，新的检察官进入检察队伍前，应至少经过半年到一年的检察辅助工作学习，积累实务经验，以此作为解决年轻检察官办案经验不足的方式之一。

3. 主诉检察官主导化

在实际办案过程中，主诉检察官通常是最了解案情的人，如何实现主诉检察官主导化也是我国司法改革过程中重要的一环。除了检察官晋升渠道的改革，还需减弱司法行政化色彩，同时应该在赋予检察官独立行使检察职责的同时合理监督，防止专权专制。最高人民检察院推行主诉检察官制度的初衷也是使检察官队伍精英化，真正实现司法独立。

4. 辅助人员协同化

目前检察机关组织结构复杂，人员分工不明确，行政化色彩浓厚。而检察官队伍想要彻底重新整编，离不开它所在的这支大队伍的建设，其中检察辅助人员起到了重要的作用。检察辅助人员是负责协助检察官工作的，包括书记员、司法警察等，而正确划分检察事务与非检察事务可以有效划分职权，让辅助人员更好地协助检察官进行检察工作。同时，部分辅助人员可能是需要经过锻炼转为检察官的，因此更应该重视辅助人员的实务培训，从而提高整体的司法效率。

二、检察官任免制度

任免是任职与免职的统称。检察官的任职是指依法享有任免权的机关或个人根据有关的法律规定和任职条件，通过法定的程序和手续，任命某人担任检察官职务。检察官的免职是指依法享有任免权的机关或个人根据有关的法律规定和免职条件，通过法定的程序，免除某一检察官的职务。

（一）检察官任免产生方式

世界各国对检察官的任免均有相应制度规定，并且因制度和法治传统而不同，总体上可以分为两大类。一类系任命产生，并因命令而免职；另一类则由选举产生和罢免。

检察官由任命产生和罢免的国家有日本、希腊、葡萄牙、西班牙、瑞典、芬兰、法国、新加坡、波兰、印度等。其中有的国家的检察官的任命、罢免是根据政府或内阁提名，国王或总统批准的，而有的国家的检察官虽采用任命制，但检察官多从具有法官资格的人或法官中选任，报总统或国王批准。

例如，日本规定，检察总长、检察副总长和高等检察厅检察长均由日本内阁任命，并由天皇认证；全国所有检察官由法务大臣任命。

波兰规定，总检察长由国务委员会（最高国家权力机关的常设机构）任命，副总检察长由总检察长提名，也由国务委员会任命。其中一名副总检察长由总检察长和国防部长联合提名，国务委员会任命，出任军事检察院检察长，其他各级检察长则由总检察长任命。

检察官由选举产生的国家，有匈牙利、土耳其等。此外，美国的40余个州也采用选举制。土耳其检察官的选举并非会议选举，而是经过法院全体会议以秘密投票的方式选举。美国40余个州（新泽西、康涅狄格、罗得岛和特拉华四个州以外）的检察官被视为宪法上的官员，经州选举产生。

美国规定，在联邦一级，总检察长、副总检察长以及联邦的地方检察官均由总统任命，任期4年，但须征得参议院同意；在州一级，除了新泽西、康涅狄格、罗得岛和特拉华4个州的检察长是由州长任命以外，其他各州的检察长一般都由本州公民直接选举产生。市镇检察官的选任方式较为多样，有的由当地市民选举，有的由市长或市议会任命，还有的由市议会或市行政长官聘任。

匈牙利规定，总检察长由国民议会选举产生，任期5年。其余各级检察官则由总检察长任命。

世界各国对检察官的罢免一般都由有权任命或选举的机关进行。与上述国家检察官任免制度不同，我国检察官任免制度采取选举和任命并用的方式。因职务差别，在选举与任命制上又有很大不同。一方面各级检察长任免均采取选举制，而其下属均采取任命制，体现出了检察长负责制的特点；另一方面各级检察官任命又有较大的差别，呈现了等级区别任命的特色。此外，即使检察官任命制，也有由权力机关任免和由检察首长任免两类。这些都是与国外检察官任免的不同之处。

在一些西方国家，由于实行三权分立制度，检察机关隶属于行政体系，检察官是国家的行政官吏，因而，其总检察长、副总检察长以及检察长，都要由内阁或政府首脑任命，一般检察官的任命或选举也大多按国家公务员的规章办理，但亦须经过严格的法定程序。而很多社会主义国家，检察机关是国家的法律监督机关，其总检察长、副总检察长均由最高国家权力机关任命或选举，所有其他各级检察长和检察官，通常都由总检察长直接任命或批准任命。

（二）现行检察官任免方式

《检察官法》第四章对我国检察官的任免制度做了较为详尽的规定。其中第十八条规定检察官职务的任免，依照宪法和法律规定的任免权限和程序办理。最高人民检察院检察长由全国人民代表大会选举和罢免，副检察长、检察委员会委员和检察员由最高人民检察院检察长提请全国人民代表大会常务委员会任免。地方各级人民检察院检察长由地方各级人民代表大会选举和罢免，副检察长、检察委员会委员和检察员由本院检察长提请本级人民代表大会常务委员会任免。地方各级人民检察院检察长的任免，须报上一级人民检察院检察长提请该级人民代表大会常务委员会批准。

在省、自治区内按地区设立的和在直辖市内设立的人民检察院分院检察长、副检察长、检察委员会委员和检察员，由省、自治区、直辖市人民检察院检察长提请本级人民代表大会常务委员会任免。人民检察院的助理检察员由本院检察长任免。

第十四条规定，初任检察官采用考试、考核的办法，按照德才兼备的标准，从具备检察官条件的人员中择优提出人选。

人民检察院的检察长应当具有法学专业知识和法律职业经历。副检察长、检察委员会委员应当从检察官、法官或者其他具备检察官条件的人员中产生。

第二十条规定，检察官有下列情形之一的，应当依法提请免除其职务：

（1）丧失中华人民共和国国籍的；（2）调出所任职的人民检察院的；（3）职务变动不需要保留检察官职务的或者本人申请免除检察官职务经批准的；（4）经考核不能胜任检察官职务的；（5）因健康原因长期不能履行职务的；（6）退休的；（7）辞职或者依法应当予以辞退的；（8）因违纪、违法不宜继续任职的。

第二十一条规定，对于不具备本法规定条件或者违反法定程序被选举为人民检察院检察长的，上一级人民检察院检察长有权提请该级人民代表大会常务委员会不批准。

第二十二条规定，发现违反本法规定的条件任命检察官的，任命机关应当撤销该项任命；上级人民检察院发现下级人民检察院检察官的任命违反本法规定的条件的，应当要求下级人民检察院依法提请任命机关撤销该项任命。

第二十三条规定，检察官不得兼任人民代表大会常务委员会的组成人员，不得兼任行政机关、监察机关、审判机关的职务，不得兼任企业或者其他营利性组织、事业单位的职务，不得兼任律师、仲裁员和公证员。

第二十四条规定，检察官之间有夫妻关系、直系血亲关系、三代以内旁系血亲以及近姻亲关系的，不得同时担任下列职务：同一人民检察院的检察长、副检察长、检察委员会委员；同一人民检察院的检察长、副检察长和检察员；同一业务部门的检察员；上下相邻两级人民检察院的检察长、副检察长。

第三十七条规定，检察官从人民检察院离任后两年内，不得以律师身份担任诉讼代理人或者辩护人。检察官从人民检察院离任后，不得担任原任职检察院办理案件的诉讼代理人或者辩护人。

通过对检察官的任免形式、任免机关和任免范围、任免程序等有关问题作出明确规定，从法律上规范对检察官的职务管理活动具有重要意义，可以从以下三个方面来理解。

首先，使检察官的任免有了明确的法律依据，形成了比较健全、科学的法律制度。对检察官的职务任免必须依法办事是检察官职务任免的首要原则，法律规定是职务任免的前提和根据，任免的一切环节，诸如任免机关、任免权限、任免范围、任免程序、任免手续的办理等，都必须有法律依据，任何违反法律规定的任免，都是无效的任免。

其次，为检察官的全面管理提供了科学的基础和前提。检察官的任免实际是一种对检察官职务的管理。通过任职而授予检察官一定的职权和通过免职解除检察官的职务，都是一种职务管理活动。通过选举或任命的法定程序而产生职务，这就标志着检察机关与检察官之间、检察官与检察官之间的职务关系的建立和确认。这种职务关系一经建立和确认，就能根据检察官所任职务的要求和检察官履行职责的情况，对检察官进行考核、奖惩；参照检察官所担任的职务对其进行培训；根据检察官所任的职务，决定检察官的工资、福利待遇等。因此，建立健全检察官的职务任免制度，规范职务管理行为，本身既是实现检察官管理制度化的重要措施，也是为检察官管理的其他环节提供管理基础的举措。

再次，对检察官的任用，不仅关系到为检察机关选择配备合适的各种职务的检察官，使检察机关有效地运转，而且关系到检察官的能力、才智能否得到充分的发挥，能否正确合理选拔人才，充分调动检察官的积极性和主动性。因此，任免制度中对任免条件、任免权限、任免程序的严格规定，对防止检察官任免工作中的偏差和不良现象具有重要意义。

（三）现存检察官的任免制度存在的问题及建议

随着法治建设不断发展，司法体制改革深入推进，《检察官法》的一些缺点也因法具有滞后性而表现出来，该法有些方面已不能适应我国法治建设和检察工作发展需要。

现行《检察官法》规定，地方各级人民检察院检察长由地方各级人大选举和罢免，同时需报上一级检察院检察长提请该级人大常委会批准；副检察长、检委会委员和检察员均由本院检察长提请本级人大常委会任免，这就形成了具有较强"地方化"色彩的检察官任命方式。当地方利益与国家利益、公共利益发生冲突时，检察官会倾向于从地方利益出发行使职权。法律的规定明确了检察权运行上下一体的特征，但由于任免的"地方化"，使法律上级检察机关无法完全有效实现对下级检察机关的领导。

任免地方化会导致人才资源分配不均，发达地区吸引了人才，欠发达地区常常难以招录到人才。目前各个地方法院、检察院招考出现了报考扎堆的现象，年轻的后备力量往往更多考虑的是自己的生活保障问题，从而发达地区的职务备受欢迎，而一些欠发达地区的岗位则无人问津。类似的现象进一步加剧了这种人才资源分配不均匀的现象，稀缺人才的短板问题始终无法得到解决。

针对以上问题，首先，可以在制度设计层面可以考虑规定省级以下检察官由省级以上人大常委会任免，公平择优，这样可以破解上述难题，保障检察机关依法独立行使职权，维护国家法治的运行。其次，尽快落实基层人员的待遇问题，为年轻的检察人才提供生活保障，增加岗位吸引力。

第六章

检察官等级与职务保障制度

一、检察官等级制度

（一）检察官等级制度概述

检察官作为执行检察权的官员，其身份、地位和职位类型均有一定的特殊性，需要按照分类管理的要求建立和别的国家公务员以及其他国家机关工作人员不同的管理方式，反映管理对象的特殊性及管理的客观需求，检察官等级的确立正是这一特殊性的体现。检察官等级是《检察官法》确定的检察官级别序列，它与检察官职务共同构成了检察官的职级体系。

检察官等级是《检察官法》确立的一项与检察官职务紧密联系的身份等级制度，是检察官身份、地位的标志，是国家对检察官专业水平的确认和给予检察官的荣誉。检察院由四级十二种检察官职务构成，由此构建了检察官政治待遇和工资报酬的基础，这是我国检察官管理制度的特色之一。

检察官等级与检察官职务既有联系又有区别。检察官等级根据检察官职务编制，比较注重检察官个人的资历、能力、专业水平和工作实绩，具有较重的"品位"色彩。检察官职务是等级设置的基础，检察官职务等级的排列从副总理级到科员级共十个层次，检察官等级设四等十二级，相互保持一定的对应关系。一般而言，不同职务之间，职务高的对应的等级相对也高；相同职务之间，由于资历或其他个人条件不同，可能产生不同的等级差异。此外，等级的评定、授予与职务的任免均有不同的条件和程序。

检察官等级制度包括等级的设置、等级的编制、等级评定、晋升、降低和取消等条件、程序和基本要求。检察官等级的设置是指检察官等级所确定和包含的级别层次数量及等次的划分，是检察官等级制度的核心，在检察官等级制度中居于首要地位，决定或制约着等级制度的其他内容。检察官等级如何设置，级别层次多少，各等次内的级别如何安排，直接关系到检察官等级与检察官职务的对应关系，关系到检察官等级的晋升方法和晋升年限的确定。我国的检察官共设四个等次、十二个级别，这是根据我国检察官的实际情况和管理检察官的客观需要，参考国家机关工作人员级别工资的层次设置的，一级为首席大检察官，二至十二级分为大检察官（一级、二级）、高级检察官（一级、二级、三级、四级）、检察官（一级、二级、三级、四级、五级）。四个等次中各级别的数量呈金字塔状，全国检察官按照检察官等级的数量排列也是呈金字塔状的。

最高人民检察院和解放军原总政治部制定的《军事检察院评定检察官等级实施办法》（以下简称《实施办法》）以法规形式确立了军事检察院检察官的职业身份和资格；它较为科学合理地确定了军事检察院检察官等级编制和评定条件。根据军事检察院三级设置体制、编制规格等因素，《实施办法》中军事检察院评定检察官等级条件更加全面、具体，也便于实际操作；它体现了向基层检察院业务骨干倾斜的原则。《实施办法》对基层军事检察院检察长、副检察长、检察委员会委员和大单位军事检察院处长、检察委员会委员的评定等级条件普遍低于同一职级的检察官。如基层军事检察院检察长任正团职满3年、工作年限满22年，或者任正团职不满3年、工作年限满26年的，可评定为三级检察官，而其他正团职的检察官评定标准要更高些。

（二）实行检察官等级制度的意义

检察官等级制度的建立是检察官管理制度不断完善的结果，实行检察官等级制度，有利于建立具有中国特色的检察官管理制度，实现对检察官的分类管理；有利于完善检察官的职级体系，规范检察官的职位划分；有利于检察官进一步强化激励竞争机制。

长期以来，我国检察官的管理基本上采用的是党政机关干部的管理模式，这种管理模式忽视了检察人员的专业特点与法律监督工作的特点，不利于检察官队伍的建设，不利于强化检察官的专业素质。随着国家民主与法制建设的发展和干部人事制度改革的不断深入，我国确立并实行了检察官制度，由此而强化的检察官职务及设立的检察官等级制度，淡化了行政职级色彩，从而促使检察官管理与行政机关工作人员管理模式的分离。

根据《宪法》和《人民检察院组织法》的规定，我国检察机关实行上级检察院领导下级检察院的体制，四级人民检察院在法律监督活动中具有不同的权限和责任，由此决定不同级别检察院的检察官具有不同权限。但是四级检察院检察官职务的称谓却完全相同，即检察长、副检察长、检察委员会委员、检察员、助理检察员。若单纯从职务称谓上看，很难区分各级检察院的检察官在法律监督活动中的职责、权限和任职资格条件，从而直接影响对检察官实施有效的管理。根据检察官的职务编制检察官等级，能够比较明确地说明检察官的身份地位，协调其与检察官职务的对应关系，为检察官的职位划分提供了前提条件，是确定检察官工资待遇的基础，为规范化管理提供了必要条件。

按照现行检察官职务的设置，检察官职务的晋升大多需要较长时间，同时，从助理检察员晋升为检察员后，绝大多数检察官的职务基本不再有变化。检察官等级制度的建立，为大多数检察官在职务不变情况下按照一定的条件晋升检察官等级创造了条件，从而调动了大多数检察官特别是基层检察院检察官的工作积极性。按照检察官职务编制等级，将检察官的资历、能力、德才表现和工作实绩等因素纳入考察范围，通过严格的程序评定、晋升检察官等级，科学合理地解决检察官职务、职级、等级以及地位、荣誉、待遇等问题，可以激励检察官不断进取，为建立竞争激励机制创造有利条件。

（三）国外检察官等级制度介绍

当今世界多数国家检察官地位和等次的区别与检察机构的设置有关，并主要通过检察官职务确定等级。

日本的检察机关等级设置为：最高检察厅、高等检察厅、地方检察厅和区检察厅，根据需要法务大臣还可在高等法院、地方法院或家庭法院的分院分别设立相对应的高等检察厅或地方检察厅分厅。各级检察机关首长名称如下：最高检察厅（检察总长和次长检事）、高等检察厅（检事长）、地方检察厅（检事官）、区检察厅（首席检察官）。其检察官的等级分两级，检察总长、次长检事和各检事长为一级，检事为一级或二级，副检事为二级。

德国最高法院设总检察长、副总检察长、联邦检察官；在高级法院和地方法院设检察官若干人，在初级法院设检察官若干人。各级检察机关的检察官分为六等，依顺序为联邦总检察长、联邦副总检察长、联邦总检察官、高级联邦检察官、联邦检察官、地方检察官。

俄罗斯、乌克兰实行检察人员衔级制度。俄罗斯、乌克兰承袭苏联的检察制度，检察机关工作人员实行类似于军人军衔的衔级制度，并且依据职务编制衔级。《俄罗斯联邦检察院组织法》规定："对于检察机关的工作人员，包括检察院的科研、学术机构和进修院校的工作人员，根据其职务和工作年限授予衔级。"《乌克兰检察院法》也规定："检察机关的检察官、侦查员和检察科研、教育、教学机构的工作人员，按其职务和工龄分别授予相应的衔级。"检察人员的衔级是其从事检察工作的特殊的身份标志，同时又是与职务相协调的等级区别，是确定检察人员工资待遇的一个重要依据。

法国检察机关设于法院内，与法院相对应设置，即最高法院检察处、上诉法院检察处、初级法院检察处。各级检察机关首长为：最高法院检察处①、上诉法院检察处（首席检察官）、初级法院检察处（设检察官一人）。

英国设总检察长和皇家检察署，在皇家检察署下设各级检察署，即地区检察署和区检察署。各级检察机关的首长名称如下：最高领导、英王、政府的法律总顾问（总检察长和副总检察长）、皇家检察署检察长（首席皇家检察）、皇家检察署分部一分部皇家检察长。检察官的等级分六级：第一等（总检察长、副总检察长），第二等（地区检察长），第三等（首席皇家检察官），第四等（高级检察官），第五等（皇家检察官），第六等（助理检察官）。

韩国实行检察官职衔制度。韩国检察官的等级被称为职衔，设检事总

---

① 总检察长（设一名首席副检察长，十八名副检察长助理）。

长、高等检事长、检事长、高等检事和检事五级。其中检事总长既是职衔，又是大检察厅的最高长官。韩国《检察厅法》规定了各检察官职衔的资格条件，只有具备了一定的资格条件，才能够被法务部长提请总统任命相应的检察官职衔。检察官（韩国称为检事）职务，则必须由有相应检察官职衔的人充任。如大检察厅的副检事总长由高等检事长担任；大检察厅检事由检事长担任；高等检察厅次长检事由检事长担任；高等检察厅检事由高等检事担任；地方检察厅检事长由检事长担任；地方检察厅次长检事由高等检事担任。

泰国检察官实行级别制，检察官分为 8 级，根据官职定级别。第一级：助理检察官（只设在总署）；第二级：检察官、省级检察官助理；第三级：高级检察官、省级副检察长；第四级：省级检察长及曼谷相当级别检察官；第五级：检察总署副厅长；第六级：检察总署各厅长；第七级：副总检察长；第八级：总检察长。

与上述检察官等级制度相比较，我国检察官等级制度虽然没有定为"衔级"，但与俄罗斯和乌克兰的等级制度较为接近，等级与职务并立且按照职务编制，评定或授予等级以职务和工作年限为依据。韩国的检察官等级制度是一种职务与衔级合一的等级制度，这种制度更多地看重检察官的资格条件，等级层次少，与职务大体相适应，更有利于检察官的专业化和职业的稳定。

（四）关于现行检察官等级制度的反思

我国的检察官等级制度正式运行始于 1998 年 1 月 1 日，全国检察机关进行了检察官等级的首次评定工作。等级制度实行以来，在进一步理顺检察官职务关系、提高基层检察院检察官的等级地位、增强检察官的荣誉感等方面起到了积极的作用。但是，作为一项新的制度，其模式和标准的合理性必然要接受实践的检验，并不断得到修正和完善。从检察官等级制度的实施来看，主要存在以下待完善之处：

1. 检察官等级制度和职务制度在本质上以行政职级为本

由于检察官等级的编制现在无法脱离公务员的行政序列，而且现行检察官的工资制度仍然执行公务员的工资制度，因此很难说明检察官职级制度是独立存在的。事实上检察官的职级仍然以行政职级为本，不仅与该项制度的初衷相去甚远，而且给目前的管理工作造成了一定困难。即实际上同时存在着检察官职务、行政职级、级别、检察官等级至少四种职级系列。这些职务、职级、级别、等级交织在一起，使检察官等级编制、评定及考核、奖惩、升降等管理工作复杂化，不仅增加了工作的难度，而且在一定程度上使人们对检察官职级制度产生困惑。

2. 检察官等级的编制和评定偏重于职务和资历，对检察官专业水平和工作能力的考察不足

《检察官法》规定，检察官等级的确定，以检察官所任职务、德才表现、业务水平、检察工作实绩和工作年限为依据。但在实施等级制度过程中，从等级编制的模式到评定的标准，过多地考虑了检察官的职务、职级和资历因素，使检察官等级在某种程度上成为检察官的第二职务标志，实质上很难从等级上反映出检察官的法律专业水平和工作实绩。如果这种模式不加以改变，检察官等级制度将违背其设立初衷而成为一种单纯荣誉性的、照顾性的福利制度。

3. 相关制度的不完善、不配套，制约了检察官等级编制和评定的科学性和合理性

等级制度的实施要求与检察官职务制度、考核制度、工资制度等紧密结合起来，同时，为了达到建立等级制度的目标，等级模式的设计、等级评定标准的制定都应当既围绕这个目标又有科学客观的依据。从检察官管理制度的现状看，检察官的职务制度实质上依赖于行政职级，考核制度尚未健全，工资制度基本没有反映检察官序列的特点，这些问题严重地影响了等级的合理编制和科学的实施，致使检察官等级制度设立的目标难以实现。

4. 进一步完善我国检察官等级制度

检察官等级作为检察官职级序列的组成部分，是对检察官职务的说明和细化，同时也是确定检察官工资待遇的基本依据之一，属于检察官职务保障机制。设立这项制度的初衷，是进一步补充和完善检察官的职级序列，使之明显地与公务员序列有所区别，从而体现检察官管理制度的特点。但我国法

律规定的检察官等级与其权责利至今没有直接结合在一起，检察官等级制度一直处于"空转"状态。现行的评定检察官等级的规范，是最高人民检察院单独或者会同有关部门制定的内部规定。我国检察官等级制度是在"不改变现行干部管理体制和工资制度、不改变现行检察官行政职级"的前提下建立起来的，必然受到相应的制约，这在很大程度上造成了检察官等级制度存在的问题。检察官等级与检察官职务体系的科学结合相得益彰，体现了检察官管理的特色，其建立和完善有利于加强检察官队伍的专业化。为了使检察官等级制度更加科学、完善、规范，著者建议由全国人大常委会制定检察官等级条例，详细规定检察官等级制度的基本原则，检察官等级编制，评定检察官等级的范围、标准、审批权限，检察官等级的晋升、降级和取消检察官等级等内容。如果一项管理措施有利于检察官管理制度的合理化和科学化，它就有必要存在。检察官等级设置作为管理的一个环节，其完善依赖于检察官管理制度的完善，更依赖于我国人事制度的进一步改革。

二、检察官职务保障制度

（一）检察官保障方面的现行规定

我国检察官保障制度的相关规定尚不完善。目前，检察官的物质待遇与普通行政部门的人员适用同一标准，检察官实际享受的待遇普遍低于行政部门的工作人员。这不仅不利于检察官职位吸引优秀人才，也不利于在职检察官队伍的稳定；而且，检察官待遇偏低，也不利于检察官队伍的廉政建设。我国 2019 年修订的《检察官法》在第六条中规定：检察官依法履行职责，受法律保护。此外，该法从五个方面规定了对检察官的保障措施。这些措施包括：

第一，检察官非因法定事由和非经法定程序，不被免职、降职、辞退、调动或者处分。检察官对本人的人事处理决定不服有申诉的权利，对打击报复检察官的直接责任者应依法追究责任。关于我国检察院检察长的任期及罢免问题的规定较为复杂。我国法律并不采取检察官的统一任期制，而只规定各级检察院检察长的任期。各级检察院检察长的任期同选举产生他的人民代表大会的任期相同（五年一届，连续任职不超过两届）。对于除检察长外的其他检察官的任期目前没有专门的规定，而中国检察官的任期受国家统一的人事行政管理制度中所要求退休年限的限制，通常任职到 60 周岁（女检察官为 55 周岁）。我国宪法和有关法律均规定了检察官的任命权由全国人大及其常委会、地方各级人大及其常委会行使，免除检察官的职务也必须依照《宪法》和法律规定的任免权限和程序办理。检察官职位的变动受党的干部组织系统管理的安排，如可能从检察官职位被任免到其他政府部门担任某一级官员等。对各级检察院检察长的罢免权由选举他的人民代表大会及其常务委员会来行使。在地方两级人民代表大会之间，如果本级人民代表大会常务委员会认为检察院检察长需要撤换，须报请上级检察院报经上级人民代表大会常务委员会。由此可见，各级人民代表大会及其常务委员会有权任免检察人员。

第二，检察官有获得劳动报酬，享受保障、福利待遇的权利。为了保障检察官秉公办案，严肃执法，《检察官法》专设了"工资保险福利"一章，其中第六十条规定："检察官实行定期增资制度。经考核确定为优秀、称职的，可以按照规定晋升工资档次。"所谓定期增资制度，是指国家依照规定的期限和条件，确保检察官的工资有计划、按比例地得到增加，而不能随意、较长时间地冻结其工资的制度。定期增资制度，在法律上保障了检察官的实际工资待遇。值得注意的是，定期增资制度是与检察官的考核制度紧密联系在一起的。这就非常明显地反映出，在我国，保证、提高检察官的工资待遇，除为保障检察官的基本生存条件外，其直接目的就是促使检察官积极工作。从第六十条可见，我国已经实行了检察官在任职期间收入不减少的制度，尤其需要指出，长期以来，我国检察官没有独立的工资序列，而只是适用行政人员的工资序列。为此，检察官法第五十九条专门规定。检察官的工资制度和工资标准，根据检察工作特点，由国家规定。从而将检察官工资与行政人员的工资序列相互分开，在法律上建立了检察官独特的工资制度，这显然是符合检察工作的特色和规律的。这样的规定一方面为实际建立检察官工资制度和工资标准提供了法律依据，使工资制度和检察官法律职务高低、责任大小和工作难易程度相关联，体现出国家对公职人员实行分类管理的政策精神；另一方面，也科学、合理地确定了检察官工资待遇标准的需要。检察官的工资制度规定不仅直接关系到检察机关和检察官个人，而且涉及整个国家的工资制度，触及方方面面的利益，这些规定的贯彻落实有利于廉洁勤政、秉公执法，有利于队伍稳定，吸收优秀人才，提高检察官队伍的素质，这无疑比以前的传统做法进步了许多。《检察官法》虽然对检察官的工资、保险等福利作了专章规定，但这些规定还需要进一步细化，增强其可操作性。

第三，确立了检察官退休制度。中华人民共和国成立以来，检察官退休制基本沿用国家行政人员的退休制度，即男年满 60 岁、女年满 55 岁退休。为了建立适合检察官职业特点的退休制度。《检察官法》第六十三条规定："检察官的退休制度，根据检察工作特点，由国家另行规定。"从而在法律上首次确立了检察官退休制度。这是考虑到检察官所从事的检察工作不同于其他国家机关工作的特点而作出的规定。

第四，《检察官法》第六章规定，检察官如有下列行为，应当给予处分，处分分为警告、记过、记大过、降级、撤职、开除；构成犯罪的，依法追究刑事责任：（1）贪污受贿、徇私枉法、刑讯逼供的；（2）隐瞒、伪造、变造、故意损毁证据、案件材料的；（3）泄露国家秘密、检察工作秘密、商业秘密或者个人隐私的；（4）故意违反法律法规办理案件的；（5）因重大过失导致案件错误并造成严重后果的；（6）拖延办案，贻误工作的；（7）利用职权为自己或者他人谋取私利的；（8）接受当事人及其代理人利益输送，或者违反有关规定会见当事人及其代理人的；（9）违反有关规定从事或者参与营利性活动，在企业或者其他营利性组织中兼任职务的；（10）有其他违纪违法行为的。

第五，《检察官法》第二十三条规定，检察官不得兼任人民代表大会常务委员会的组成人员，不得兼任行政机关、监察机关审判机关以及企业、事业单位的职务，不得兼任律师。《检察官法》还规定，检察官不得从事营利性的经营活动。这是要求检察官专职，不得从事其他职业，以免因兼职而丧失公平正义执法理念。

（二）检察官保障制度的完善

我国检察官保障制度的完善必须要与中国的经济发展状况、检察官队伍的现状、公民的认可程度和现实可行性结合起来。不能设想得过于完美，否则只能是空中楼阁。基于这种认识，著者提出以下几点完善意见：

1. 在检察官物质保障方面，实行检察官优薪制

有的学者主张检察官应当实行高薪制，其理由是当执掌权力的人不能通过自己的正当收入使生活得到满足时，就很有可能产生腐败的动机，因此向检察官提供与其地位相称的薪酬，在一定程度上可以避免检察官利用权力谋取私利。著者认为我国目前并不具备实行高薪制的条件，这表现在：首先，我国检察官队伍庞大，人数过多，实行高薪制，则使国家支出过大。目前，检察院系统编制达 21 万人左右，对如此庞大的队伍实行高薪制，国家财政也会感到负担沉重。其次，以往的检察官选任制度与公务员选任制度基本相同，检察官单独提薪的理由不充分。我国检察官在人事管理、工资待遇等方面，与一些行政干部无异。在国家公务员整体工资水平未得到提高的情况下，单方面提高检察官的待遇必然遇到来自各方面的阻力。需要指出的是，实行高薪制只是养廉的一种方式，绝不是廉政的唯一保障。在我国某些经济较为发达的地区，检察官的收入和待遇已较为优厚，但腐败现象仍然发生，表明培养检察官的廉洁作风不能仅靠提高收入，显然，高薪不能成为检察官职业的唯一追求目标，检察官必须树立为社会服务的理念。从这个意义上讲，高薪制只是检察官制度改革的一个重要环节。要达到检察官高素质目标，还要结合职业道德、检察官培训和监督惩戒机制等措施共同作用。

著者认为我国目前应当实行检察官优薪制。在现实中，尽管《检察官法》明确规定，检察官的工资、晋升、津贴、保险及待遇等应根据国家规定来具体操作，但遗憾的是，至今为止，我国仍无这方面的专门法律法规。目前，各级检察院检察长的工资不会比同级行政领导高，检察官与同级政府官员的工资也差不多。著者认为，可以在规范我国检察官任职资格的基础上，适当地使检察官的工资待遇高出相应级别的国家行政官员。其理由是，检察

官这一职业较其他职业而言，更具风险性。没有较高的工资待遇作保障，单凭政治教育，是很难确保检察官排除经济干扰，坚决公正执法的。再者，在较高起点上规定检察官的工资待遇，也是拒绝司法腐败的一项对策。检察官是国家的专职法律工作者，如果检察官因为生活拮据而在金钱上以身试法，那将导致直接的司法腐败。检察官优薪制的内容就是借鉴英美法系国家的某些有益作法，确保检察官的工资要比行政机关官员工资优厚一些，并规定检察官的工资只能增加不能降低。同时，规定工作时间达到一定年限后，如担任检察官工作二三十年以上者，退休时可以带全薪退休。唯有如此，才能与司法职责的重要性和检察官选拔的严格性相称，将优秀的人才吸引到司法系统来。各级检察官待遇的差距也不应太大。高级检察官数量较少，处理的案件相对影响较大，因此其工资比下级检察官高一些符合常理。但如果上下级检察官的工资差距太大，就必然会导致下级检察官为追求晋升而丧失独立精神、产生依附享有晋升权的机构的心理。

实行检察官优薪制必须明确两个概念：首先必须明确，"优薪"不是"高薪"，两者具有不同的内涵，要正确把握优薪的度量。实行优薪，既要体现按劳分配的原则，又要考虑国家的经济水平、财政支付能力和国民的心理承受能力。但是，实行优薪制又不同于平常的调整工资，它不应该是在原有低薪制框架内的微调，而是应有较大幅度的增长。其次，确保优薪制付诸实施后取得积极效果的关键是将实行优薪与严法重罚相结合。实行优薪制的主要目的之一是为检察官独立行使检察权创造条件，但优薪不能自然而然地产生公正。因此，优薪制必须与更严格的监督制度相结合。如尽快修订、完善检察官财产收入申报制度、检察官惩戒条例等规定。对检察官也应当规定严格的工作压力，如要求其勤于职守、秉公执法、忠实于法律和检察工作，才能享受上述待遇，自动辞职、被辞退或者玩忽职守、贪赃枉法的检察官则不仅不得享受上述待遇，就连普通检察官的退休待遇都不能享有，并对其违法行为追究比一般公务员更严格的法律责任。

优薪制在当前是否可行，主要涉及以下三个问题：一是国家财政承受能力问题。我们可以算三笔账，第一笔是因提高检察官工资所带来的财政支出账，第二笔是因种种司法腐败现象所造成的国民经济损失账及公民资产的流失账和难以统计的浪费账，第三笔是调动检察官积极性、独立性后的社会效益账。著者相信，结果一定是收入大于支出的。

二是国民的心理承受能力问题。国民对检察官优薪在心理上肯定会有一个理解和接受的过程。但是，与此密切相关的还有一个人民对腐败现象的心理承受能力问题。人民最痛恨、最不能容忍的，是严重的司法腐败现象及其滋生蔓延之势，而不是检察官的工资从优。对此，我们必须从维护社会稳定、实现公平正义、公正效率的全局出发，权衡主次轻重和利弊得失。

三是检察官的职业特征的必然要求。检察官的职业及其公诉监督等行为是一种复杂劳动，检察官是公平正义的捍卫者，理应获得较高的物质补偿。同时，检察官实行专职制，检察官职业的特点决定了检察官应尽量避免以营利为目的的活动，因而不可能从其他途径获得收入，薪金几乎是其唯一的收入来源。这样，国家就必须保证检察官享有相对优厚的待遇。为了维护司法公正与独立，为了维护每个公民的合法权益，检察官应当获得较高的薪金待遇，这是每一个法制国家的共同经验。因此，实行检察官优薪制是具有可行性的。其目的是维持检察官较高的生活水准，以便维护检察官应有的尊荣，增加检察官职业吸引力，使其安心地履行职责。

当然，著者并不反对高薪制，检察官高薪制是世界大多数国家的通例。之所以这样，是因为高薪制更有助于养廉。著者只是强调目前中国并不具备实行高薪制的条件。实行高薪制的前提条件是要全面提高检察官素质，精简检察官队伍，严格检察官任职要求。如果检察官任职要求不高，检察官的队伍过于庞大，就会妨碍检察官高薪制的实行。在这方面，我们应当借鉴国外的经验，检察官队伍应当少而精，在此基础上才能顺利地实行高薪制，否则，只能是事倍功半，达不到预期的效果。

2. 在检察官职位保障方面，实行终身制基础上的不可更换制是我们的长远目标

检察官的职位保障，指检察官一经任命，非因法定事由，并经法定程序，不得将其停职、免职或转调。《检察官法》并未对检察官任期作明确规

定，但按照该法第四章的规定，人大对检察官有任免权，不仅可以任命，也可以免职。

　　基于此，著者建议，尽管任职终身制是检察改革的长远目标，但我国目前暂不宜实行任职终身制，可实行分级别、分档次退休制，或实行双轨制。单就双轨制而言，即所谓"新人新办法，老人老办法"，对于未经司法考试的在职人员，可以采用提高、换血的办法，加快流动，迅速提高检察官的整体素质；对于通过国家考试的人员，应当采用培训、保障的办法。培训就是要其参加检察官学院的预备检察官培训，并应取得合格证；保障就是对于严格选任的检察官实行任职保障。因为就现阶段而言，我国仍存在一些严重不称职的检察官，有必要当机立断地在其任期结束后予以辞退。从中国的实际情况来看，通过竞争上岗、考核选拔等淘汰机制，使一批高素质的检察官脱颖而出，而把素质较低甚至根本不能胜任检察官工作的人调离检察官的工作岗位是十分必要的，也是对我们多年因缺乏严格的检察官任职资格制度所造成的问题而采取的一种补救措施。但是辞退检察官的程序需要严格设计，避免在检察官的辞退中出现最有权威的人物是检察长和检察院其他领导的现象。因此，建立规范检察官弹劾原因和弹劾程序的法律制度，是保障检察官独立的重要措施。如果通过这些制度的推行，真正能够建立一支具有较高素质的检察官队伍，那么在此基础上实行检察官任职终身制，应当是顺理成章的。另一方面，这一制度有利于保障司法独立，使检察官不受任何外来的威胁或干涉的影响，依法独立行使检察权。检察官应当实行合理流动，但职务应当保持稳定和固定。无法定的原因不得随意将检察官调出，否则极不利于检察官职业的专业化。从实践来看，许多地方检察院的检察官听命于党政领导的指导，偏袒本地当事人，其中一个重要原因便是检察官身份上缺乏保障。如果违抗指示，便极有可能被调离、降级、撤职。可以说没有完备的检察官身份保障制度，司法的独立和公正是不可能实现的。当然，建立检察官身份保障制度的前提是必须严格规定检察官的任职资格，对检察官实行严格挑选，一旦按照严格的选任程序选定某个检察官，则应对其实行充分的身份保障。保证检察官素质的根本途径是严把检察官的入口关，通过严格的考试和系统的司法研修，使每一个行使检察权的人都是能胜任检察工作的。对一个建立了相对完善的检察官培养、选任制度的国家来说，只有"好检察官""坏检察官"之分，而不应有"合格"和"不合格"检察官之分，不合格的检察官早就被一次次的筛选排除在了检察官队伍之外。有了这样的检察官选任制度作为前提，检察官任职终身制可能就是所有检察官任职制度中最合理的一种，这也是我国检察官制度改革的奋斗目标。

3. 在检察官退休保障方面，建议延长检察官退休年龄

检察实务是一种复杂劳动，既需要有深厚的法律知识，又要有丰富的不断累积的实践经验。水平较高、经验丰富的资深检察官本身是社会的一种财富。现在有的地方甚至出现"男52岁就退休，女48岁就提前离岗，被免去审判员或者检察员职称"的现象，这是对人才的浪费。让检察官提前退休不合法律规定。为改变检察机关人才流失严重、案多人少的状况，最高人民检察院要求各地的业务骨干不能实行提前离岗，确需提前退休或离岗的，必须呈报省级检察院审核同意后，方可按干部管理权限办理有关手续。

因此，我国资深检察官不仅不应提前退休，而且可以适当放宽退休年龄，或在退休以后也可以邀请其参与某些案件的办理。但这样的检察官必须真正拥有良好的道德品质和业务素质，法学修养精深且具有丰富的检察实践经验。著者认为，检察官的退休年龄应长于一般公务员，因为，长期司法工作获得的经验和阅历对检察官职业是一种难得的资本，而且培养一名检察官不易，检察官开始其职业的时间又相对较晚，如果要求其在完全可以继续工作的情况下退休，无疑是对司法资源的浪费。因此，除因健康原因或在一定情形下自愿退休外，我国检察官的退休年龄应该参照国家对领导干部退休的有关制度，按级别、分档次划定不同的退休年龄，四级高级检察官以下（不含本级）的检察官，退休年龄定为60岁，四级高级检察官和三级高级检察官的退休年龄应定为65岁，二级高级检察官以上应为终身制。检察官无论何年龄退休，退休后均应享受全额薪金。

4. 建立检察官民事司法豁免权

为了保障检察官秉公办案，严肃执法，防止受到打击报复和不公正待

遇，防止检察官的人身安全和其他权利因执行职务而遭受侵害，必须通过立法保护检察官的合法权益。检察官应享有一定的民事司法豁免权，即检察官个人应免于其因在履行司法职责时的不作为或不当作为而受到要求赔偿金钱损失的民事责任。其中的重要内容包括：检察官个人不必为自己对案件事实的认定在普通的法庭上作证；检察官因履行职务所获得的机密材料以及涉及个人隐私的信息，检察官有保密的义务，不得要求检察官就此类事项作证；非经最高人民检察院批准，对检察官不得进行逮捕和拘留；检察官在行使检察权过程中的行为、语言、文字等不受民事指控，检察官因为能力的局限造成案件事实认定有问题，如果没有充分的证据证明其有徇私舞弊行为，检察官应享有司法豁免权。因为如果一旦发生错案便追究办案人员的责任，将会使司法人员瞻前顾后，不敢果断执法。当然，这一制度是有限制的。检察官如果在行使检察权的过程中触犯了刑法，应当受刑事处罚，那么就不属于豁免的范围；检察官如果受到司法官惩戒委员会的调查，其作证的豁免权也应被放弃。

第七章

检察机关工作人员的分类管理制度

　　检察机关工作人员的分类管理制度是检察机制改革的核心内容，是检察机制改革其他方面的重要推动力，同时也是塑造职业化、专业化检察队伍的必经之路。在几年的司法改革中，针对检察机关工作人员管理制度方面提出的改革思想是探索最有效的发挥检察职能的人员分类管理制度。检察人员分类管理既与检察职业特点相符，又顺应了现代人力资源管理科学化、组织分工精细化和专业化的发展方向。2013 年 11 月，十八届三中全会审议通过的《中共中央关于全面深化改革若干重大问题的决定》明确指出，"要完善司法人员分类管理制度"，进一步明确了未来司法改革攻坚任务之一是建立与司法机关职业特点相符的工作人员管理制度，确保检察官办案主导地位，健全有别于普通公务员的检察官专业职务序列，健全法警、书记员、专业技术人员的管理制度。为有效落实这一改革举措，理论界与实务界掀起了新一轮的研究热潮。其实，学界对司法工作人员管理行政化的问题诟病已久，主要源于长期以来对检察人员的管理实行的是行政人员管理的模式，导致实践中严重浪费司法资源、办案效率普遍低下、检察人员职业保障体系不完善等问题突出，因此，落实对现有检察机关工作人员去行政化的分类管理变革势在必行。

一、分类管理制度的提出

　　检察人员分类管理，是指依据职位分类的基本原理，将检察机关的职能和相关工作细化分解，设置职位，并将职位划分为不同的类别和层次，对不同类别和层次的职位所承担的工作任务、职责权限、名称与数量、员额比例以及任职资格条件作出明确规定，制定岗位职务规范，并依此进行人员选拔、考核、培训、升降、奖惩、确定工资待遇等管理活动。①

现行的《检察官法》以及《人民检察院组织法》对检察机关的人员分类有一定程度的规定，例如有检察官、书记员、行政人员等，这种分类产生于特定的历史条件，在当时的社会语境中产生过积极的作用并沿用至今。在司法实践中可逐渐发现，这种分类的标准是"事务分类"，即检察机关工作人员的身份依据工作的需要授予相应的资格，因此忽视了不同身份的人员应该区别对待的原则。改革必会动摇原有体制中一部分人的地位，甚至影响检察机关业务的正常进行，那么，人员分类管理仍强力推行，并将其提升为检察体制改革的核心部分的动因何在？

（一）检察人员分类管理改革双重价值分析

诺贝尔经济学奖获得者、著名心理学家西蒙认为，决策判断有两种前提：价值前提和事实前提。价值前提是必要性及功能性预期；事实前提是实施改革的可能性预期。② 著者借用此理论延伸至检察人员分类管理制度改革，并就其双重价值试做简要分析。

1. 价值前提

依据西蒙的理论，所谓检察人员分类制度的价值前提有两点：其一，实行检察工作人员的必要性预期，换言之，为什么要进行人员分类改革；其二，功能性预期，即实施检察人员分类管理制度的目的是什么。

（1）检察人员分类管理改革提出的动因：依据马克思列宁主义"法和国家"学说中的法律监督理论，人民检察院与法院同属"司法机关"，其职权的性质理应为司法权性质。检察机关工作人员的管理方式同理也应当区别于普通公务员的行政管理方式，虽然我国有单独制定的检察人员的管理办法，

---

① 郑建秋：《建立科学的检察人员分类管理模式（上）》，《检察日报》，2005年8月24日。
② 夏阳、卞朝永：《检察人员分类管理改革的实践与思考》，《人民检察》2013年第8期，第24－29页。

如《检察官法》《人民检察院组织法》等，并明确规定了检察机关工作人员与普通公务员的区别，如分类、考核、晋升等，但是这套管理体系在司法实践中仍旧没有摘去行政化的"帽子"，没有形成以司法为特色的独立管理体系。比如在检察体制中，上下级检察机关之间是"领导和被领导"的关系，下级检察机关服从上级检察机关的安排。再例如，在公诉案件中，检察官的职权是主动的追究，代表政府打击犯罪行为，具有倾向性。同理，在检察人员的管理上，长期简单地套用行政机关的管理模式，影响检察业务人员的政治地位和工资待遇的并不是其自身职级层次，而是其行政级别。这种"行政化""地方化"的管理模式将导致检察人员的司法特性淡化，进而带来种种弊端：

其一，检察官业务司法性淡化。司法讲究独立性，意味着检察人员在处理检察业务时不应该是"上命下从"，而应该以法律为基础，对业务进行独立自主的操作。行政化的管理，让司法实践中普遍形成"办案的不定案，定案的不办案"这一违背司法属性的尴尬现象；检察官等级的设置是为了提高检察官的司法地位，业务水平、办案能力理所当然应为评价检察官等级的金标准，但是在目前实行的管理体系中，检察官等级的演变为检察官行政级别和工作年限的标志，这让检察官等级制度变相地成了行政级别，使检察官等级设置的目的根本无法实现；在选拔任用上和普通的公务员无异，在干部交流上采用"轮岗制和双向选择"，又让检察机关"专业型检察官"的培养阻碍重重。

其二，检察业务人员认同度不高。在现有的检察机关内部有大量的非检察人员存在，部分非检察人员只要在检察机关工作一定年限，具备一定的学历，即使没有从事过检察业务，即可被任命为检察官。这种将检察官和非检察官标准混同的选择方式，无形中拉低了检察官的专业水平，致使现如今，检察机关内部，综合部门中还存在着不处理检察业务的检察官。这种混乱的选任检察官的方式，不仅使检察队伍庞大杂乱，也使检察官成为政治和行政的傀儡，无法体现检察队伍的素质和业务能力，自身认同度不高、荣誉感不强。

其三，行政化引导检察人员阻碍了业务水平的提高。强调检察官的行政级别必然弱化其职务级别，甚至可有可无。因为行政级别对于检察官个人来说关乎其政治地位、工资待遇等实际利益。这种行政化的导向，使部分检察官偏离了检察业务至上的轨道，反而更加关心自身的政治人生。这种扭曲的引导出现了畸形的局面，导致原本有潜力成为业务骨干的人员脱离检察业务岗位，同时影响热衷于法律业务的人员的工作积极性。

综上所述，为了更好地开展检察业务，必须强调检察机关的司法属性，进行组织结构和人员管理方面的改革，因此，当前检察人员管理的"泛行政化"弊病是我们进行分类管理改革的一个重要原因。也可以说，分类管理改革是关系未来检察机关"性质表现"的大动作，意义非同小可。现行的行政职级制和法律职级制的混合体的检察人事管理制度已不适应检察工作发展的需要，必须进行改革。

（2）分类管理改革的目的：分类改革是形式，职业化是目的。

检察人员分类管理改革的目标是把检察机关建成：人员分类科学合理，各类人员数量配比适当，人力资源开发和使用有效，各类人员的招录、任用、培训、考核、工资福利、退休、辞退等管理规定、办法、制度健全，符合司法属性和检察工作规律、特点，达到人尽其才，才尽其用；检察人员的主动性、积极性、创造性自觉激发；形成检察官队伍职业化，检察干部人事制度充满活力，检察工作高效高质量，确保在全社会实现公平和正义的目的。简而言之，即通过检察人员的合理分类，凸显检察队伍的职业化和专业化。人员分类管理改革只是职业化和专业化建设的表现形式和推动力，实现人员分类并不是改革的最终目的，最终的目的是检察队伍的职业化，二者是手段和目的的关系。职业化就是把本质和特征相同或相似的工作归入到一定类别系统，使其标准化、规范化、制度化。[①] 检察队伍的职业化体现在以下五个方面：①检察职业具备独立的管理体系，自成一体的专业知识、技能；

---

① 夏阳、卞朝永：《检察人员分类管理改革的实践与思考》，《人民检察》2013 年第 8 期，第 24 - 29 页。

②在职业准入方面，有相应的准入测试，具备明确的任职资格；③检察机关是司法机关，拥有较强的独立性，同理，职业人员也应具备相应的独立自主性；④形成一个独立的联合体，对内自主处理业务，对外代表联合体人员利益；⑤有本行业应有的职业操守。因此，职业化、专业化的检察队伍，应有明确的准入制度，完整的管理体系、评价和待遇体系。

（3）分类管理改革的原则：具有平等性和均衡性。改革的原则决定着改革的方向和成败。平等性和均衡性以检察机关的司法属性为基础，在以公平正义为指南的条件下提出。所谓平等性和均衡性是指在人员分类改革中，从检察体制合理构建的整体出发，对不同的检察人员同等关注，不偏向。尽量摘掉现行的行政化"帽子"，让不同类别的检察人员都能在检察体制中充分地发挥职业效能，激发工作积极性，维护司法的独立性、公平性。改革中平等性和均衡性原则，也是最容易被忽视的地方，容易导致人员的分配不均，与旧体制相撞引发矛盾。

2. 事实前提

事实前提即客观存在的现实条件，是改革启动的动力。检察人员分类管理改革的事实条件是在现有的人员管理体制上实施改革能达到的预期效果，首先应厘清促使检察人员分类管理改革进行的现实条件具体是什么。

（1）理论支撑。纵观古今中外，对公务员的人事分类最常见的包括两类，品位分类①和职位分类。品位分类起源于中国古代官吏人事分类，而职位分类，形成于美国，是一种以"事"为中心的分类方法，也就是说，工作人员的安排根据机构所设置的职位来进行。二者相比较，职位分类是符合现代人力资源管理的有效分类，具有明显的优势，意味着检察人员分类管理改革有了一个较强的理论基础。

（2）法律和政策依据。改革必须"名正言顺"，现有法律和政策为检察人员分类管理改革营造了良好的氛围。首先，《中华人民共和国公务员法》（以下简称《公务员法》）第十六条规定："国家实行公务员职位分类制度。"

---

①　品位分类是一种古老的官员分类方式，比如我国古代的正一品、正二品等。

明确提供了检察人员分类管理进行职位分类的法律依据。同时,《人民检察院组织法》和《检察官法》实行授权立法为人员分类管理留下了充足的空间。《人民检察院组织法》第四十条和《检察官法》第二十六条是专门针对检察官管理制度的授权立法。最高人民检察院和其他有关部门就因授权立法条款而获得了对检察人员有关管理制度的授权立法权,根据授权立法权制定的法律条文因具体立法机关的不同而具备法规(国务院制定)或部门规章(如最高人民检察院会同其他部委制定)的法律效力。① 当然除了现实的已有的法律提供了改革条件,现有法律的缺陷所导致的检察人员管理制度的缺陷也是改革的必要条件。

(3)分类标准。职位分类需要分类标准,人力资源管理学理论认为,职位分类的实质在于解决两个方面的问题:职位界定和职位定量。职位界定,是"横向分类"操作,是根据具体工作性质、任务、功能、地位、程序、责任等内容将职位划分为若干部门、职组、职系。职位定量,是"纵向分级"操作,是根据职位的责任轻重、工作的繁简难易、任职资格条件等因素,将职位划分为若干职级、职等。

(4)保障机制。职位分类通过对组织工作进行的职业类型和技能等级的划分,提供统一的管理基础,并建立起以任职必需的知识、技能和能力等因素为本位的公平与合理的薪酬体系。② 这意味着检察人员分类管理只是检察体制改革的一个小小开端,人员分类管理只是这项浩大工程中的一小部分。还有随之而来的薪酬、晋升、职级等将陆续变革,注定了这项改革的工作涉及的范围非常大,不仅包括人事,还囊括组织,甚至是基本的框架,诸多方面都需要强有力的政策支持。

(二)检察人员分类制度的改革阶段

早在20世纪90年代,在理论界和实务界就有人提出了分类改革的思想,

---

① 此种论断在法学理论界有一定争议,有部分学者认为根据授权立法权而制定的规范在法律位阶上处于法律与法规之间,有"准法律"的效力。著者对此持不同看法。
② [美]罗纳德·克林格勒、约翰·纳尔班迪著:《公共部门人力资源管理:系统与战略》,柏英等译,北京:中国人民大学出版社2001年版,第31页。

经过 20 余年的发展，检察人员分类管理改革经历了以下几个阶段。

1. 改革筹备阶段（1999 年—2003 年）

1999 年，最高人民检察院颁布了《检察工作五年发展规划》，对检察人员进行分类管理改革做了初步规划，随后确定在上海市浦东新区人民检察院、重庆市渝中区人民检察院、山东省济南市天桥区人民检察院、山东省平邑县人民检察院进行试点。2000 年，最高人民检察院公布的《检察改革三年实施意见》中，明确规定实行检察官、书记员、司法警察、司法行政人员的分类管理，分离技术性、服务性人员。2001 年，广东省深圳市人民检察院作为全国唯一一个市级检察院分类管理改革试点单位也开始筹划检察人员分类改革的探索工作。2003 年 6 月和 8 月，最高人民检察院分两次进行了检察人员分类管理的专题研究，并随后制定了《检察人员分类改革框架方案》。

2. 改革试点阶段（2004 年—2006 年）

2004 年 2 月，重庆市渝中区人民检察院作为试点院根据《检察人员分类改革框架方案》，开始实施检察人员分类改革试点工作，将检察人员分为检察官、检察事务官、检察行政官。2004 年 10 月，最高人民检察院公布的《2004—2008 年全国检察人才队伍建设规划》提出：争取到 2008 年底，在全国各级检察机关全面推行检察人员分类管理，将检察人员分为检察官、检察事务官（检察官助理）和检察行政人员。2005 年 4 月，山东省平邑县人民检察院作为试点院完成了自 2003 年 9 月份以来启动的检察人员分类管理改革的过渡工作并正式运行。同年 9 月，最高人民检察院在《关于进一步深化检察改革的三年实施意见》中又一次提出要推行检察人员分类改革，对检察人员实行分类管理。制定检察官单独职务序列，确定检察官职务与级别的对应关系。2006 年 9 月，最高人民检察院拟定了《检察人员分类改革框架方案（讨论稿）》，向有关方面征求意见。

3. 改革推进阶段（2007 年—2020 年）

2007 年，根据前期试点的有关情况，最高人民检察院在总结经验的基础上，制定下发了《检察人员分类管理改革方案》。2009 年 2 月，最高人民检察院在制定下发的《2009—2012 年基层人民检察院建设规划》中，又提出要积极稳妥地推行检察人员分类管理改革，建立符合司法规律和检察职业特点的干部管理体系。2012 年，中组部、最高人民检察院又联合起草了《检察人员分类管理制度改革指导意见（征求意见稿）》，向有关方面征求意见。2013 年 3 月，中共中央组织部、最高人民检察院，在征求各方意见的基础上，联合印发了《人民检察院工作人员分类管理制度改革意见》（以下简称《分类管理制度改革意见》），对全国检察机关探索开展检察人员分类管理制度改革提出具体的指导意见。其间，河北省大名县人民检察院、山东省齐河县人民检察院也先后于 2012 年和 2013 年开始了检察人员分类管理度改革的探索工作。

从上述历程来看，我国检察人员分类管理制度改革的试点探索工作自 2000 年就已经展开。经过二十余年的发展，全国各地检察机关在实践中的探索模式大致如下：

第一阶段：小改模式。在改革的初期，检察人员分类制度处于"试水"阶段，为避免遇到更多的困难，降低改革的风险，这个阶段的改革步伐小。步伐小体现在改革的焦点集中于检察人员种类的增添，不仅管理系列单独化，而且允许跨类流动，依旧实行的是行政化的管理模式，散乱的内设机构仍然没有进行整合。在改革的筹备阶段，上海浦东新区人民检察院在检察人员的类别上不仅增添了检察书记员、检察行政人员、检察专业技术人员，还为这三类职位序列设置了相应的管理制度。例如，参照《检察官法》，配备职务等级和行政等级；参照《公务员法》对检察行政人员完全实行行政化管理；将检察技术人员设置初、中、高三个等级，实行聘任制度，配以行政待遇。同时，加强检察业务人员的专业化，撤去一部分没有从事检察业务的、名不副实的检察官的职务和等级，但是对其原来履行过检察官职务的经历作为"检察官资格"予以保留，作为以后重还检察官职位的测评依据。另外，纯粹法警职务，不能将法警脱离岗位充当后勤、司机业务。① 与上海的改革

---

① 张华、朱毅敏：《检察人员分类管理思考》，《上海市政法管理干部学院学报（法治论丛）》，2001 年第 5 期，第 91 – 92 页。

略有不同，广东省深圳市人民检察院，在整体上将检察人员进行类别划分，具体为：检察长类、检察职业官类、检察辅助官类、检察技术官类、检察法警官类、检察行政官类六种，六种职务类别分别设置不同的管理方式，是检察人员走向职业化，避免被委托为行政职务的前期改革。职业化的同时，提高检察官的待遇，建立政治协理制度、岗位目标管理责任制、办案制度等。[①]

　　第二阶段：中改模式。经过改革"试水"阶段取得良好效果，检察人员分类改革进一步深入，进入中间层次。中改模式体现在，这一阶段强调检察官的主体地位，但是仍然是主任检察官负责制，设置了没有摆脱上级的考核制度，在机构的整合方面加入了有限的调整力度。相较于改革的初期，改革触动了更多人的利益，难度增大。这个阶段的代表试点区是山东省平邑县人民检察院，该院进一步将检察人员职业化处理，助理检察员不再列入检察官，而列入检察事务官，但是保留了各部门负责人的称谓。同时，对职位序列进行人员比例限制：检察官 25 人，占总人数的 32.9%；检察事务官 27人，占总人数的 35.5%；检察行政官 24 人，占总人数的 31.6%。整合内设机构，整合后的内设机构为：办公室、政治部、刑事检察局、反贪污贿赂局、反渎职侵权局、监所检察室、民事行政检察室、控告申诉检察室、总务部、检察技术中心共 10 个部门，仍然实行主任负责制。[②]

　　第三阶段：大改模式。通过初期阶段和中期阶段，改革进入白热化状态，改革的力度再次加大，改革与现有模式的矛盾也越来越大，改革的阻力也在增加，但是仍然阻止不了改革大刀阔斧的步伐。这个阶段强调凸显检察官的司法属性即独立办案权，检察人员分类减少，加大检察机关内设机构的整合力度，取消主任负责制，即机构负责人不再具有案件审批权。改革阻力大，同时成效也大，为检察人员分类改革制度在全国推行积累了丰富的经验。主要的代表有重庆市渝中区人民检察院和河北省邯郸市复兴区人民检察院。重庆市渝中区人民检察院精简检察人员分类，将其明确分为检察官、检

　　①　岳麓山：《检察官不再是行政官员》，《深圳商报》，2001 年 2 月 2 日。
　　②　高峰：《山东平邑：检察人员分类管理改革遇到七个问题》，《检察日报》，2006 年 1月 11 日。

察事务官、检察行政官三类。其中，检察官设检察长、副检察长、检察官3个职务层次，检察官又可分为主任检察官和副主任检察官，并按照检察官法实行检察官等级制度。检察事务官中设置检察官助理、检察侦查官、检察技术官和司法警察4个职系，并实行从一级到八级检察事务官的级别管理。检察行政官则按照一般行政人员进行管理。职位员额为：检察官不超过30%，检察事务官45%—50%，检察行政官20%—25%。① 河北省邯郸市复兴区人民检察院也将检察人员分为三类，其中只有检察官才能依法行使检察权，在职责范围内独立承办案件，其他两类检察人员从事辅助、行政管理工作。将11个内设机构整合为6个，即刑事检察局、职务犯罪侦局、诉讼监督局、政治处、检察事务处、检察长办公室，其中"三局"只设局长1人，不设副局长，其余都是科级检察官、检察官。检察官具有决定权和重大业务事项的建议权，局长无权改变检察官的决定，必要时须报请检察长批准。同时，为强化对检察官的监督，还专门成立了案件质量监控督查室，强化对检察业务流程的管理。对一些重大复杂疑难案件、社会影响大的案件，检察机关邀请人大代表列席检察委员会。②

除上述模式外，实践中其他地方检察机关的探索，也在一些方面为检察人员分类改革积累了经验。例如河北省邯郸市大名县人民检察院创立了"打统战"的模式，将检察人员分为检察官、书记员、司法警察和其他辅助人员4类，分别成立管理办公室，并打破用人界限，实行易岗办理案件，不同岗位的检察官在完成本职岗位工作的同时，实行易岗参与或主办案件，并抽调检察官组成专案组，结合个人特长分为4个预审组、3个外查取证组和1个资料组。③

---

① 重庆市渝中区人民检察院：《关于实施检察人员分类管理改革试点工作的总体方案》。
② 辛强、牛海英：《改革，要有闯关的精神》，《河北日报》，2006年6月14日。
③ 杨建生、曹现革：《"专"本职而"能"其他》，《检察日报》，2013年1月3日。

二、分类管理制度的具体内容

（一）检察人员分类方式

通过前面阐述分类管理制度改革的阶段以及经验总结，著者认为应遵循司法规律和检察工作的特点，建立科学的检察人员分类管理制度，首先要对检察人员的职位进行分类。为此，应当着重考虑为完成各项检察工作所需的各类检察人员的岗位职责、工作性质、责任轻重、资格条件及其在检察活动中的地位和作用等因素，根据《检察官法》关于"检察官是行使国家检察权的官员"的规定，应当将是否行使检察权作为划分检察官与其他检察职位的基本标准。基于此，建议将检察人员分为以下几类：

第一类：检察官。检察官是依法行使国家检察权的检察机关在编人员。根据《检察官法》规定，检察官的职责是："对法律规定由人民检察院直接受理的刑事案件进行侦查；对刑事案件进行审查逮捕、审查起诉，代表国家进行公诉；开展公益诉讼工作；开展对刑事、民事、行政诉讼活动的监督工作；法律规定的其他职责。"为保障检察官依法履行职责，《检察官法》还规定检察官享有下列权利："履行检察官职责应当具有的职权和工作条件；非因法定事由、非经法定程序，不被调离、免职、降职、辞退或者处分；履行检察官职责应当享有的职业保障和福利待遇；人身、财产和住所安全受法律保护；提出申诉或者控告；法律规定的其他权利。"现行的检察官的职务包括：检察长、副检察长、检察委员会委员、检察员和助理检察员。

在司法体制改革中，完善检察官制度的重要内容是：明确划分检察官与非检察官的职责界限，合理确定检察官编制或员额。由此引出的两个问题是：

1. 检察官是否可以兼任行政事务岗位？

过去，很多具有检察官职务的人并不从事检察业务工作，或者说不从事检察业务工作的人也被任命为检察官，这是检察官与其他检察人员混编混岗的一个突出表现。那么改革以后，检察官是否可以担任非检察官职责范围内的职务？按检察业务与司法行政事务相分离的原则，首先应当将承担检察业务工作的职位与承担行政管理、综合管理、后勤保障的职位分开，对此已经形成共识。但是，关于检察官是否可以担任检察行政方面的职务，却是一个存在认识分歧的问题。有的学者认为，检察官可以兼任某些司法行政工作，但司法行政人员不能被任命为检察官，也不能从事检察官的工作。另一种观点认为，作为行使检察权主体的检察官的工作内容应当受到严格的限制，这样既可以保障检察官集中精力履行检察职责，又能够给检察行政人员提供较为宽阔的晋升阶梯。从保障检察机关依法履行职责的角度看，检察业务管理工作，即检察机关办理案件的组织、指挥工作等，应当由检察官承担。但是，检察官过多地承担检察机关行政工作，既不符合检察业务工作与检察行政相分离的原则，也不利于解决目前存在的检察官与其他检察人员混编混岗的问题。与检察机关行使检察权密切相关的职位，必须由检察官担任的，应当作出统一规定。

2. 助理检察员应否继续作为检察官设置？

一种观点认为，由于我国特定的历史原因，在目前情况下，很多检察助理的业务水平高于检察员，只是因为资历较浅或者行政职级未达到要求才没有被任命为检察员。如果将助理检察员排除在检察官职位之外，不利于检察官素质的提高。另一种观点认为，助理检察员应当是协助检察官履行职责的职位，即检察官助理，《检察官法》将其列入检察官序列是不恰当的。因此，应当取消助理检察员职位，改为检察官助理职位。司法体制改革中应当取消检察官任职条件与行政职级挂钩甚至取消行政职级的规定，比较优秀的助理检察员完全可以依法定程序被任命为检察员。著者认为，检察人员分类改革既要考虑到检察人员素质的现状，也要考虑到将来检察人员素质提高之后的管理体制。取消助理检察员职位，有利于更进一步明确各类检察人员之间的分工。建议修改检察官法，取消助理检察员作为检察官的身份。

综上所述，检察官应由符合法律规定条件的人员通过竞争，经过法定程序出任。检察官（除检察长外）不应有行政职务，应只负责领导办案组具体办案，为增加检察官内部的相对独立性，只能由检察长宏观指导调控办案组，检察官指挥办案组人员，最大限度地减少行政干预的可能性。同时，取消助理检察员作为检察官的身份。检察官人数占检察人员总数的30%左右，应该本着"宁缺毋滥"的原则，严格把好检察官的"人口关"，采取"员额制"等方式保持检察官数量恒定。

第二类：检察辅助人员。检察辅助人员是指在各级检察院中依法协助检察官履行检察职责，在检察官的指挥之下从事辅助性工作，保障检察活动有序开展的人员。检察辅助人员包括检察官助理、书记员、司法警察和检察技术人员。至于任职资格，除了应当具有国籍条件和身体素质条件外，还应当有专业知识及学历限制，如要求他们具备履行辅助工作的相关专业知识和专业技能，具备相关专业学士及以上学位，通过国家专门的任职资格考试，并由各级检察院检察长依法任免。按照检察官的职权，一个刑事案件从开始侦查（检察院自侦案件）、起诉、审判和直至执行，都有检察官的参与，检察官可以说是刑事诉讼程序的唯一全程参与者。除此之外，检察官还需要参与非刑事业务，如国家赔偿和被害人补偿等民事求偿工作。如此繁重的工作自我国检察制度重建实施以来，一直是由检察官一人独撑大局，相较于多数外国检察机关设有检察事务官以协助检察官办案的政策，我国检察官显得过于"全能"。因此，长期以来检察官们不断呼吁要增加辅助人员特别是检察助理协助办案，减轻办案负荷。尽管从目前来看，检察官与书记员等辅助人员的工资待遇相差不大，但是一旦实施分类管理，因为职务的不同、保障及待遇的不同，人力使用成本就会有极大的差别。因此，即使是从减少检察官的员额编制，控制检察院成本支出的角度出发，也必须给检察官搭配充足的辅助人力，检察事务官（检察官助理）的比例应占检察人员总数的40%左右，以确保检察官顺利完成检察权的行使。

1. 检察官助理

在检察官指挥下，检察官助理有权处理下列事务：一是在检察院自侦案件的侦查过程中实施搜查、扣押、勘验，或执行拘传、逮捕；二是询问告诉人、告发人、被告人、证人或鉴定人；三是协助检察官实施《检察官法》规定的职权。检察官助理的职权应当明确规定于未来的《人民检察院组织法》中，除了不能像检察官那样独立行使职权办案以外，其职权范围应当与检察官相同，并且隶属于各级检察院，直接听从检察官的指挥。未来检察官助理不仅可以独立完成大部分简易案件的证据收集以及各类文书的草拟，而且可以协助检察官对复杂案件做好先期的证据收集以及分析，甚至可以协助检察官做好出庭公诉前的准备工作，成为检察官最重要和最得力的办案助手。从而使得检察官不必事必躬亲，只需集中精力做好最核心的工作（如侦查策略布局以及法律问题的分析等）即可。检察官助理一职的增设，不仅会大大减轻检察官的工作负荷，而且可以提高办案质量和效率，对检察制度的建设无疑具有突破性的推动作用。

2. 书记员

书记员是负责记录办案过程、整理案件卷宗、制作法律文书、起草有关文件，并协助检察官工作的检察辅助人员。书记员不能直接行使检察权，而是配合并协助检察官完成工作。同时，书记员又是一种相对独立的辅助性职务设置，承担着不同于检察官职能的专门职能。在过去的实践中，书记员实际上是一种过渡性法律职务，被视为晋升为助理检察员和检察员的台阶，绝大多数书记员经过一段时间的工作即可被任命为检察官。书记员队伍没有等级区分和独立的晋升渠道，这种将书记员作为"预备检察官"的做法为国家培养了大批的合格检察官，但也造成了书记员队伍的不稳定性，也与国外法院、检察院的书记员为独立的职务序列，书记员可以担任非业务机构领导职务等较为普遍的做法有所区别，在检察官助理职位中，是否设置检察书记员岗位，是一个存在认识分歧的问题。一种观点认为，书记员是检察机关中非常重要的一类职位，他们的职责完全可以由检察官助理来承担。另一种观点认为，书记员是检察机关中非常重要的一类职业，他们的职责绝不仅仅是简单的记录，需要由掌握专门技能的人员来承担与固定证据相关的记录等工作。

著者认为，书记员在检察机关查办和审查案件过程中承担的记录任务实际上具有获取和固定证据的功能，由具有相应专业技能的人员来担任，更有利于保障检察机关依法履行职责。故应改革我国的书记员制度，建立独立的职务序列；明确书记员职责范围；明确书记员任职资格，规范书记员的任免和晋升程序等。从书记员岗位的基本职责来看，对书记员作专门的任职要求是必要的。为了保证书记员工作的质量，有必要合理设计书记员的职业发展渠道。一是书记员在通过国家统一司法考试，积累了法定的法律工作经验，符合检察官任职条件以后，在检察官缺额的情况下，依照法定程序可以任命为检察官；二是适当拓宽书记员在其职务序列内的发展空间。考虑到我国的官制不宜过分复杂，可以将书记员作为检察公务员参照行政机关公务员进行管理，可以适当调整检察公务员的配备规格，书记员对检察官负责，按部门进行分散管理。

3. 检察技术人员

检察技术人员，是指检察机关中运用专业知识和专门技能为检察工作提供技术支持的人员。其主要职责是辅助侦查，配合审查案件、检验、鉴定，解决案件中的专门性问题。设置检察技术人员，是检察机关履行职责的需要，尤其是面对现代科学技术的进步以及犯罪技能的发展变化，对检察工作技术含量的要求越来越高。在检察机关中设置技术人员，是各国普遍的做法。检察技术人员对于检察官是一种辅助关系，因此须接受检察官和有关上司的指挥。如《日本检察厅法》第二十八条规定："检察厅设置检察技术官。""检察技术官受检察官指挥，掌理技术。"《韩国检察厅法》第四十条规定："检察厅可以设翻译及担任技术部门业务的公务员。"《西班牙检察部组织章程》第七十一条规定："检察机关配备一定数量的技术人员和其他人员，他们归相应的检察长领导，并在不影响其他机关行使职权的情况下从事本职工作。"为了适应新形势下检察技术工作的需要，应当完善检察技术人员管理制度，检察技术人员按照公务员专业技术类职务晋升。为发挥专业技术的整体优势，在检察机关内部实行集中统一管理，在检察业务活动中根据检察官的指令开展工作，对事实负责。

4. 司法警察

《人民检察院组织法》规定："各级人民检察院根据需要可以设立司法警察。"根据最高人民检察院《人民检察院司法警察执行职务规则（试行）》规定，人民检察院司法警察的职责是："保护人民检察院直接立案侦查案件的犯罪现场；执行传唤任务；执行拘传任务；执行指定居所监视居住任务；执行拘留、逮捕任务；协助追捕在逃或者脱逃的犯罪嫌疑人；执行参与搜查任务；提押犯罪嫌疑人、被告人或者罪犯；看管犯罪嫌疑人、被告人或者罪犯；送达有关法律文书；保护出席法庭、临场监督执行死刑检察人员安全；协助维护检察机关接待群众来访场所的秩序和安全，参与处置突发事件任务。"实践证明，将人民检察院司法警察作为人民警察的警种之一，按照警察的职务序列进行管理，是符合我国实际的。司法警察在检察权行使过程中处于辅助地位，因此其职级层次的配置应相对低于检察官。但是，过去检察机关司法警察的职级配备相对较低。实行分类管理后，可以考虑将司法警察最高职级适当上调，实行编队统一管理，在检察业务活动中司法警察服从检察官指挥。①

第三类：检察行政人员。检察行政人员是检察机关从事政工监察、后勤保障等行政事务管理的检察人员。包括从事人事、财务、装备、政工以及综合行政事务管理的人员。检察行政人员是检察机关工作人员，但不行使检察权。他们的工作为检察机关履行法律监督职能服务，但不直接辅助检察官工作，也不参与检察机关的业务活动，因而不同于检察辅助人员，在有些国家根据这些人员工作性质及特点，实行了既区别于检察官，又区别于普通国家机关行政人员的管理制度。如日本、韩国等国的检察事务官制度。日本将检察官的辅佐官员确定为检察事务官，将其作为一个专门职务序列进行管理。其本身分为两类，一类是从事检察业务活动的辅佐官员，另一类从事检察行政事务及检察官业务以外的事务。后一类人员相当于我国检察机关从事司法行政的主要人员。有的学者认为，日本的检察事务官制度，是各国检察机关处理检察辅助工作及司法行政事务中一种比较典型、比较合理且功效较为显著的制度，对我国有相当的借鉴价值。②

有的学者认为，不能套用检察官的任职资格和管理办法来管理检察行政

① 马楠：《检察人员分类管理制度研究》，见张智辉、谢鹏程主编：《中国检察》，北京：中国检察出版社2003年版，第637页。
② 龙宗智：《检察制度教程》，北京：法律出版社2002年版，第335页。

人员。① 还有的学者提出，检察行政人员具有自身独特的工作职能、工作规律、专长要求和发展空间，应予以单列，其职级参照行政机关设置，其待遇比照检察官执行。② 著者认为，检察行政人员的特点与检察官职业特点并不相同。相比之下，检察行政人员与行政机关公务员的岗位更为近似，因此，对这些人员，可以按照公务员的标准录用、管理，即参照《公务员法》管理。而且，行政人员适用范围较广，凡无法归到其他类别的人员都可归入检察行政人员之列。检察行政人员应占检察人员总数的30%左右。

（二）检察官履行职权模式

人员分类管理的最终目的是公正，有效地履行检察职权。为了遵循司法职权行使的客观规律，维护司法公正，有效行使检察职权，应该重新配置检察权，做出相应的机构调整。其中，检察官组织结构是：

1. 检察长。检察长代表本级检察院行使最高级别的检察权，领导各部门开展业务工作，审批法律文书等，对具体业务工作如果与检察官的观点不一致，有权提交检察委员会讨论。为保证其全面了解业务工作情况，应配置一至两名具有检察官身份的检察长助理协助其工作，每名检察长助理应配备辅助人员协助其办理事务性的工作。

2. 检察委员会。为了保证检察职权得到正确行使，检察委员会作为业务上的审查机构，应该常设，其人员尽量不兼职。检察委员会由检察长、具有检察官身份的检察长助理、从各业务部门选拔上来的一定数量的检察官组成。检察委员会在业务上有最高决定权，讨论由检察长决定或者各业务部门检察官建议、检察长决定交由检委会讨论的各类业务问题。检察委员会的检察官们还应该承担在宏观和综合性领域的调研任务以及本院检察官职业教育培训职责。为使检察委员会更好地履行职责，应成立检察委员会办公室承担日常事务性的工作。

---

① 龙宗智：《检察制度教程》，北京：法律出版社2002年版，第335页。
② 张建国：《检察人员职位分类改革问题研究》，见张智辉、谢鹏程主编：《中国检察》，北京：中国检察出版社2003年版，第650页。

3. 各业务部门的办案组。按照检察权的内容，相应成立控告申诉检察部门、职务犯罪检察部门和诉讼监督检察部门，在各部门建立以检察官为中心的办案组，办案组一般由一名检察官领导，根据职权内容灵活配备检察事务官，成员相对固定。检察员指挥办案组工作，对日常工作独立作出决定，对一些重点案件诸如决定不诉案件、抗诉案件等，检察官形成办案意见后，交由检察长审批；检察官认为情况复杂的案件和其他特殊案件，可以向检察长申请交由检察委员会讨论决议。检察长助理根据检察长的部署指导各业务部门的办案工作，省略中层领导对案件的审批环节，提高办案效率。

（三）辅助部门和人员运行模式

不行使检察权的部门和人员是辅助部门和辅助人员，他们的工作目标是为业务部门履行职权提供优良的工作环境和物质条件。其运行模式构想如下：

1. 检察行政人员

分类管理改革应该以检察官为中心，但改革能否成功在于检察行政人员职责安排得妥当与否。长期以来，正是检察官与检察行政干部的混岗混用，才造成如前所述在检察机关运行体制上的诸多弊端。为了有效区别检察官与检察行政人员，考虑在运行模式上作如下变动：检察长仍然是本级人民检察院的最高行政首长，为便于检察长行使行政管理职权，应配备一至两名不具检察官身份的检察长助理协助检察长做行政管理工作。新设立检察行政事务部门，与现有的政治部分别管理检察机关财物装备、公关宣传、信息统计以及纪检监察、干部人事、党群工妇工作。两个部门套用行政管理模式，下设若干科室部门，分别负责相关工作。为便于行政管理部门与业务部门沟通信息，强化对业务部门的服务，应在各业务部门也分别设立一名行政官员，负责本部门检察官、书记员、法警等人员的行政管理、协调、后勤保障等工作，不参与办案业务。

2. 检察事务官

考虑到检察事务官一般安排到具体业务部门，所以不设立独立的管理机构，只是在行政事务部门下设相应的管理办公室。

（四）各类检察人员待遇标准及晋升通道

检察人员分类管理后，应该提供各类别人员与其工作性质相适应的待遇和发展空间，这样才有利于检察队伍的稳定和检察业务的纵深发展。

1. 检察官

《检察官法》规定检察官分为四等十二级，为突出检察官的身份特色，体现其职业优越感，应该将四等十二级的检察官职级与工资级别体系相关联，单独适用于检察官，除检察长有名义上的行政级别以外，所有检察官主要以其等级确定工资标准。检察官级别的晋升主要考察资历和业绩，开放除"首席大检察官"以外的所有检察官等级给符合条件的检察官，同一等的检察官职级按资历年限和正常的履职表现晋升，不同等的检察官职级晋升（如从检察官晋升到高级检察官）除考虑资历年限和业绩外，也应引入有限度的竞争机制，尽量体现待遇和能力的对应关系。

2. 检察行政人员

检察行政人员一律套用公务员工资待遇以及职位晋升体系（其中检察长可任选司法或行政级别），工资级别分科级（主任科员）、处级（调研员）或厅级（巡视员）等，内部职务晋升分科长、处长直至检察长（行政）助理等。检察行政人员一般不向检察官流动，如果本人愿意，又符合法律规定的检察官任职条件，可以通过平等竞争进入检察官序列，但其行政级别不与检察官级别挂钩。

3. 检察事务官

其中助理检察官为检察官的后备梯队，一般从具有法律职业资格的人员中选聘，并可规定担任检察官之前必须有若干年助理检察官的从业经历，助理检察官在成为检察官之前，其待遇可参照检察行政人员的标准来确定。书记员和法警的晋升和工资待遇，可以参照法院书记员以及人民警察的标准执行。为赋予书记员和法警岗位合理的发展前景，调动二者的工作积极性，应考虑建立起法警、书记员和检察行政人员之间的职务通道。法警、书记员到一定年龄时，可能就难以胜任其工作要求了，但是他们熟悉检察事务性工作，并有长期的检察院从业经历，初步具备成为一名合格的检察行政人员的条件，可以规定从事法警或书记员工作若干年以后，在符合法律规定的条件下，可以经考试转为公务员，从事检察行政管理工作。法警与书记员之间，也可以建立合理的流动通道。考虑到政法工作的特殊性，这种措施有利于维护检察队伍的稳定，更好地行使检察职权。当然，情况需要时，检察行政岗位也可以直接对外招录人员。由于国家对专业技术人员的管理已经有比较成熟的做法，检察业务中涉及的专业技术人员管理可以借用，如按照各类专业技术人员的职称、考核、晋升办法进行管理，享受相应的工资待遇。

（五）检察人员分类管理改革的现实瓶颈

1. 如何做到不同类别的人员在培训、工资福利等方面的"一碗水端平"

根据 2013 年 3 月 1 日，中共中央组织部、最高人民检察院联合印发的《分类管理制度改革意见》，检察人员分为三类：（1）检察官，包括检察长、副检察长、检察委员会委员等；（2）检察辅助人员是协助检察官履行检察职责的工作人员。包括检察官助理、书记员、司法警察、检察技术人员等。（3）司法行政人员是从事行政管理事务的工作人员，基本职责是负责各级人民检察院政工党务、行政事务、后勤管理等工作。同时，其也对三类人员的员额比例、职务序列和职数、工资福利分别归类，但是，该文件没有解决的最大问题就是，何种人员来当检察长？是否三类人员都具有可以发展为检察长的前景？如果由不办案的司法行政人员晋升为检察长，明显违背了检察长一般都是专业素养较好的人员这一各国通行惯例。如果只有检察官可以升为检察长，其他人员没有晋升的潜力，那么其他人是否具有长期工作的动力？

2. 检察长与检察官的属性之争

检察长、副检察长属于法律职务还是行政职务？按照职位分类原理，检察官的职级晋升应该是由低到高的逐步提升，如五级检察官升为四级检察官，而非升为副检察长、检察长。从这个意义上讲，检察长、副检察长仍属于行政职级，而非法律职级。[①] 既然是行政职级的话，检察官的法律职级，

[①] 夏阳、卞朝永：《检察人员分类管理改革的实践与思考》，《人民检察》2013 年第 8 期，第 24－29 页。

发展到一定程度，是否会往行政级别上靠拢？如果靠拢的话，是否又回归了行政化管理？

3. 如何让不同专业背景的人能在工作中实现相近的专业要求

目前，检察院主要以通过公务员考试招录普通高校毕业生、其他党政机关人员交流学习、少部分退伍军人进驻检察院三种途径来招录工作人员，大部分属于第一种情形。但第一种情形主要是按照普通公务员录用标准和程序进行的，而普通公务员考试内容对应考人员是否适合从事检察工作起不到检验作用，如果分类管理就势必要在招录中做出人才专业上的区分。但是，今后不同专业背景的人同时进入检察院之后，如何在内部管理上实现围绕法律的统一管理？检察辅助人员、司法行政人员可能是法律知识不够丰富，在这种情况下，如何辅助检察官办案？如果懂得法律知识，谁又甘心做辅助人员，毕竟做辅助人员，未来的发展前景肯定不如检察官。因此，不同专业背景的人能否在工作中实现相近的专业要求，有相同专业背景的人谁愿意做不同类别的业务，始终是一个悖论。

在实践中，我国部分检察院也将检察技术人员作为单独序列加以管理，如上海市浦东新区人民检察院，但还有一部分检察院将检察技术人员纳入检察事务官加以管理。实际上，从职位分类的角度讲，将检察技术人员单独序列管理并无必要。因为分类管理的前提在于职位分类，目前检察工作职位主要可以分为直接行使检察权的职位、辅助行使检察权的职位和司法行政类的职位，由此来看，检察技术职位作为以服务、保障办案为内容的职位必然属于辅助行使检察权的职位，不能直接作出各种决定。当然，检察技术人员不同于一般的检察辅助人员，对于其招录和退出、培训和考核、升降和奖惩等人事管理环节也应区别于一般的检察辅助人员，可参考公务员管理中专业技术人员的管理方法进行。

4. 人员分类与案件管理

在人员分类改革试点中，部分检察机关在强调检察官独立办案并直接向检察长负责的同时，为加强检察机关内部的监督制约，确保案件质量，也十分注重案件管理工作。昆山市人民检察院坚持以人员分类为基础推进案件集

125

中管理的思想，先后成立了内务管理中心、文印事务中心、内卷管理中心、案件质量督察中心、案件流程检查中心、统计分析中心，并通过信息化平台，合理调配资源，促进案件监督管理。实际上，在实现人员分类的同时，确需强化案件管理工作，理由有四点：一是可以确保检察官的办案质量；二是可以强化检察长对检察官办案的指导；三是可以提高检察官的办案效率；四是可以综合反映检察权运行的状态和效果。但在加强案件管理的同时，也要防止出现"事务官管检察官"的现象，应将案件管理部门定位为业务部门，并遴选一些经验丰富、有权威的检察官从事案件管理工作。

检察人员分类改革工作是一项十分艰巨的任务，它牵涉方方面面的工作，影响每一个检察人员的切身利益，需要大胆尝试、小心求证。既需要壮士断腕的决心，也需要科学严谨的态度。从长远看，检察人员分类制度改革需要与检察机关内设机构改革、主任检察官制度改革通盘考虑，需要打通上述三项改革之间的壁垒。

古希腊先哲苏格拉底在描述其"正义"社会的实现时指出，有三件事是必须认清楚的：一是每个人在从事工作上具有不同的资质；二是每种工作对人的资质要求也是不同的；三是要将合适的人安排到最适合他的工作上，即人与工作要契合，这样才能实现社会效益的最大化。将此观点与检察工作相结合可以发现，不是任何人都适合做检察官这项工作的，检察官这项工作也不是任何人都可以做的；适合做且能够做的被称为检察官，而那些不适合、不能够做检察官的人，就应当去其他的岗位，做其他的事情，当然也应当遵行其他的管理模式，这些人可能成为检察官助理、书记员、司法警察和综合管理人员等。

第八章

检察机关的侦查制度

一、检察机关侦查案件的范围

侦查，是指依法享有侦查权的机关为查明案件事实、揭露和证实犯罪，依法进行的专门调查工作、收集证据活动及有关的强制性措施。按照《宪法》《人民检察院组织法》及《中华人民共和国刑事诉讼法》等有关规定，我国行使侦查权的部门包括公安机关、检察机关、国家安全机关、监狱的狱内侦查机关、军队保卫部门和海关缉私部门。随着 2018 年监察体制改革，虽将检察机关贪污腐败案件的侦查权转移至监察机关，但为更好地保障检察机关法律监督主体的地位，仍保留了其部分侦查权。在监察体制改革的时代语境之下，检察机关应该以服务法律监督职能为根本宗旨，以补充侦查权为基石，以直接侦查权为支点，以机动侦查权为抓手，理解好、建构好、运用好新检察侦查权。

（一）现行立法规定我国检察机关享有侦查权的案件范围

根据我国刑事诉讼法的规定，检察机关可行使侦查权的案件范围主要分为以下三类：

1. 直接立案侦查的案件范围

《中华人民共和国刑事诉讼法》第十九条以及《人民检察院刑事诉讼规则》（以下简称《刑诉规则》）第十三条均明确规定了刑事案件的侦查由公安机关进行，法律另有规定的除外。人民检察院在对诉讼活动实行法律监督中发现的司法工作人员利用职权实施的非法拘禁、刑讯逼供、非法搜查等侵犯公民权利、损害司法公正的犯罪，可以由人民检察院立案侦查。对于公安机关管辖的国家机关工作人员利用职权实施的重大犯罪案件，需要由人民检察院直接受理的，经省级以上人民检察院决定，可以由人民检察院立案侦查。

从上述法条不难看出，2018 年修正的《中华人民共和国刑事诉讼法》将检察机关对贪污贿赂犯罪的侦查权删除了，同时 2018 年出台的《中华人民共和国监察法》（以下简称《监察法》）第十一条规定了监察委员会对国家公职人员涉嫌的贪污受贿、滥用职权等职务犯罪进行调查。因此，检察机关直接立案侦查的案件范围在很大程度上缩小了，但检察机关仍保留的部分直接侦查权却能更好地发挥检察机关法律监督职能。为使检察机关能够充分行使直接立案侦查权，最高人民检察院在 2018 年 11 月 1 日印发《关于人民检察院立案侦查司法工作人员相关职务犯罪案件若干问题的规定》（以下简称《规定》）以明确检察机关直接行使立案侦查权的具体案件管辖范围——人民检察院在对诉讼活动实行法律监督中，发现司法工作人员涉嫌利用职权犯非法拘禁罪、非法搜查罪、刑讯逼供罪、虐待被监管人罪、滥用职权罪、玩忽职守罪、徇私枉法罪等 14 款罪名时，检察机关有权立案侦查。

2. 机动立案侦查的案件范围

根据《中华人民共和国刑事诉讼法》的有关规定，检察机关可以基于法律监督机关的地位、刑事案件的性质及其社会影响程度等，对于公安机关管辖的国家机关工作人员利用职权实施的重大犯罪案件认为有必要管辖的，可以立案侦查。机动侦查权让检察机关可以在法定情形下对独占侦查权的案件范围之外的案件行使侦查权，一定程度上体现了检察机关作为国家公诉机关的实施法律监督的职能和追诉犯罪的职责，使得检察机关可以介入重大案件的侦查过程。但是，目前在实践中，由于对案件范围及立案程序的严格限制，检察机关几乎很少对法律规定的享有侦查权的范围以外的案件立案侦查。

3. 补充侦查的案件范围

在 2018 年《中华人民共和国刑事诉讼法》修正之前，补充侦查的含义仅仅是指公安机关或者检察机关依照法定的程序和时限，在原有侦查工作的基础上，对案件中的部分事实情况开展进一步调查、补充证据的一种诉讼活动。而随着 2018 年监察体制改革以及《中华人民共和国刑事诉讼法》的修正，补充侦查的含义有了进一步扩大，即检察机关对于公安机关和监察委员会经侦查、调查的案件，检察机关认为案件在事实不清、证据不足的情况下需要补充核实时，在必要时可以对案件自行进行补充侦查的活动。检察机关的补充侦查权主要包括两种：第一，对于监察委员会负责调查的案件的补充侦查权，即《中华人民共和国刑事诉讼法》第一百七十条第一款规定：人民检察院对于监察机关移送起诉的案件，依照本法和监察法的有关规定进行审查。人民检察院经审查，认为需要补充核实的，应当退回监察机关补充调查，必要时可以自行补充侦查。第二，对于公安机关负责侦查的案件的补充侦查权。第二种补充侦查行为在监察体制改革前后并没有任何变动，是检察机关一直都享有的权力。对于监察委员会负责调查的案件的补充侦查权是在检察体制改革后新出现的补充侦查权力。

《中华人民共和国刑事诉讼法》第一百七十五条规定了人民检察院在审查案件时，对于需要补充侦查的，可以退回公安机关补充侦查，也可以自行侦查。《刑诉规则》第三百四十二条到三百四十六条对上述补充侦查的内容做了更为详细的规定；《中华人民共和国刑事诉讼法》第二百零四条第二款也明确了检察人员在法庭审判过程中可以依据法定程序进行补充侦查。因此，人民检察院对公安机关以及监察机关立案侦查、调查的刑事案件，在审查起诉与法庭审判阶段，如果认为案件事实不清、证据不足，或有遗漏罪行或同案犯，需要补充侦查的，既可以退回公安机关或者监察机关进行补充侦查，也可以自行补充侦查。由此可见，所有普通刑事案件都是检察机关补充侦查的案件范围。

（二）英美法系和大陆法系国家关于检察机关侦查权和侦查案件范围的规定

1. 英美法系国家关于检察机关侦查权和侦查案件范围的规定

在英美法系国家，根据法律的规定，检察机关或检察官主要享有以下三类侦查权：一是检察机关或检察官独立的侦查权，即检察机关享有的对特定范围案件（主要是指职务犯罪案件）直接、独立侦查的权力。例如在英国，绝大多数刑事案件的侦查权由司法警察行使，但检察机关可以对少数重大的刑事案件进行侦查，其案件范围包括：由政府各部提交起诉的案件；可能判处极刑的案件；检察官认为需要由自己提起公诉的案件等。在美国，检察机关也对特定案件享有独立的侦查权，根据美国相关法律规定，由检察机关直接侦查的案件主要包括：特别重大的贪污案、警察腐败、行贿受贿案、白领犯罪、智能犯罪等；由美国联邦最高法院任命的特别检察官直接立案侦查的案件有包括总统、副总统在内的国家高级官员的犯罪案件等。二是建议侦查权，即检察官为了有效地进行诉讼，有权对警察的侦查活动提出建议，以确保警察能够收集到确实、充分的证据。三是补充侦查权，即在侦查机关侦查案件终结，移送审查起诉后，如果检察机关认为证据不足不能提起公诉，可以根据案件情况，要求原侦查机关补充侦查或自行补充侦查。检察机关的这一权力在很多国家的刑事诉讼中都得到了确认。例如英国，虽然法律没有明文规定检察官有权补充侦查权，但是法律也没有禁止，而在实际司法实践中，也存在检察官在审查起诉时发现案件证据不足后自行补充侦查的情况；又如美国，检察官在审查起诉时，如果认为由警察侦查的刑事案件的犯罪证据不充分，可以对该案进行补充侦查。

2. 大陆法系国家关于检察机关侦查权侦查案件范围的规定

在大陆法系国家，根据相关法律规定，检察机关或检察官享有以下两类侦查权：一是自行侦查权。大陆法系国家一般都规定，检察机关原则上享有对所有犯罪案件的侦查权，警察机关等其他侦查机关只是检察机关的辅助机关，辅助完成对犯罪案件的侦查。也就是说，检察机关与其他侦查机关在法律上没有明确的侦查范围区分。例如《法国刑事诉讼法典》第四十一条第一款规定："共和国检察官应当进行或使人进行一切必要的行动，对触犯刑法的罪行进行追查和起诉。"又如《德国刑事诉讼法典》第一百六十一条明确规定："检察官可以要求所有公共机关部门提供情况，并且要么自行，要么通过警察机构部门及官员进行任何种类的侦查。"虽然大陆法系各国法律赋予了检察机关或检察官对所有犯罪案件的侦查权，但在实践中，大部分犯罪案件仍是由警察机关进行侦查的，检察机关或检察官只对重大的犯罪和职务犯罪案件直接进行侦查。二是指挥侦查权，即检察机关或检察官有权指挥警察的侦查行为。例如《法国刑事诉讼法典》第四十一条第一款和第二款规定："共和国检察官自己或使他人采取一切追查违法犯罪的行动。为此，他有权指挥所在法院管辖区范围内的司法警官和司法警察的一切活动。共和国检察官有权决定采取拘留的措施。"又如《德国刑事诉讼法典》第一百六十一条规定，为了查明犯罪事实，检察院有权要求警察机关及官员进行侦查，警察机关和官员有接受检察院委托的义务。再如《日本刑事诉讼法》第一百九十三条的规定，检察官对于司法警察职员享有指示、指挥的权力。

（三）完善加强检察侦查权的立法构想：扩大机动侦查权

机动侦查权是指人民检察院在履行法律监督的过程中，在特殊情况下依特殊程序对本院自侦案件范围以外的刑事案件决定自行立案侦查的权力。修正前的《中华人民共和国刑事诉讼法》第十三条第二款规定："贪污罪、侵犯公民民主权利罪、渎职罪以及人民检察院认为需要自己直接受理的其他案件，由人民检察院立案侦查和决定是否提起公诉。"这为检察机关机动侦查权提供了直接的法律依据，并广泛的运用于人民检察院实施法律监督的各个环节。不可否认的是，在以往的司法实践中，人民检察院灵活运用机动侦查权，有力地发挥了法律监督作用，维护了国家法律的统一正确实施。这一点尤其体现在立案监督上：当公安机关拒不立案，或虽立案但消极侦查时，检察机关的自行立案侦查，不仅使犯罪得到了及时惩处，同时，也往往能在侦查过程中，发现有关执法人员贪污、受贿、徇私枉法的职务犯罪证据，有力地保障了立案监督权的行使，维护了法律权威。然而，1979 年《中华人民共和国刑事诉讼法》的规定缺乏必要的程序上的限制，显得随意性过大，所以使该权力在司法实践中常常被滥用。

1996 年我国修订的《中华人民共和国刑事诉讼法》对机动侦查权作了重新规定。将侦查对象由普遍主体缩小为"国家机关工作人员"这一狭小范畴，在程序上，由自行决定立案限定为"省级以上人民检察院决定"，并且还必须满足"利用职权实施的重大犯罪案件"这一苛刻条件，机动侦查权才能够启动。在我国司法实践中，人民检察院在对公安机关实施立案监督而公安机关拒绝立案时，往往因为缺乏机动侦查权的后续保障而导致监督无力。事实上，从历年来最高人民检察院的工作报告来看，机动侦查权自1996年开始已名存实亡。2018年《监察法》的颁布与实施，将原属于检察机关自侦案件中的贪污、贿赂等犯罪的侦查权转移至监察机关，2018年《中华人民共和国刑事诉讼法》对检察机关的机动侦查权又进行了进一步缩小，即检察机关只能针对公安机关管辖的国家机关工作人员利用职权实施的重大犯罪启动机动侦查权，对于监察机关管辖的国家机关工作人员利用职权实施的重大犯罪并无机动侦查权，实则是进一步将检察机关的机动侦查权局限化了。著者认为为保障人民检察院法律监督职能的有效运行，未来《中华人民共和国刑事诉讼法》的修订有必要适度扩大人民检察院的机动侦查权。

二、检察机关侦查案件的机构

（一）我国检察机关侦查机构的有关问题

1. 我国检察机关侦查机构设置的现状

中华人民共和国成立之后，我国检察机关就被赋予了侦查权，其中最主要的就是职务犯罪侦查权。2012年《中华人民共和国刑事诉讼法》第十八条第二款规定了检察机关自侦案件范围有三类，即贪污贿赂案、国家工作人员的渎职案以及国家机关工作人员利用职权实施的非法拘禁、刑讯逼供、报复陷害、非法搜查的侵犯公民人身权利和民主权利的案件。随着2018年《监察法》的颁布，检察机关享有的侦查权受到了很大的限制，2018年修正的《中华人民共和国刑事诉讼法》第十九条第二款明确了现阶段随着监察机关的确立，检察机关自侦案件的范围为人民检察院在对诉讼活动实行法律监督中发现的司法工作人员利用职权实施的非法拘禁、刑讯逼供、非法搜查等侵犯公民权利、损害司法公正的案件。

著者认为，其一，现阶段检察机关所保留下来的侦查权均是为了更好地实现检察机关作为法律监督机关的作用；其二，《中华人民共和国刑事诉讼法》更强调检察机关可对在诉讼监督中发现的司法工作人员利用职权实施的侵犯公民权利、损害司法公正的犯罪进行立案侦查活动，这一活动本身就是检察机关对诉讼活动行使法律监督权的重要组成部分，这也是查办职务犯罪职能整体转移至监察委员会后，仍然给检察机关保留部分侦查权的原因。因此，不应将侦查权与诉讼监督权完全分离。在检察机关内部，应当由不同的内设机构行使抗诉职权以及侦查职权，不能由一个机构既负责抗诉工作又负责侦查工作。根据最高人民检察院《人民检察院民事诉讼监督规则（试行）》第一百一十三条规定："民事检察部门在履行职责过程中，发现涉嫌犯罪的行为，应当及时将犯罪线索及相关材料移送本院相关职能部门。人民检察院相关职能部门在办案工作中，发现人民法院审判人员、执行人员有贪污贿赂、徇私舞弊、枉法裁判等违法行为，可能导致原判决、裁定错误的，应当及时向民事检察部门通报。"最高人民检察院《人民检察院行政诉讼监督规则（试行）》第三十五条规定："人民检察院行政检察部门在履行职责过程中，发现违法违纪或者涉嫌犯罪线索，应当及时将相关材料移送有关职能部门。人民检察院相关职能部门在办案工作中发现人民法院行政审判人员、执行人员有贪污受贿、徇私舞弊、枉法裁判等违法行为，可能导致原判决、裁定错误的，应当及时将相关材料移送行政检察部门。"根据上述规定，民事检察部门与行政检察部门是负责抗诉职能的部门，不能由该两部门行使立案侦查权。综合考虑现阶段检察机关内设机构的设置与分工情况，最高人民检察院印发《关于人民检察院立案侦查司法工作人员相关职务犯罪案件若干问题的规定》中明确指出由刑事检察业务部门行使侦查权。

2. 我国检察机关侦查机构的性质

依据《宪法》《人民检察院组织法》的明确规定，人民检察院是国家的法律监督机关，依法独立行使检察权，不受行政机关、社会团体和个人的干涉。三大诉讼法及《刑诉规则》则具体规定了人民检察院在刑事、民事、行政诉讼中的法律监督权。因此，法律监督权是我国检察机关权力的根本性质。具体来说，我国检察侦查权的法律监督性质，主要体现在以下三个方面：第一，我国实行人民代表大会制度，在该制度下，设立五个机关，即行政机关、审判机关、检察机关、监察机关和军事机关，分别行使国家的行政权、审判权、法律监督权、监察权和军事权。检察机关作为法律监督机关，其所行使的一切权力只能属于法律监督权。第二，在诉讼职能方面，我国检察机关对诉讼活动实行法律监督中发现的司法工作人员利用职权实施的非法拘禁、刑讯逼供、非法搜查等侵犯公民权利、损害司法公正的犯罪，可以行使自侦权进行侦查。检察机关针对上述犯罪行为行使侦查权，实则也是检察机关在行使法律监督权时产生的权力。检察机关对诉讼活动进行法律监督，从而获得了对在监督过程中发现的司法工作人员的相应犯罪行为行使侦查的权利。检察机关的这些监督职能决定了检察侦查权的法律监督属性。第三，我国检察侦查权有其独特的属性，假如以西方三权分立理论来分析，那么我国的检察侦查权既具有司法权的属性，也具有行政权的特征。我国检察侦查权的这种司法性和行政性的有机结合，就构成了法律监督权所特有的属性，使它既不同于行政权，又不同于司法权，而成为我国国家权力分类中的一种独立的权力。

3. 我国检察机关侦查机构职责和权力设置的不合理之处

检察机关有权采取的侦查措施。按照《中华人民共和国刑事诉讼法》的规定，检察机关在侦查过程中，在理论上可以采用法律规定的、与公安机关并无差别的所有侦查措施。但是需注意的是，在2013年1月1日之前，检察机关在职务犯罪侦查中既无技术侦查措施的决定权，即需要经过公安机关批准，也无技术侦查措施的实施权，即需要由公安机关实施；而在2013年1月1日之后，根据2012年修正的《中华人民共和国刑事诉讼法》的规定，检察机关在职务犯罪侦查中虽然获得了技术侦查措施的决定权（不再需要经过公安机关批准，检察机关可以自行决定），但是仍然无技术侦查措施的实施权（技术侦查还是必须交由公安机关来实施）。2018年《中华人民共和国刑事诉讼法》的修正也并未将技术侦查的实施权赋予检察机关，仍保留着2012年《中华人民共和国刑事诉讼法》的相关规定。

对检察机关的侦查活动中缺少中立的第三方的监督制约。如上文所述，我国检察机关对自侦案件行使侦查权的过程中可以采取广泛的侦查措施，包括限制或剥夺犯罪嫌疑人的人身自由及其财产的权利。而纵观国际通行的刑事诉讼实践，当需要对公民进行临时限制或剥夺人身自由或者需要采取搜查、扣押、羁押、监听等侦查措施时，必须事先向中立的法官提出申请，由法官来决定是否批准；对于法定紧急情况下的无证逮捕、搜查、扣押等强制处分行为，应在事后立即提交给中立的法官，由法官予以审查，以防止侦查机关对权力的滥用以及对公民权利的肆意侵犯，这正是审判中心主义的内涵体现。但是在我国，由于检察机关是法定法律监督机关，同时其拥有在行使法律监督权时对司法工作人员实施的非法拘禁等犯罪的案件的侦查权，所以在司法实践中，对检察机关在进行犯罪侦查时采取的限制或剥夺犯罪嫌疑人人身自由及其财产权利的侦查措施，仅仅是通过检察机关内部的分工来进行监督和制约，缺乏中立的司法审查机制，这显然是存在缺陷的。

（二）我国检察监督制度的历史演变

我国的检察制度最早起源于古代御史制度。秦始皇统一六国之后，设立御史一职，掌管建言和纠察之职，御史大夫位列三公，是中央政权的重要组成部分。自秦之后，御史制度历经了御史台、都察院等不同形式，但其作为"天子耳目"，"整肃吏治""纠察百司""督司百僚"的职能却在数百年的封建历史中得以延续，显示了极强的生命力。在新民主主义革命胜利之后，这一传统与列宁的法律监督思想得到了有机的融合。列宁的法律监督理论认为：社会主义经济建设和发展，离不开法制的统一，为此，有必要设立专门的法律监督机关，对刑事、民事、行政违法行为实行全面监督。在此，列宁第一次详尽阐述了"检察权"的概念，阐明了社会主义检察权的本质就是法律监督权。这一概念除了对刑事、民事法律监督的阐述外，尤其强调了对行政机关违法行为的监督。列宁认为：国家机关和公职人员的执法、守法，对于建立统一的社会主义法制，对于一般公民的遵纪守法，对于法制建设乃至整个精神文明建设都具有决定性意义，影响巨大。这一思想正因与我国御史制度有更多的亲和性而在中国得到了承继，以对公职人员实施法律监督为核心的检察侦查权也因之成为检察机关法律监督权的重要组成部分，在维护国家法制统一方面发挥了不可替代的作用。

（三）其他国家检察机关侦查机构的设置现状

英国、美国、意大利、日本等国家检察侦查权行使主体设置为检察官，即检察侦查权由检察机关的检察官行使，其他人员无权行使。在英国，相关法律规定，对某些案件的侦查权，由检察长或检察官行使。每个检察官都享有检察长关于进行侦查活动的一切权力，只是在行使权力时应当服从检察长的指导。可见，检察官和检察长是检察侦查权行使的主体。美国在刑事诉讼中实行当事人主义，国家权力由个人行使，因而其检察侦查权也是由检察官来行使的。

在意大利，检察侦查权由检察官行使，即检察官对特定案件可以进行侦查。在侦查过程中，检察官有询问证人、勘验、检查、讯问被逮捕人、被拘留人或被告人等的专门调查权，而且在紧急情况下，为了避免严重影响侦查工作，有权临时采取强制措施。如《意大利刑事诉讼法典》第三百六十二条规定："公诉人从能够为侦查工作介绍有用消息的人员那里了解情况。上述人员有义务接受公诉人的询问、遵守公诉人根据侦查工作的需要而作出的规定，并且……还有义务介绍自己所了解的与被询问的事实有关的一切情况。"第三百八十八条第一款规定："公诉人可以对被逮捕人或被拘留人进行讯问，并及时通知其自选辩护人或为其指派辩护人。"第五十一条第一款规定，在初期侦查和第一审诉讼中，公诉人的职责由驻法院或者驻独任法官所的检察官担任。

在日本，由于日本的刑事诉讼深受法国、德国和美国的影响，具有"混合型"诉讼模式的特征。在检察侦查权设置上表现为"检察官全面拥有主义"，即检察官对一切犯罪都有权进行追诉，日本检察官享有广泛的侦查权。根据《日本检察厅法》规定，检察官对任何犯罪都可以侦查，且是唯一的公诉权行使主体，检察官是行使检察侦查权的"独任官厅"。但检察官应当服从上级指挥，全国以总检察长为最高领导，实行"检察一体化"原则。正因为如此，在侦查过程中更换检察官也不必重新启动侦查程序。

法国的检察机关不具有自己独立的系统，而是由派驻于各级法院内的检察官所组成，检察机关归司法部领导，司法部部长是全国检察官员的总管，每个检察官员都是由司法部部长提名、总统任命的，因此，检察官的权力具有了行政性。在检察业务方面，司法部部长有权对案件进行指导，但不得强迫检察官执行命令，也不能因检察官拒绝执行命令而免除其职务。同时，检察官与法官都是经过专业训练、挑选和任命的官员，他们之间可以互相调换职务。检察官与法官负同样的责任，领同样的薪金，穿同样的制服，又同样享有某些特权和保障。所以，检察官具有类似法官的身份，检察官是"站着的法官"，审判官是"坐着的法官"，他们受同一法律《法官章程》所管辖。可见，法国检察官在地位和职权方面具有很强的独立性，因而他们的权力又具有了司法性。

（四）我国检察机关侦查机构设置存在的问题

1. 检察机关行使的直接侦查权存在管辖竞合

随着 2018 年《监察法》的颁布以及《中华人民共和国刑事诉讼法》的修改，检察机关仍然保留了部分侦查权，不可避免会带来法律适用上的一些问题。其一，由于监察机关有权对所有的职务犯罪行使侦查权，而检察机关有权对诉讼活动中的司法工作人员的渎职犯罪行使侦查权，显然对于司法工作人员的渎职犯罪的侦查权的主体具有多重性，在这种侦查权重叠下应如何协调立案管辖？其二，当监察机关对某一司法工作人员的渎职犯罪启动侦查时，是否还能基于检察机关对该案享有侦查权而直接将该案转由检察机关进行自侦，在转换过程中应依据什么样的程序？其三，对于公安机关已经立案侦查的司法工作人员的渎职案件，检察机关能否在侦查过程中直接介入自行侦查？在侦查权重叠的情况下各机关应如何协商行使侦查权？在部门林立的情况下，机关设置冗杂、各自为政、人员分割、忙闲不均，造成侦查力量的严重分散，人、财、物资源浪费严重，侦查效率低下。机构设置上的重叠、职能交叉浪费了司法资源，导致各机构推诿扯皮、侦查效率低下，不利于开展惩治和打击职务犯罪的活动，同时又有损检察机关的形象。

2. 检察机关作为侦查机关缺乏权威性

侦查机关缺乏相关的权威性是由其地位偏低导致的，按照《宪法》和《人民检察院组织法》的有关规定，人民代表大会民主选出全国和各级人民政府、人民检察院、人民法院、监察委员会，并对它们进行监督。人民政府、人民法院、人民检察院、监察委员会在地位上应当是平等的，然而在实践中同级人民政府的地位远远高于人民检察院的地位，人民政府的权力在检察机关的权力之上，检察机关财政难独立，政府部门决定了检察机关的预算拨付，这在一定程度上限制了检察机关的工作，检察工作难以独立自主地开展。尽管法律、行政法规、规章制度等明确规定检察长享受高级别的待遇，但是这并没有从根本上提升检察机关整体地位。历史和实践表明，检察机关被看作党政机关的一个部门，检察机关的内设机构也被看作同级党政机关的一个内部机构，检察官的政治地位也降低，检察机关在现实中的地位与应有的权威性明显与法律相关规定不成正比。在现实中，主要的表现是被监督者的不配合。从监督与被监督者现实中的地位来看，被监督者处于优势地位、而监督者处于劣势地位。由于法律监督没有制度支撑，被监督者以自身的利益为目的，利用各种方式拒绝接受监督，而检察权在行政权面前几乎无计可施。例如，某省政府是正部级单位，省检察院却和省政府其他部门一样被视为正厅级单位，除了检察长高配半级，享受副部级待遇之外，其他的副检察长或党组成员只能享受正厅级或副厅级待遇。

（五）检察机关的侦查机构与法律监督机构有效衔接

2018年修正的《中华人民共和国刑事诉讼法》第十九条第二款对检察机关的侦查权进行了巨大的变动，将其对反贪反渎的直接立案侦查权转移给了监察机关，仅保留了对诉讼活动进行法律监督的过程中司法工作人员的14类行为的直接侦查权；将其机动侦查权明确限制为对公安机关负责的国家工作人员的重大犯罪；同时由于监察机关行使职务犯罪的侦查权，针对检察机关的补充侦查权部分增添了对监察机关移送审查起诉时的补充侦查权。2018年，监察机制未出台前，检察机关既是公诉机关即承担公诉职能，又承担着整个诉讼活动中的法律监督职能，同时还行使着职务犯罪的侦查权，这样"三权合一"的职能定位使得检察机关具备强大的威慑力。但与此同时，检察机关的多职能化，不仅使其不能充分发挥其法律监督职能，而且还使检察机关在行使职权时不免受到质疑。虽然监察机制的出台，弱化了检察机关的侦查权，但强化了检察机关的监督权，巩固了检察机关作为法律监督机关的宪法地位，还将检察机关的法律监督权与直接侦查权紧密结合在了一起。

《规定》明确检察机关行使侦查权的机构是刑事检察业务部门。实践中若该部门想直接立案侦查必须满足三个条件：其一，犯罪主体必须是司法工作人员而非所有的国家工作人员；其二，司法工作人员实施的犯罪行为必须是其利用职权实施的非法拘禁、刑讯逼供、非法搜查等侵犯公民权利、损害司法公正的行为；其三，检察机关发现司法工作人员实施了上述犯罪的方式必须是检察机关在对诉讼活动行使法律监督的过程中发现的。因此，检察机关侦查权的监督性得到了显著强化，检察机关的侦查机构与监督机构的有机衔接是实现检察机关法律监督权的最好表现形式。

三、检察机关侦查案件管辖

（一）我国检察机关侦查案件管辖的规定

检察机关侦查管辖，是指最高人民检察院、地方各级人民检察院和军事检察院等专门人民检察院以及有关人民检察院的派出机构（如林区人民检察院），在对诉讼活动实行法律监督中发现的司法工作人员利用职权实施的非法拘禁、刑讯逼供、非法搜查等侵犯公民权利、损害司法公正的犯罪进行立案侦查时的权限分工。它包括立案管辖（或职能管辖）、级别管辖、地域管辖、专门管辖、制定管辖、移送管辖和竞合管辖7种。

（1）立案管辖

立案管辖是指人民检察院内设业务部门之间，根据职能和有关法律规定直接立案侦查的犯罪类案件范围的权限分工。

《中华人民共和国刑事诉讼法》第十九条第二款规定："司法工作人员利用职权实施的非法拘禁、刑讯逼供、非法搜查等侵犯公民人身权利、损害司法公正的犯罪，可以由人民检察院立案侦查。对于公安机关管辖的国家机关工作人员利用职权实施的重大犯罪案件，需要由人民检察院直接受理的时候，经省级以上人民检察院决定，可以由人民检察院立案侦查。"以上属于检察机关立案侦查的案件范围。在监察体制改革之前，人民检察院设有反贪污贿赂局以对贪污贿赂案件立案侦查，设有反渎职侵权局以对国家工作人员的渎职犯罪进行立案侦查。随着《监察法》的出台，检察机关负责的职务犯罪案的侦查权转移至监察机关，检察机关内设机构即反贪污贿赂局、反渎职侵权局也转移至监察机关。但检察机关仍保留了部分侦查权，所以仍需要具备侦查能力的内设机构进行立案侦查。综合考虑现阶段检察机关内设机构的设置与分工情况，最高人民检察院印发了《关于人民检察院立案侦查司法工作人员相关职务犯罪案件若干问题的规定》，其中明确规定由刑事检察业务部门即刑事执行检察部门行使侦查权。

（2）级别管辖

级别管辖是指不同级别人民检察院直接立案侦查司法渎职犯罪类案件范围的权限分工。划分侦查级别管辖的依据主要是渎职侵权犯罪性质的轻重程度，犯罪嫌疑人的级别和地位，涉及面和影响的大小等。根据《中华人民共和国刑事诉讼法》第十九条第二款、《人民检察院组织法》以及《人民检察院刑事诉讼规则》第十四条等规定，人民检察院办理直接受理侦查的案件，由设区的市级人民检察院立案侦查。基层人民检察院发现犯罪线索的，应当报设区的市级人民检察院决定立案侦查。

设区的市级人民检察院根据案件情况也可以将案件交由基层人民检察院立案侦查，或者要求基层人民检察院协助侦查。对于刑事执行派出检察院辖区内与刑事执行活动有关的犯罪线索，可以交由刑事执行派出检察院立案侦查。最高人民检察院、省级人民检察院发现犯罪线索的，可以自行立案侦查，也可以将犯罪线索交由指定的省级人民检察院或者设区的市级人民检察院立案侦查。

（3）地域管辖

地域管辖是指同级人民检察院之间按照各自的辖区在立案侦查职务犯罪类案件范围上的权限分工。《中华人民共和国刑事诉讼法》第二十五条和《人民检察院刑事诉讼规则》第十九条至第二十一条规定，属于检察机关行使侦查权的犯罪案件，由犯罪嫌疑人工作单位所在地的人民检察院管辖；如果由其他人民检察院管辖更为适宜的，可以由其他人民检察院管辖；管辖不明确的案件，可以由有关人民检察院协商确定管辖；几个检察院都有权管辖的案件，由最初受理的人民检察院管辖。必要时，可以由主要犯罪地的人民检察院管辖。

（4）专门管辖

按照《人民检察院刑事诉讼规则》第二十三条的规定，军事检察院等专门人民检察院之间的管辖以及军队与地方互涉刑事案件的管辖，由专门的检察院负责立案侦查，是地域管辖的例外。

（5）指定管辖

指定管辖是指因管辖不明发生争议或者出现其他情形需要改变管辖而由上级人民检察院指定其下级人民检察院对某一特定渎职侵权犯罪案件行使的管辖权。根据《人民检察院刑事诉讼规则》第十四条第三款、第二十二条的规定属于下列案件之一的，上级检察机关可以指定管辖：其一，最高人民检察院或者省级人民检察院发现犯罪线索后可直接指定某省级人民检察院或设区的市级人民检察院立案侦查；其二，对于两个或两个以上的检察院对案件管辖权具有争议的案件，上级人民检察院可以指定管辖；其三，对于需要改变管辖的案件，上级人民检察院可以指定管辖；其四，针对一些需要集中管辖的特定类型的案件，上级人民检察院可以指定管辖；其五，针对其他可能需要指定管辖的案件，上级人民检察院也可指定管辖。

（6）移送管辖

根据《人民检察院刑事诉讼规则》第十六条的规定，上级人民检察院在必要的时候，可以直接立案侦查或者组织、指挥、参与侦查下级人民检察院管辖的案件。下级人民检察院认为案情重大、复杂，需要由上级人民检察院立案侦查的案件，可以请求移送上级人民检察院立案侦查。

（7）竞合管辖

竞合管辖主要包括三种类型：其一，人民检察院办理直接受理侦查的案件时，发现犯罪嫌疑人同时涉嫌监察机关管辖的刑事案件，根据《人民检察院刑事诉讼规则》第十七条之规定，当人民检察院在受理侦查后发现犯罪嫌疑人还涉嫌监察机关管辖的职务犯罪线索的，应当及时协商沟通。如若全案由监察机关管辖更为适宜的，人民检察院应当将案件和相应职务犯罪线索一并移送监察机关；如若该案由监察机关和人民检察院分别管辖更为适宜的，人民检察院应当将监察机关管辖的相应职务犯罪线索移送监察机关，对依法由人民检察院管辖的犯罪案件继续侦查。为了保证监察机关与检察机关在沟通协商的过程中案件可正常推进，沟通期间人民检察院不得停止对该案的侦查，同时应当及时将沟通情况报告上一级人民检察院。其二，在人民检察院办理的自侦案件涉及公安机关管辖的刑事案件时，人民检察院应当将属于公安机关管辖的刑事案件部分移送公安机关。该刑事案件如若主罪是公安机关管辖，则由公安机关为主侦查，检察机关配合公安机关进行侦查。其三，当人民检察院受理直接侦查案件中由于犯罪嫌疑人实施了数罪或共同犯罪，各犯罪行为存在关联时，且并案审理有利于查明案件事实的，人民检察院可在职责范围内并案处理。

（二）确保检察机关侦查权规范行使的举措

1. 妥善处理检察机关直接侦查权管辖竞合问题

2018 年修正的《中华人民共和国刑事诉讼法》保留了检察机关部分案件的侦查权，即司法工作人员利用职权实施的 14 类犯罪行为。而根据《监察法》的规定，监察委员会对所有的国家工作人员的贪污贿赂案件以及渎职案件行使侦查权，显然司法工作人员利用职权实施的 14 类犯罪行为也被包括在监察机关的侦查范围内。因此检察机关直接侦查权的行使必然会出现与监察机关侦查管辖竞合的问题。虽然《人民检察院刑事诉讼规则》第十七条简要规定了当两机关出现管辖竞合时，沟通协商解决管辖问题的方式，但著者认为为保证检察机关充分发挥法律监督职能，保证司法渎职案件的有效侦查，仍需对两机关的管辖竞合问题进行详细分工。

《人民检察院刑事诉讼规则》规定当人民检察院立案侦查案件过程中发现犯罪嫌疑人还涉嫌了监察机关职务犯罪线索的，应当及时沟通，并综合全案审查由哪个机关管辖更为适宜。在两机关出现行使侦查主体冲突的情况下，该规定虽已明确要及时沟通，但并没有详细解释两机关应如何沟通以及应沟通哪些方面，更没有明确哪个机关针对这类案件有优先管辖权，可以说规定得极其模糊。反之,《监察法》第三十四条第一款规定公检法以及审计机关等国家机关如在工作中发现公职人员涉嫌贪污贿赂、失职渎职等职务违法行为或者职务犯罪问题的线索,应当移送监察机关依法调查处置;第二款规定被调查人既涉嫌严重职务违法或者职务犯罪,又涉嫌其他违法犯罪的,一般应当由监察机关为主调查,其他机关予以协助。从此条规定可知,《监察法》规定了监察优先原则即当检察机关在行使直接侦查权时发现犯罪嫌疑人涉嫌监察机关侦查的职务犯罪线索时,应当移送监察机关由其管辖,无须两机关进行沟通协商,也无须综合全案审查由哪个机关管辖更为适宜,当出现上述情况时应由监察机关为主要调查机关,其他机关予以协助。

从理论上讲,当全国人民代表大会颁布的《监察法》作为基本法与最高人民检察院发布《人民检察院刑事诉讼规则》作为司法解释发生冲突时,根据上位法优于下位法原则,应适用《监察法》的相关规定。基于此,著者认为检察机关直接侦查权的相关规定并不完善,《监察法》中当两机关出现管辖冲突时,由监察机关优先调查的原则并不能实现为检察机关保留部分侦查权的立法目的,也不能更好地巩固检察机关作为法律监督机关的宪法地位,更不便于实现监察机关反腐败的职能。因此,促使检察机关与监察机关沟通协商机制立法化是非常有必要的,即在《中华人民共和国刑事诉讼法》中明确设立沟通协商机制。该协商机制应当包括以下内容:其一,当检察机关在侦查司法工作人员的 14 类渎职案件时发现犯罪嫌疑人涉嫌监察机关管辖的职务犯罪线索时,应当及时与监察机关沟通;其二,应规定两机关就案件进行协商沟通的内容、协商要考虑的标准、协商所需的期限以及沟通协商侦破案件的专业性问题。

《中华人民共和国刑事诉讼法》应明确规定检察机关对于司法工作人员利用职权实施的 14 类犯罪案件具有优先侦查权,原因如下:其一,我国检察机关的宪法地位实则是法律监督机关,该地位能为司法工作人员利用职务犯罪的侦查工作提供更加专业的支持,这类案件数量少但影响大,鉴于犯罪嫌疑人是司法工作人员,其各方面的干扰因素也较多,由以同样作为司法工作人员的检察机关开展侦查,能够更容易了解犯罪主体的作案动机及经过,是更有利于侦破案件的。其二，司法工作人员利用职权实施的犯罪往往侦查难度系数较高，因为犯罪主体一般具有一定的反侦查能力，而检察人员工作与犯罪嫌疑人的工作内容性质具有一致性与相通性，因此检察机关可能比监察机关更具有专业上的优势。虽《中华人民共和国刑事诉讼法》与《监察法》均属于基本法，但《中华人民共和国刑事诉讼法》相较于《监察法》而言属于特别法，根据特别法优于一般法原则，著者认为《中华人民共和国刑事诉讼法》对检察机关与监察机关就司法工作人员利用职权实施犯罪的管辖竞合问题进行明确规定，能在一定程度上缓解管辖冲突问题。

2. 完善检察机关机动侦查权法律规定

《中华人民共和国刑事诉讼法》第十九条第二款规定了人民检察院案享有机动侦查权即对公安机关负责的国家机关工作人员利用职权实施的重大犯罪案件，认为有必要受理侦查的，经省级人民检察院决定，可立案侦查。人民检察院机动侦查权的有效实施不仅能提高公安机关的破案效率，还有利于打击犯罪以维护社会秩序。但无论是刑事诉讼法还是《人民检察院刑事诉讼规则》，对人民检察院所享有的机动侦查权都没有作出详细而又具体的规定，仅明确人民检察院只能针对公安机关负责的国家机关工作人员利用职权实施的重大犯罪案件进行侦查。由于缺乏详细规定，在司法实践中人民检察院的机动侦查权形同虚设，并没有真正实现赋予检察机关机动侦查权的立法目的。基于此，为保障检察机关机动侦查权的有效实施，著者认为，应从行使机动侦查权的案件范围以及检察机关机动侦查权的启动运行机制两个方面进行立法完善。

（1）明确检察机关机动侦查权的案件范围

《中华人民共和国刑事诉讼法》第十九条第二款的规定给检察机关行使机动侦查权设立了一个必要性条件，即需要人民检察院直接受理的，可由检察机关立案侦查。因此，在完善机动侦查权案件范围时必须要坚守必要性要求的基本理念，并不是说只要是公安机关负责的国家机关工作人员利用职权实施的重大犯罪案件，检察机关都能行使机动侦查权，只有在必要的情况下，才能行使。然而，必要性要求是极其抽象的概念，没有具体详细的规定，检察机关以及公安机关是很难掌握具体应在何种情况下才符合该要求。因此，还需要对必要性要求进行进一步细化规定。法律条文中明确规定的是公安机关负责的国家机关工作人员利用职权实施的重大犯罪，显然管辖机关已明确局限在公安机关负责侦查的案件，且犯罪主体也明确规定是国家机关工作人员，因此著者认为应对重大犯罪案件进行细化规定。重大犯罪的认定应从案件的影响力、案件侵害国家权益的严重程度、社会公众的关注度等方面进行。

（2）明确检察机关机动侦查权启动运行机制

《中华人民共和国刑事诉讼法》规定检察机关启动机动侦查权必须经过省级人民检察院决定，该规定不仅将机动侦查权的启动门槛设置得过高，而且会使检察机关的机动侦查权难以发挥真正的作用，从而不能实现该规定的立法目的。因此著者认为，应进一步详细明确机动侦查权的启动运行机制：其一，检察机关在实施法律监督的过程中，认为公安机关管辖的国家机关工作人员利用职权实施的重大犯罪案件不立案理由不能成立的，应当通知公安机关立案，公安机关接到通知办理立案手续后不进行侦查、消极侦查的，经上级人民检察院批准，该人民检察院可以直接立案侦查。其二，因出现回避或者其他客观原因，公安机关不能侦查或不便侦查国家机关工作人员利用职务实施的重大犯罪时，为使犯罪嫌疑人能够及时受到国家追诉与制裁，检察机关可以直接接受相关人员的报案、控告或者举报，并立案侦查。其三，对于国家机关工作人员利用职务实施的重大犯罪，在公安机关未立案的情况下，如省级以上人民检察院审查认为，由检察机关立案侦查更为合适的，检察机关应当立案侦查。著者认为，不应将机动侦查权的启动权绝对地限制在省级检察院，而应是根据不同的案件情况以及检察机关应行使机动侦查权的缘由决定机动侦查权的启动。

3. 充分发挥检察机关补充侦查权的作用

从现行的《中华人民共和国刑事诉讼法》以及《人民检察院刑事诉讼规则》的相关规定来看，检察机关享有的补充侦查权是检察侦查权中适用范围最广的一类侦查权，不仅适用于公安机关移送的一般刑事案件，而且适用于监察委移送的职务犯罪案件。同时，其权力行使方式也有一定的灵活性，既可以自行补充侦查也可以退回公安机关补充侦查或者由监察委员会补充调查。但在司法实践中，检察机关的补充侦查权适用率极低，因此著者认为，为真正实现赋予检察机关补充侦查权的初衷与目的，应从提高检察人员补充侦查意识与专业能力以及细化检察机关行使补充侦查权的适用范围与运行程序两方面对此进行完善。

监察体制改革将检察机关负责的主要职务犯罪侦查权转移至监察机关，2018年修正的《中华人民共和国刑事诉讼法》又将检察机关行使机动侦查权的适用范围局限到了公安机关负责的有关案件上，唯独补充侦查权在保留原有权力实施范围的基础上增加了新的内容，即检察机关对监察机关移送审查起诉的职务犯罪案件也享有补充侦查权。显然，对刑事案件的补充侦查权的行使与检察机关的职能是密切相关的，是能够巩固检察机关作为法律监督机关的宪法地位的。为使补充侦查权真正发挥作用，首先，要使检察机关中负责侦查的工作人员有补充侦查的意识，善于发现证据链条的漏洞，并积极主动通过自行侦查弥补漏洞。其次，检察机关侦查人员要充分利用现有检察资源，拓展侦查的技术手段，改变检察侦查"一支笔、一张嘴"的传统模式；最后，要强化检察机关侦查人员的专业能力，检察机关应不定期组织专业侦查能力的培训与考核。

细化行使补充侦查权适用范围，可根据案件的复杂情况以及侦查的难易程度予以划分：对于侦查难度系数较大、案件情况较复杂的案件，将退回侦查机关进行侦查作为首要选择，或以原侦查机关为主侦查，检察机关予以协助。因为原侦查机关更了解案情的进展程度。对于案件事实简单或者只有部分证据不足的案件，由检察机关自行补充侦查为首要选择，这样不仅有利于提高办案效率，也能减轻原侦查人员的工作压力。

2018年全国检察机关深入推进"内设机构改革"，其中"捕诉一体"办案模式对检察机关引导侦查（调查）工作提出了新的要求。因此，著者认为可利用"捕诉一体"办案新模式，完善补充侦查运行机制。从批准逮捕到移送起诉期间，检察机关承办人应当继续跟进公安侦查人员的捕后侦查工作，积极引导公安机关开展取证工作。由此可见，刑事案件一旦进入检察环节，从案件移送审查逮捕，到捕后继续侦查，再到审查起诉阶段自行补充侦查或退回公安机关补充侦查，检察机关应当对侦查工作具有持续的引导和监督，因此有必要形成类似"督办制度"的一体化的引导、监督办案模式，并结合运用"一类问题通报""侦查取证建议"等柔性检察监督手段，进一步强化检察机关的法律监督效力。

第九章

检察机关逮捕制度

检察机关的逮捕，是指对于公安机关或者下级检察机关提请逮捕的犯罪嫌疑人，人民检察院为防止其妨碍刑事诉讼，逃避侦查、起诉和审判，发生社会危险性，而依法限制其人身自由，予以羁押的一种强制措施。我国《中华人民共和国刑事诉讼法》第八十、八十一、八十三条以及第八十七条至第九十五条对检察机关逮捕制度进行了全面的规定。

我国的逮捕制度和西方国家逮捕制度存在很大区别，西方国家的逮捕与羁押是相互区别且分开的，逮捕行为不代表羁押状态，其控制人身自由的时间很短，只是强制到案的一种手段，而我国的逮捕则是逮捕行为和羁押状态的结合，与西方国家的羁押更为相似。我国的逮捕是全面剥夺犯罪嫌疑人、被告人人身自由的一种强制措施，是最严厉的一种强制措施，且逮捕后对犯罪嫌疑人、被告人将产生较长时间的羁押。对于审查逮捕工作的宽严之度的把握对于打击犯罪、维护稳定有直接影响。当严不严，该捕不捕势必阻碍刑事诉讼的顺利进行，不能有效遏制犯罪上升的势头。同时，当宽不宽，对不符合逮捕条件的、不该捕的、可捕可不捕的人进行逮捕，更容易造成侵犯人权的后果，而且还会引发新的矛盾，影响和谐社会的构建。为适应《中华人民共和国刑事诉讼法》打击犯罪和保障人权的要求，我国宪法和《中华人民共和国刑事诉讼法》对逮捕的条件、程序以及决定机关等都作了严格的规定。

从实践运行来看，现行审查逮捕制度总体上是合理的、有效的，审查逮捕案件质量总体较高，错捕、错不捕案件比例低，涉及人数不多。但也应当看到，我国的逮捕率仍维持在高位运行，其中，既有办案人员主观方面"构罪即捕"的传统执法观念的影响，也有客观方面如法律关于"社会危险性"条件的规定过于笼统，司法实践中难以准确把握，采取取保候审、监视居住等非羁押性措施的成本高、风险大，以及审查逮捕程序缺乏基本诉讼构造，不利于兼听则明和及时发现纠正违法、排除非法证据等条件和情况的制约。[①]《中华人民共和国刑事诉讼法》直面司法实践中的上述问题，对逮捕制度做出了进一步完善，逮捕条件发生了重大变化，完善了审查逮捕程序，延长了职务犯罪案件审查逮捕时间，增加了捕后羁押必要性审查制度等。

一、逮捕的条件

在何种情形下才可以适用逮捕这一完全限制犯罪嫌疑人、被告人人身自由的刑事强制措施，各个国家都有非常明确的法律规定，人们把这些法律规定称为逮捕的条件。逮捕的条件要符合程序法定原则和比例原则。首先，根据程序法定原则，逮捕的条件应当明确，以体现法律的明确性和可预测性。对逮捕的条件，尤其是其中的社会危险性条件的外延应该给予清晰的界定，什么情况可以适用逮捕，法律应当以列举的方式加以规定，并且还应当规定何种情况不适用逮捕。对于不适用逮捕的情况的设定，应当考虑罪行轻重、犯罪嫌疑人的个人情况、是否具有危险性等方面。其次，逮捕条件应符合比例原则，比例原则是指公民的基本权利受到公权力干预的时候，立法者必须要考虑所采用的干预手段和预期目的之间的比例关系。逮捕条件采用比例原则有利于限制国家公权力的适用，避免滥用公权侵害公民的基本权利。"它与程序法定原则的关系在于，程序法定原则确定了公权力行使的基本框架和所需要遵循的程序，但是在此框架之内，公权力仍有滥用的危险。比例原则可以为具体的司法审查提供了实质标准，从而与程序合法性原则相呼应构成了完整的公权力行使的限制体系。"[②]

---

① 孙谦主编：《〈人民检察院刑事诉讼规则（试行）〉理解与适用》，北京：中国检察出版社 2012 年版，第 230 页。

② 陈卫东：《程序正义之路：第一卷》，北京：法律出版社 2005 年版，第 83 页。

《中华人民共和国刑事诉讼法》第八十一条将逮捕条件分为 3 种情形：第一款规定的是"一般逮捕条件"，第二款规定的是"径行逮捕条件"，第三款是对"违反取保候审、监视居住规定情节严重，可以转为逮捕"的规定。《人民检察院刑事诉讼规则》第一百三十四条、一百三十五条、一百三十六条分别对"一般逮捕条件""径行逮捕条件"、违反取保候审、监视居住规定进而转捕情形进行了细化。以上关于逮捕条件的细化基本上完成了从自由裁量主义向严格规则主义的转型，给司法实践提供了更具操作性的规则。

（一）一般逮捕条件

一般逮捕条件是实践中绝大部分案件可能适用的逮捕条件，也是关于逮捕条件的一般规定。《中华人民共和国刑事诉讼法》第八十一条第 1 款延续了 1996 年《中华人民共和国刑事诉讼法》第 60 条关于逮捕条件的基本思路，即逮捕应同时具备"事实证据条件""刑罚条件""社会危险性条件"（原称逮捕必要性条件）三个条件。①

1. 事实证据条件："有证据证明有犯罪事实"

《人民检察院刑事诉讼规则》第一百二十八条第二款规定"有证据证明有犯罪事实是指同时具备下列情形：（1）有证据证明发生了犯罪事实；（2）有证据证明该犯罪事实是犯罪嫌疑人实施的；（3）证明犯罪嫌疑人实施犯罪行为的证据已经查证属实的。"如果犯罪嫌疑人有数个犯罪事实，只需要是数罪中的某一个犯罪事实；如果犯罪嫌疑人属于共同犯罪，只要有证据证明有共同的犯罪事实；如果属于连续犯，只要有证据证明其中一次犯罪的情况，即只要符合一个犯罪事实的主体、客体、主观方面和客观方面等四个构成要件，就达到了逮捕的事实证据条件。所谓"查证属实"，即侦查人员依照法定程序采集的证明犯罪嫌疑人实施犯罪行为的证据有其他证据与之相互印证，而不是孤证。"已经查证属实的"强调采用的证据中，只要有查证属实的、对定罪起关键作用的证据即可，无须全部查证属实，不要求证据达

---

① 陈光中主编：《刑事诉讼法（第三版）》，北京：北京大学出版社 2009 年版，第228 页。

到"确实、充分"的程度。

2. 刑罚条件:"可能判处徒刑以上刑罚"

"可能判处徒刑以上刑罚"是逮捕在刑罚条件上的最低要求,是在符合逮捕事实证据条件的前提下是否能够逮捕的刑罚尺度,指根据已有证据证明的案件事实,比照刑法的有关规定,衡量对其所犯罪行,最低也要判处有期徒刑以上的刑罚。刑罚的轻重,从某种程度上反映了一定的正向性关系,这种正向性关系就存在于犯罪嫌疑人的主观恶性、社会危险性与其逃避或妨碍诉讼的可能性之间。如果犯罪嫌疑人所犯罪行连徒刑都判不了,表明其所犯罪行的社会危险性很小,妨碍诉讼的可能性极低。逮捕剥夺犯罪嫌疑人人身自由的时间可以长达数月,作为最严厉的强制措施,其实施效果与刑罚无异,这在一定程度上体现了比例原则的要求,即采取强制措施必须与犯罪行为的严重程度相适应,对不可能判处徒刑以上刑罚的犯罪嫌疑人,则不能采取逮捕措施。如危险驾驶罪,其最高刑罚只为拘役,因此不能适用逮捕措施。适用刑罚条件应根据犯罪嫌疑人所涉嫌犯罪行为的严重程度,具体确定其可能适用的量刑幅度,而非指其所涉嫌犯罪的法定量刑幅度。

3. 社会危险性条件:五种社会危险性情形

"社会危险性"是指在对犯罪嫌疑人决定适用何种强制措施时,司法机关工作人员基于犯罪嫌疑人已经发生的犯罪行为或已经存在的犯罪事实对其将来可能发生的行为进行预测,并对其适用的强制措施可能出现的结果进行预测的一种风险评估。实践中,检察机关一直都致力于探索对社会危险性审查的规范化、具体化、相对明确化,致力于指导检察人员对社会危险性的准确理解与正确把握。

《中华人民共和国刑事诉讼法》对"社会危险性条件"予以了细化,规定了五种社会危险性情形,《人民检察院刑事诉讼规则》第一百二十八条第1款对"社会危险性"作出了进一步解释。

(1)可能实施新的犯罪,即犯罪嫌疑人多次作案、连续作案、流窜作案,其主观恶性、犯罪习性表明其可能实施新的犯罪的,以及有一定证据证明犯罪嫌疑人已经开始策划、预备实施犯罪的。"可能实施新的犯罪"是对犯罪嫌疑人可能再犯罪行的一种预判，对这种预防性羁押尽管存在很多争议，但出于保护大多数人不受极可能发生的重大犯罪的侵害的考虑，立法作出了这样的规定。因此在适用这种情形时，应注意不能将"可能实施新的犯罪"泛化，不能进行有罪推定。在审查中，主要从已实施犯罪所体现的主观恶性和犯罪习性进行考察，一方面考察其是否有反复实施同一犯罪的可能，如犯罪嫌疑人是否多次作案、连续作案、流窜作案，已经养成犯罪习性，另一方面也要注意考察是否有一定证据证明犯罪嫌疑人已经开始策划、预备实施某种犯罪。

（2）有危害国家安全、公共安全或者社会秩序的现实危险，即有一定证据证明或者有迹象表明犯罪嫌疑人在案发前或者案发后正在积极策划、组织或者预备实施危害国家安全、公共安全或者社会秩序的重大违法犯罪行为的。出于对国家安全、公共安全、社会秩序以及大多数人利益等特殊利益的保护，将此项社会危险性行为的程度定位为重大违法犯罪行为，说明只要犯罪嫌疑人对国家安全、公共安全、社会秩序的现实危险性达到了重大违法的程度，就可以认为其具有社会危险性，而无须要求达到犯罪的程度，这也是与第1项"可能实施新的犯罪"社会危险性的主要区别。

（3）可能毁灭、伪造证据，干扰证人作证或者串供的，即有一定证据证明或者有迹象表明犯罪嫌疑人在归案前或者归案后已经着手实施或者企图实施毁灭、伪造证据，干扰证人作证或者串供行为的。毁灭、伪造证据包括积极销毁已经存在的证据、制造虚假的证据、伪造、变造证据的真实属性和其所承载信息的行为。干扰证人作证包括"以暴力、威胁、恐吓、引诱、收买证人等形式对共同被告人、证人或者鉴定人施加不当影响，阻挠证人作证或者不如实作证，或者指使、威胁、贿赂他人采取上述方式阻挠证人作证或者不如实作证的行为。串供则为利用未被羁押的便利条件与其他同案犯建立攻守同盟、统一口供的行为"[①]。犯罪嫌疑人实施上述行为的时间包括归案前也

[①]　郎胜主编：《中华人民共和国刑事诉讼法释义》，北京：法律出版社2012年版，第190页。

包括归案后的整个诉讼阶段，即侦查、起诉、审判各阶段。

（4）犯罪嫌疑人可能对被害人、举报人、控告人实施打击报复的。为保护被害人、举报人、控告人的合法权益，保证他们能在刑事诉讼中如实陈述证言、指控犯罪事实，不受打击报复，鼓励群众与犯罪行为作斗争，保障他们有可能、有能力、有条件进行刑事诉讼，法律将犯罪嫌疑人、被告人对被害人、举报人、控告人实施打击报复的行为列为逮捕条件之一，这也体现了强制措施的保障诉讼功能。犯罪嫌疑人对被害人、举报人、控告人实施的"采取暴力方法进行的伤害或者意图伤害行为；对被害人、举报人、控告人进行威胁、恐吓，对其人格、名誉进行的诋毁、攻击的行为；对利用职权、地位等进行的刁难、要挟、迫害等"[①] 行为均属于打击报复的行为。

（5）企图自杀或者逃跑的，即犯罪嫌疑人归案前或者归案后曾经自杀或者有一定证据证明或者有迹象表明犯罪嫌疑人试图自杀或者逃跑的。犯罪嫌疑人、被告人的自杀或逃跑本身就是对刑事诉讼活动的干扰，是逃避审判和法律制裁的行为。如果犯罪嫌疑人归案前就曾经自杀或逃跑未遂，或者归案后还在做自杀或逃跑的努力，如其表现出强烈的轻生念头或者仍在通过会见等方式积极联系他人帮助其逃跑等，都是对诉讼活动的干扰和破坏，具有社会危险性。

法律规定的五种社会危险性情形，前两种是对犯罪嫌疑人造成社会危险可能性的规定，体现强制措施的预防功能，后三种是对妨碍诉讼可能性的考虑，体现强制措施的诉讼保障功能，以上五种情形构成了逮捕"社会危险性"条件。在社会危险性条件的细化中，法律没有设定兜底条款，因此如果不属于法定的五种情形之一，则不属于具有社会危险性。《中华人民共和国刑事诉讼法》修正后，原"有逮捕必要"的原则性规定被细化为五种具体情形，有利于司法工作人员进行审查、衡量和认定。《人民检察院刑事诉讼规则》在对"社会危险性"条件的进一步明确中，对法律规定的有关社会危险

---

① 郎胜主编：《中华人民共和国刑事诉讼法释义》，北京：法律出版社 2012 年版，第190 页。

性的"现实危险""企图""可能"等情形，都要求要"有迹象表明"或者"有一定证据证明"，也就是说，判断社会危险性不应当仅凭办案人员的主观判断，而需要有一定的证据、材料和理由依据支持对"现实危险""企图""可能"等情形的判断。因此这也就要求侦查机关在提请逮捕时，除了要向检察机关移送证明犯罪嫌疑人涉嫌犯罪、可能判处徒刑以上刑罚的证据外，还应当移送证明犯罪嫌疑人具有法定社会危险性情形的证据。检察机关对是否符合逮捕的各方面条件全面审查的同时，还要根据犯罪嫌疑人社会危险性的证明材料综合判断其是否具有社会危险性，进而作出是否应当予以逮捕的决定。对证明社会危险性证据的审查判断情况和采纳情况，应当在审查逮捕意见书中进行说明。①

4. 一般逮捕条件适用中存在的问题

依照法律的规定，审查逮捕工作中"事实证据条件""刑罚条件""社会危险性条件"三个条件应当予以同等的考虑和重视，不应当特别注重或者忽略其中任何一个。但在司法实践中，侦查机关在提请逮捕、检察机关在审查逮捕的条件时，常常忽略刑罚条件与社会危险性条件，主要审查事实证据条件，即犯罪事实是否查清。检察机关承办人一般仅以犯罪事实是否清楚、犯罪证据是否充分作为逮捕的证明标准，刑罚条件"可能判处徒刑以上刑罚"在现实中很难起到应有的制约作用。虽然按照法律规定对不够逮捕刑罚条件的嫌疑人不能予以逮捕，包括免予刑事处分、单独处以附加刑、管制、拘役以及三年以下有期徒刑的，还包括拘役缓刑和有期徒刑不满三年被宣告缓刑的，但现实生活中还是存在批准逮捕此类犯罪嫌疑人的情况，严重损害了司法公正。

社会危险性条件也常常被忽视，侦查机关在调查、收集证据时，注意力多放在犯罪事实方面，对社会危险性的证据收集得比较少，检察机关在审查逮捕中对社会危险性的关注度也不足。《中华人民共和国刑事诉讼法》对逮

---

① 万春：《刑诉法再修改对侦查监督的影响与挑战》，《河南社会科学》2012年第8期，第10－14页。

捕条件中的"社会危险性"条件判断标准细化后,各地检察机关也根据各地司法实践情况出台了实施细则、操作指引等,如2014年2月广东省人民检察院、广东省公安厅、广东省国家安全厅、海关总署广东分署联合公布的《关于提请批准逮捕案件社会危险性证明、审查的操作指引》对社会危险性证明、审查进行了进一步的细化,规定检察机关根据特定的事实和证据综合判断社会危险性,考虑的因素包括嫌疑人主观恶性大小、是否是未成年人、是否是偶犯或者初犯、社会危险性大小、是否故意犯罪、社会影响等等,在综合考虑以上因素的基础上具体地认定嫌疑人有社会危险性的可能。在操作指引出台后,审查逮捕工作中对社会危险性的条件把握大大增强,以深圳市某区人民检察院2013、2014年的案件数据为例,2013年第四季度无社会危险性不逮捕人数占季度不捕人数的27%,到了2014年第一季度,该数据上升至37%,而2014年第三、四季度,该数据进一步增长至41%。但是,我们还应看到,审查逮捕工作中对社会危险性条件的把握仍较为宽松,虚化情况仍比较明显。

法律明确规定了一般逮捕的条件,以证据要件、刑罚要件和社会危险性要件作为"三驾马车",规范公安、司法机关的逮捕活动,保护宪法所保护的人身自由,但在司法实践中却出现了证据条件独大,刑罚条件和社会危险性条件虚化的现象,这也是造成我国逮捕率居高不小的一个重要原因。够罪即捕,使得监视居住、取保候审等非羁押手段成为例外,使得逮捕成为原则,损害了犯罪嫌疑人、被告人的人身自由,违反了立法者设计逮捕制度的初衷。

(二) 径行逮捕条件

《中华人民共和国刑事诉讼法》第八十一条第2款规定了径行逮捕的情形:一是有证据证明有犯罪事实,可能判处10年有期徒刑以上刑罚的;二是有证据证明有犯罪事实,可能判处徒刑以上刑罚,曾经故意犯罪的;三是有证据证明有犯罪事实,可能判处徒刑以上刑罚,身份不明的。法律认为这三种情形的犯罪嫌疑人,或者犯罪恶习较深,或者主观恶性较大,或者缺乏不予羁押的基本条件,认为均体现了较大的社会危险性,因此无须再另行审查其社会危险性条件，而应当直接予以逮捕。

1. 有证据证明有犯罪事实，可能判处 10 年有期徒刑以上刑罚的

"可能判处十年有期徒刑以上刑罚"，指根据案件证据和犯罪嫌疑人的犯罪事实、情节综合判断，其宣告刑可能被判处 10 年有期徒刑以上重刑的。如前所述，罪行的严重程度也是逮捕条件中社会危险性条件的判断标准之一。纵观我国刑法规定，凡法定量刑档次中包含十年有期徒刑的，其最低刑均在三年有期徒刑以上，此类犯罪确定当属严重犯罪，而按照我国刑法的规定，对被判处三年有期徒刑以上刑罚的罪犯并不适用缓刑，即在宣告判决后此类罪犯最终必将会被羁押。从这个角度出发，对此类犯罪嫌疑人、被告人，在宣判前先予逮捕既有法理依据，也无不当之处。① 此外，未决羁押的期限将折抵刑期，对于可能判处 10 年以上刑罚的重罪来说，未决羁押通常不会出现审前羁押期限超出所判决刑期的情形，并最终将折抵刑期，直接逮捕保障诉讼的意义更凸显，当然如果最终对犯罪嫌疑人判决无罪，应当依法对其进行国家赔偿。审查逮捕中，如果认为判处 10 年有期徒刑以上刑罚的证据有所欠缺，或者有证据证明不可能判处 10 年有期徒刑以上刑罚的，则不能适用此条件直接予以逮捕，但还应当以一般逮捕条件对案件进行审查，对于符合一般逮捕条件的犯罪嫌疑人作出逮捕决定。

2. 有证据证明有犯罪事实，可能判处徒刑以上刑罚，曾经故意犯罪的

"曾经故意犯罪"是指犯罪嫌疑人曾经犯过被人民法院依法判决确定为有罪的罪行，且该罪行为故意犯罪。该表述的法律内涵比较明确，并没有留出进一步解释的空间。应当认为，只要法院曾经对实施故意犯罪的犯罪嫌疑人、被告人判决确定为有罪，无论判处什么刑罚，包括曾经被判处实刑、缓刑、免予刑事处罚等，都属于曾经故意犯罪的范畴。同时，遵循未经法院依法判决任何人不得确定为有罪的无罪推定原则，凡是没有被法院依法判决为有罪的人，不能认定为"曾经故意犯罪"，包括检察机关作出不起诉决定以

① 胡胜：《刑诉法修改后逮捕条件适用若干问题探析》，《上海公安高等专科学校学报》2013 年第 3 期，第 32 – 35 页。

及撤销案件的情形，这里不仅包括法定不起诉、证据不足不起诉，还包括酌定不起诉，也包括被侦查机关立案侦查、采取强制措施、通缉而尚未归案的情形。值得注意的还有两点：一是本款对前后两罪的间隔时间没有作出限制，即无论前一次犯罪过去多久，都属于"曾经"的范畴；二是要求曾经所犯罪刑的主观方面是故意，但没有限制本次涉嫌犯罪的主观方面是属于过失还是故意。

3. 有证据证明有犯罪事实，可能判处徒刑以上刑罚，身份不明的

"身份不明"指不讲真实姓名、住址等身份信息，导致身份无法查明的，这种情形缺乏不予羁押的基本条件。绝大多数身份不明的犯罪嫌疑人、被告人为主观上拒绝提供身份信息，这种身份不明就导致犯罪嫌疑人、被告人不具备采取取保候审等非羁押措施的条件，而且这种主观本身就表明其具有逃避侦查和刑事处罚的心理，因此为保障诉讼的进行，有必要对其进行羁押，所以法律对"身份不明"的犯罪嫌疑人规定为直接予以逮捕。当然，如果逮捕后随着侦查活动的进展，犯罪嫌疑人、被告人身份已经查明，且不具有社会危险性，不符合逮捕条件的，则应当及时予以变更或解除逮捕措施。

4. 径行逮捕条件在适用中存在的问题

（1）径行逮捕条件中"可能判处十年以上有期徒刑"，是一种针对刑罚预期的判断，是对犯罪嫌疑人可能判处的刑罚进行的一种衡量，有学者对这种以刑罚预期为标准的逮捕条件判断提出批判，认为"采取刑罚预期的解释方式，该项规定不仅不能为司法实践提供一个明确的、可预测性的判断标准，反而会为办案人员留下太大的模糊空间"[1] 并明确指出，我们应当在借鉴我国台湾地区经验的基础上将径行逮捕条件解读为"最轻法定刑为十年以上有期徒刑的案件"。该种观点是基于从严把握逮捕条件，慎用逮捕措施，逮捕是迫不得已的、最后的选择，但是，"最轻法定刑为十年以上有期徒刑的案件"的解读是一种缩小解释，过于狭窄地限制了逮捕措施的使用，可能

---

① 吴宏耀、杨建刚：《逮捕条件的新发展：多元与细化》，《检察日报》，2012 年 7 月 18 日。

妨碍保障刑事诉讼顺利进行目的的实现。与理论界相反，司法实践中，在径行逮捕条件实施之初，多数的侦查人员认为，只要犯罪嫌疑人涉嫌的罪名最高刑包括十年以上有期徒刑，就符合径行逮捕条件，检察机关应当批准逮捕；而检察机关则认为"可能判处十年以上有期徒刑"应当是根据犯罪嫌疑人实施犯罪行为的情节、造成的损害后果、归案后的悔罪表现等情况，综合各种因素，衡量其可能判处的刑罚。我们认为还是要有一定的证据，包括犯罪嫌疑人的犯罪情节、犯罪后果、归案表现等，可以证明犯罪嫌疑人可能被判处十年有期徒刑以上刑罚的，才应对其批准逮捕。

（2）径行逮捕条件的三种情形中，可能对"可能判处十年有期徒刑以上刑罚""身份不明"比较好把握，但是对于"曾经故意犯罪"这一情形，只要求曾经所犯罪行的主观方面是故意，但没有限制本次涉嫌犯罪的主观方面是属于过失还是故意，这种规定在司法实践中显得刚性有余，柔性不足，有时候甚至造成明显有失公正的情况出现。如在轻伤害案件、交通肇事案件等轻刑案件中，常常出现犯罪嫌疑人与被害人家属达成刑事和解协议，并及时履行了损害赔偿，但犯罪嫌疑人多年前曾经因故意犯罪被法院判处刑罚的情况，司法实践中，检察机关就必须对该犯罪嫌疑人径行逮捕。这种对犯罪嫌疑人一律径行逮捕，而不考虑犯罪嫌疑人曾经故意犯罪的性质、过失犯罪的特定情节、与本次犯罪所距离时间等因素的做法，不利于化解社会矛盾，有违"宽严相济刑事政策"的初衷，也浪费了司法资源。因此，对于曾经故意犯罪的行为人，不应当僵硬地依据法条的规定不加考虑地对其进行批准逮捕，而是要根据具体案情，采取从形式到实质、从一般到特殊的逻辑思维进行审查。

（三）违反取保候审、监视居住规定可以转为逮捕的条件

《中华人民共和国刑事诉讼法》第八十一条第3款规定："被取保候审、监视居住的犯罪嫌疑人、被告人违反取保候审、监视居住规定，情节严重的，可以予以逮捕。"针对实践中对违反取保候审、监视居住规定是否可以批准逮捕的问题予以了明确。违反了取保候审、监视居住的规定，说明犯罪嫌疑人、被告人的社会危险性发生了变化，危险性程度提高了，采取较轻的

取保候审、监视居住强制措施就有可能无法达到保障诉讼顺利进行的目的，因此应当重新考虑犯罪嫌疑人的社会危险性，结合其情节的严重程度，考虑是否采取更严厉的逮捕措施。

二、批准逮捕和决定逮捕的程序

逮捕程序包括了批准或决定逮捕审查、变更、期限的延长以及羁押必要性审查等程序。逮捕程序是我国司法程序的一个重要组成部分，与西方国家有很大的不同，西方国家的逮捕与羁押分别遵循不同的程序，逮捕与羁押相互分离，对羁押的审查有严格的规定，而逮捕则一般无需专门审查；但在我国逮捕即意味着羁押，逮捕和羁押没有根本的区别，羁押状态是逮捕行为的附生物，因而我国的逮捕程序实际上是逮捕程序和羁押程序的集合，既包含了逮捕程序本身，也包含了羁押的运用程序。

（一）批准逮捕的工作程序

1. 审查批准逮捕的承办部门

人民检察院根据业务分工设置不同的业务部门，各司其职、互相制约。无论是对公安机关、国家安全机关提请批准逮捕的案件，还是检察机关侦查部门报请或移送审查决定逮捕的案件，都由刑事公诉业务部门办理，负责审查并提出意见。

2. 审查批准逮捕的案件受理

审查逮捕案件受理时需进行程序性审查，由人民检察院对接收的同级公安机关提请批准逮捕的案件和检察机关侦查部门报请或者移送审查决定逮捕的案件，应当对所移送的案卷材料、证据、法律手续、应当移送的讯问犯罪嫌疑人录音录像资料等材料是否齐备，案件是否属于本院管辖等内容进行审查。检察机关案件管理部门接收案卷材料后，进行程序性审查，认为具备受理条件的，及时登记并移送刑事公诉业务部门；认为案卷材料不齐备的，及时要求移送单位补送。

3. 审查批准逮捕的工作程序

（1）审查批准逮捕基本工作程序与人民检察院的办案体制一致。首先，由承办人进行审查，在批准逮捕的审查过程中，书面审查案卷材料和证据，对证据合法性存在疑问的，还可以调取讯问犯罪嫌疑人录音录像进行审查。按照法律规定属于应当讯问犯罪嫌疑人情形的，应当在审查期限内讯问犯罪嫌疑人。依法询问诉讼参加人并记录在案。犯罪嫌疑人聘请了辩护律师，辩护律师在审查逮捕阶段提出法律意见的，应开展听取辩护律师意见的工作。其次，承办人在上述工作的基础上，制作审查逮捕意见书，承办人在审阅案件过程中应当将案件主要事实、证据材料在审查逮捕意见书中进行摘要记录，既为进行审查、审核、审批提供概括性的依据，又作为检察内卷的材料。审查的内容一方面是审查犯罪嫌疑人是否符合逮捕条件，包括是否符合径行逮捕条件，或者满足一般逮捕条件的事实证据条件、刑罚条件、社会危险性条件等，另一方面通过审查案卷核查是否存在应当立案或撤案的线索，是否存在漏犯、公安机关的侦查活动是否有违法情形存在等，在审查案卷中同时进行立案监督和侦查活动监督的工作，然后提出捕与不捕的审查意见。最后，由部门负责人审核，然后报请检察长批准或者决定，重大案件要经检察委员会讨论决定。

（2）审查批准逮捕案件不另行侦查。一是不对提请批准逮捕案件以外的罪行进行侦查，如在审查批准逮捕中发现另有应当逮捕的犯罪嫌疑人或者提请批准逮捕罪名以外的罪行的，不能另行侦查，应当向公安机关发出《应当逮捕犯罪嫌疑人建议书》或者建议公安机关侦查。二是不对提请批准逮捕案件进行补充侦查，即在审查逮捕中发现需要逮捕而证据尚不充足时，检察机关不得自行补充侦查，而应在作出不捕决定的同时，建议公安机关补充侦查后重新提请批准逮捕。三是不对提请批准逮捕案件重复侦查。因为审查批准逮捕的法定期限短，只能针对公安机关提请批准逮捕犯罪事实的矛盾点进行个别证据的复核，而非全面的复核。

（3）办理审查批准逮捕案件不得直接提出采取取保候审的意见。在侦查阶段，对犯罪嫌疑人是否采取取保候审措施，侦查机关最了解情况，能够根据侦查工作的需要判断是否采取取保候审措施更适宜，并且侦查机关本身具有采取取保候审措施的决定权，刑事诉讼公诉业务部门根据报捕资料提出的意见不一定适合案件的需要，因此规定审查批准逮捕不能直接提出采取取保候审措施的意见。需要说明的是，对于符合监视居住而公安机关报捕的案件，检察机关经审查后认为应当适用监视居住措施的，在作出不捕决定的同时，建议侦查机关采取监视居住措施。

（4）不批准逮捕案件的复议、复核。

复议是指人民检察院根据公安机关的要求，对本院作出的不批准逮捕决定依法重新进行审议，以决定是否改变原决定的一种诉讼活动。复核是指人民检察院根据下级公安机关的提请，对下级人民检察院所作的不批准逮捕决定进行审查，以决定是否改变下级人民检察院的不批准逮捕决定的一种诉讼活动。[1] 根据《公安机关办理刑事案件程序规定》的规定，公安机关要求复议、复核的，应当在收到《不批准逮捕决定书》或者《复议决定书》5 日内提出。对该捕的不捕又称错不捕，实际上也是错误逮捕决定的一种表现。作出逮捕决定要慎重，作出不捕决定也要慎重。公安机关对人民检察院作出的不批准逮捕决定认为有错误的，首先要执行不捕决定，在释放或者变更强制措施后，可以依法提出重新审议的要求，是法律赋予公安机关申诉的法定权利，也是公、检两家在刑事诉讼中相互配合、相互制约的具体体现和检察机关再次慎重审查所作不捕决定是否正确的发现途径之一。经复议、复核，检察机关一旦发现不捕决定错误的，应当撤销原不捕决定，重新作出批准逮捕决定，防止人民检察院该不捕而放纵犯罪。

复议、复核的审查是对原不捕决定是否正确的评价判断，其审查的前提是原不捕决定作出时所依据的案件事实、证据未发生变化。如果公安机关补充侦查后，案件事实和证据发生了变化，公安机关应当重新提请批准逮捕，不得提起复议，人民检察院则是在新的事实和证据的基础上重新审查。为了加强对侦查活动的监督，对公安机关补充侦查后应当提请批准逮捕而不提请批准逮捕的，按照追捕的规定办理，有利于加强检察机关对侦查活动的监

---

① 陈建强：《不批捕复议复核制度的问题及完善对策——以 2007 至 2009 年全国公安机关不服人民检察院不批准逮捕决定要求复议复核案件为分析样本》，《天津法学》2011 年第 2 期，第 77 - 81 页。

督，防止公安机关包庇、放纵犯罪。

（二）决定逮捕的工作程序

审查决定逮捕和审查批准逮捕的基本工作程序相同。

1. 报请审查决定逮捕程序

人民检察院直接受理的案件实行自侦自捕模式。

（1）报请审查决定逮捕的主体是侦查部门，案卷材料应由人民检察院侦查部门报送。该规定与公安机关提请逮捕程序相一致，也符合对报请逮捕主体的职责要求。

（2）报送的材料除案卷材料外，还包括讯问犯罪嫌疑人的录音、录像。对未移送或者移送不全的，刑事办案部门应当要求侦查部门补充移送，经要求仍未移送或未全部移送的，应当将案件退回侦查部门。

（3）侦查部门在提请逮捕时，除了要向刑事办案部门移送证明犯罪嫌疑人已涉嫌犯罪，可能判处徒刑以上刑罚的证据外，还应移送证明犯罪嫌疑人具有法定社会危险性的证据材料。

2. 审查决定逮捕程序

（1）讯问犯罪嫌疑人。审查决定逮捕除当面讯问外，还有通过检察专网视频讯问两种方式。法律规定不属于应当讯问范围的犯罪嫌疑人，承办人拟不讯问的，应当向犯罪嫌疑人送达《听取犯罪嫌疑人意见书》听取相关意见。这样，在审查决定逮捕阶段，每个案件无论以何种形式，都可以听到犯罪嫌疑人的意见，有利于检察机关加强证据审查，防止错捕漏捕。

（2）人民检察院的逮捕决定由同级公安机关执行。

（3）不予逮捕决定书。人民检察院决定不予逮捕的，应当将不予逮捕决定书连同案卷材料一并交人民检察院侦查部门，并应当说明理由，认为需要补充侦查的，应当制作补充侦查提纲。

（4）追捕程序。对应当逮捕而人民检察院侦查部门未报请逮捕的犯罪嫌疑人，人民检察院刑事部门应当通知人民检察院侦查部门报请逮捕犯罪嫌疑人。人民检察院侦查部门不同意报请逮捕犯罪嫌疑人的，应当说明理由。经审查理由不成立的，人民检察院刑事部门可以依法作出逮捕决定。

（三）逮捕程序在适用中存在的问题及完善

1. 逮捕程序在适用中存在的问题

（1）审查主体的中立性受到质疑

对于由检察机关行使逮捕权的问题，在学界受到很多争议，有学者指出，对比各法治国家及国际刑事司法准则、判例，我国是少有的检察官有权批准类似于我国逮捕这样的羁押性措施的国家①，不少观点认为，实践中尽管分别交由不同部门的检察官分别处理审查批准逮捕工作与公诉工作，但是在处理重大案件时，无论是审查批准逮捕案件还是公诉案件，最终处理结果都是由检察长或检委会决定，很大程度会造成批准或决定逮捕与提起公诉职能的重合，这种情况下，作出是否逮捕决定的检察机关的独立性、中立性是没有办法得到保证的。

（2）审查程序的行政化受到质疑

如前所述，我国检察机关对逮捕的审查方式主要是通过对侦查机关提交案卷的书面审查以决定是否批准逮捕，而审查逮捕所依赖的卷宗有着制作主体的官方性与单方性的特点。有学者指出，承办人只有在对证据有疑问时才会讯问犯罪嫌疑人，而且检察官在讯问中所获取的信息，也很难确定对审查逮捕决定所起的实际作用有多大。在司法实践中，审查逮捕程序也主要是一种书面式的秘密审批程序，对比审查批捕的一般程序与行政机关内部的审批程序，也很难发现两者之间存在什么根本性的不同②，从这个意义上讲，我国的审查逮捕制度表现出了明显的行政化的特点。

其次，我国现行批准或决定逮捕程序缺乏公开性。公开性主要表现在审查逮捕过程应当采取透明公开的过程，应当吸收犯罪嫌疑人及其辩护人、侦查机关共同参加的程序。在我国，审查逮捕过程中犯罪嫌疑人的参与是被动的和例外的，尽管《中华人民共和国刑事诉讼法》规定了审查逮捕需听取犯

---

① 孙长永：《检察机关批捕权问题管见》，《国家检察官学院学报》2009 年第 2 期，第 59 页。

② 孙长永主编：《侦查程序与人权保障——中国侦查程序的改革与完善》，北京：中国法制出版社 2009 年版，第 46 页。

罪嫌疑人意见和律师辩护意见，但在实践中，不可否认大多数案件在很大程度上仍缺乏犯罪嫌疑人的参与，检察机关审查逮捕时受到来自公安机关侦查需要的影响很大，因而很难保证逮捕适用程序的公开性和公正性。

2. 逮捕程序完善路径

（1）审查主体的选择

有不少学者建议借鉴域外经验，将法官作为审查逮捕的审查主体，建立相应的司法审查制度；也有观点认为在我国，检察官也可以作为审查主体，这种做法同样具有正当性，并且更具有可行性。学界观点各有拥趸，但如果重新划分权力，进行原则上的改革，则又意味着必须修改《中华人民共和国刑事诉讼法》等上位法，改革将困难重重，并且在法律执行上也将面临许多问题。

事实上，检察官相对中立的可能性较大。首先，我国并非实行检警一体化的国家，检察机关仅享有部分侦查权，仅能对自侦案件进行侦查，已经在现有体制下最大限度地实现监督制约；此外，检察机关是我国的法律监督机关，只能对侦查活动进行监督，行使监督权，而不享有侦查指挥权。因此，我国检察机关的定位是刑事诉讼中的监督者，而检警一体化之下的检察机关则是追诉者，两者存在根本的不同。其次，如果审查逮捕人员作出了错误的逮捕决定，审查起诉人员囿于错案赔偿责任制，即使倾向于将案件起诉到法院，也不会贸然起诉，而承担败诉风险。因此，行使审查逮捕权力的检察官即使在现行制度下仍具有处于相对中立状态的可能。在当前交由法院行使审查逮捕的权力阻力重重的情况下，更为可行的是采取步进式的改革措施，加强被审查人的主动参与权，在审查逮捕阶段进一步扩大、增强律师的参与权，并且明确检察机关"必须对被审查人进行听审"的义务，同时完善一些类似于人民监督员制度的配套措施，从而树立检察机关裁判者的角色。

（2）审查程序的诉讼化方向建议

有学者针对目前审查程序行政化的现状，建议建立审查批准逮捕程序的诉讼化结构模式，在这种模式中，审查逮捕的检察官被预设在结构顶端，提请批准逮捕的侦查机关和被提请逮捕的犯罪嫌疑人及其辩护人被分别预设在结构的左右两端。审查逮捕程序由侦查机关提请启动，审查在侦查人员、犯罪嫌疑人及其辩护人到场的情况下以听证的形式进行，双方对证据进行质证、就是否有逮捕必要陈述意见、并发表辩论，检察官在充分听取双方意见的基础上做出最终决定。[①] 就现实而言，要实现审查逮捕程序的诉讼化可以说是任重道远，但诉讼化模式中体现的对抗性理念仍有值得借鉴之处。如保证犯罪嫌疑人的参与权、引入律师参与制度等。

保证犯罪嫌疑人的参与权。首先，应当明确规定犯罪嫌疑人享有告知权。告知的内容应当具体、详尽，告知的方式应当是书面通知，告知的对象应当是犯罪嫌疑人本人、犯罪嫌疑人的近亲属及嫌疑人委托的律师，并且应当是在犯罪嫌疑人被拘留后的 24 小时内告知。其次，应当明确规定审查逮捕阶段必须讯问犯罪嫌疑人。依据我国的现行法律规定，讯问犯罪嫌疑人不是审查逮捕阶段的必经程序，《人民检察院刑事诉讼规则（试行）》第三百零五条规定了六种应当讯问犯罪嫌疑人的情形，除六种情形外则属于可以讯问的情形，但在实践中囿于办案期限和办案力量等，承办人一般没有再进行讯问。建议扩大应当讯问犯罪嫌疑人案件的范围，在程序上规定一般都应当讯问犯罪嫌疑人，少数案情极其简单的案件除外，将讯问作为原则，不讯问作为例外。

引入律师参与制度。在我国现阶段，尚不能称为真正的"控辩平等"，根据现行制度能做到的，是赋予律师充分的参与权，将参与权细化，分成各类具体权利具体实现。首先，就学界一直在争议的是否要赋予犯罪嫌疑人接受讯问时的律师在场权，该权利是反对强迫自证其罪权利的衍生，姑且不论可行性及实施难度，如果能够切实在司法实践中推进，显而易见将有利于防止侦查权的滥用，防范刑讯逼供。同理，在审查批准逮捕阶段建立律师到场制度也能有良好的效果，律师能够指导犯罪嫌疑人回答问题、发表辩论，协

---

① 胡图：《审查批准逮捕程序的诉讼化路径探寻》，《犯罪研究》2014 年第 1 期，第 88 页。

助犯罪嫌疑人行使权利，使犯罪嫌疑人与侦查机关在诉讼地位和力量上的差距得到缩小，均衡双方的诉讼力量；此外，在一定程度上，律师在场也能对审查人员进行监督，防止侦查权滥用；其次，为了使律师能够进行有效的抗辩，赋予律师调查取证权。受限于控诉角色，侦查机关在侦查过程中往往更加注重收集犯罪嫌疑人的犯罪动机、犯罪主客观、前科材料等不利于犯罪嫌疑人的证据，而赋予律师调查参与权，律师可以从有利于犯罪嫌疑人的角度收集证据，审查人员可以综合审查侦查人员和律师提交的证据材料，在全方位的素材中，更容易发现案件真实，从而做出更为公平公正的判断。

第十章

检察机关公诉制度

一、审查起诉

（一）审查起诉的概念

审查起诉是指人民检察院对侦查（监察）机关或侦查部门侦查（调查）终结移送起诉的案件受理后，依法对侦查（监察）机关或侦查部门认定的犯罪事实和证据、犯罪性质以及适用的法律等进行核实，并作出处理决定的一项诉讼活动。其内容包括：对移送起诉案件的受理；对案件的实体问题和程序问题进行全面审查，监督侦查（监察）机关或侦查部门的侦查活动，纠正违法情况；通过审查依法作出起诉或不起诉决定等。

（二）国外审查起诉制度

各国由于不同的历史传统和制度环境，形成的审查起诉制度也各具特色。为了更好地了解这些制度，可以依照不同的标准加以分类。

1. 垄断式与分权式

这是根据行使审查起诉权的主体不同划分的。垄断式是指行使审查起诉权的主体只能是检察机关，其他任何机关和个人无权行使审查起诉权。在德国，检察机关与警察机关是一种领导和指导的关系，检察机关兼侦查与提起公诉职责于一身，是否提起公诉或者停止程序，完全由检察机关自行决定。在日本，实行国家追诉主义和起诉独占主义，审查起诉是检察机关的职权，审查起诉结果由检察机关决定。分权式是指审查起诉权不是由一个机关行使，是由不同的机关分别行使或者共同行使的。分权式普遍以权力分立、权力制衡作为起诉制度的理论基础。由于各国历史文化传统、司法体制的差异，审查起诉制度在分权的具体方式上各不相同。美国审查起诉的主要模式可以概括为检察官代表国家提起公诉模式和大陪审团审查模式或预审听证模式。轻罪由检察官单独行使审查起诉职能；重罪实行两个阶段的起诉：第一阶段是检察机关决定起诉，提交起诉书草案；第二阶段是大陪审团或预审法官审查，决定是否起诉。在法国，对于违警罪和轻罪案件，有检察官审查起诉和预审法官审查起诉两类。重罪案件的起诉必须先后经初级预审和二级预审，其中初级预审是预审法官的正式侦查活动，二级预审才是审查起诉活动，由上诉法院的刑事审查庭进行。

上述两种审查起诉模式各有优缺点。垄断式可以保证起诉标准的统一，同时有利于提高起诉效率，但可能造成该诉不诉或不该诉而诉的现象。如果缺乏相应制约，容易造成检察官权力的滥用。分权式重在权力之间的制约，防止权力异化，有利于保障被控者权利，但效率较低。因而，采用这种审查方式的国家大都将其限定于重罪案件。

2. 审查式与辩论式

以审查起诉活动的方式为依据。审查式是指审查起诉活动中不存在中立的第三方，不实行控诉与辩护双方辩论质证，而由公诉机关根据侦查收集的证据和查明的案件事实，审查案件是否符合起诉条件并做出是否起诉的决定。审查过程中往往不采取开庭方式，而是秘密进行。在检察机关垄断起诉权的国家，在侦查、起诉阶段，职权主义诉讼形式特点鲜明、检察机关地位较高，审查起诉过程往往以检察机关单方面活动为主，被追诉人的诉讼地位和权利较弱。在审查式下，人们较为信任检察机关起诉权行使的公正性，检察官有广阔而充分的时空条件开展活动。辩论式是指在审查起诉活动中，存在着一个中立方，控诉方与被告方就是否应当起诉问题当庭举证、讯问和询问，中立方在听审基础上做出驳回起诉或移送起诉的决定。在英国，预审有两种形式：书面预审和言词预审。这种审查方式的当事人主义诉讼形式特点明显，控、辩双方的活动同等重要地影响是否起诉。

上述两种审查模式各具优缺点。审查式重在权力行使的集中、统一，有利于控制犯罪，效率高；缺点是忽视辩护方的声音，审查程序缺乏民主性、透明性，不利于当事人诉讼权利的保护。辩论式突出了审查起诉活动的透明度，体现了对起诉权行使的慎重态度，但不利于提高追究犯罪的效率。第二次世界大战后，受保护被告人思潮的影响，实行审查式程序的国家纷纷吸收了辩论式审查起诉的特点，例如在提起公诉阶段甚至侦查阶段就允许辩护人介入诉讼，强化辩护方的权利；规定侦查终结的结论或公诉的决定应当及时通知被告人及其辩护人并听取他们的意见等。受诉讼效率、诉讼经济思想的影响，实行辩论式程序的国家越来越多地只将这种程序运用于重罪案件，对轻罪案件则采取审查式，并规定了轻罪案件的各种简易处理方式。

（三）我国审查起诉制度的特点、功能

1. 审查起诉的特点

我国审查起诉制度有以下特点：

（1）审查起诉是独立的诉讼阶段。在我国，刑事诉讼由侦查、起诉、审判三个阶段构成，审查起诉是连接侦查和审判的独立的诉讼阶段。公安机关、检察机关、审判机关各自独立，各司其职，各负其责。

（2）检察机关是行使审查起诉权的唯一主体。在实行预审制的国家，审查起诉权由法院、预审法官或者大陪审团行使。在我国，公诉权是一项具有专属性的国家权力，其他机关、团体和个人无权行使。

（3）审查起诉与法律监督相统一。我国宪法规定，检察机关是法律监督机关。检察机关通过审查起诉活动对侦查活动是否合法实行监督，可以发现和纠正侦查工作中的违法情况，从而保证刑事诉讼活动的合法性，维护司法公正。

（4）审查起诉方式以审查式为主，同时吸收辩论式特点。我国的审查起诉程序由检察机关主持，不采用开庭方式，而且基本上不公开进行。同审判阶段相比，被追诉方行使辩护权的范围相对有局限性。近年来，我国进行了刑事诉讼制度改革，也吸收了辩论式审查起诉方式的特点。

2. 审查起诉的功能

（1）对侦查的监督功能。刑事诉讼的任务有二，一是要使实施犯罪行为的人受到应有的法律追究；二是要保障无罪的人不受国家追诉权的不当侵害，保证法律实施的公正性。侦查程序具有强制性特点，而且往往以侦查机关单方面的行为为主，使得侦查程序中容易出现侵犯人权的现象。在提请审判前设立一个专门机构对侦查机关的活动进行审查，可以在诉讼的早期弥补这种程序性缺陷。由什么样的机构、采用什么样的程序加以弥补各国没有统一的模式。《中华人民共和国刑事诉讼法》把侦查权和起诉权分别赋予不同的主体行使，检察机关审查起诉的一个重要内容是审查侦查活动是否合法。

（2）对侦查的导向功能。在我国，侦查和起诉都是独立的诉讼阶段，但侦查机关和检察机关遵循分工负责、互相配合、互相制约的原则。侦查活动的主要目的是起诉，检察机关站在起诉的角度引导侦查机关收集证据，查明案件事实。同时检察机关在行使职权过程中有客观公正的义务，不能完全站在追究犯罪一方。

（3）案件过滤功能。检察机关审查起诉的基本内容是按照一定的标准对案件进行审查，将符合起诉条件的案件起诉到法院。检察机关通过审查起诉活动，防止草率的起诉和不必要的指控，适时终结不应起诉和不必起诉的案件，避免将不符合审判条件的案件输入法院，从而防止滥诉，节省诉讼成本。

（4）启动审判功能。审查起诉的结果之一是将符合起诉条件的案件输入法院，使案件进入审判阶段，因而审查起诉就有了启动审判程序的意义和功能。"不告不理"是一项古老的诉讼原则并延续至今，成为重要的现代诉讼法治原则。刑事审判因起诉而启动并由控诉方的一系列行为如支持公诉、抗诉等将程序向纵深推进。在启动审判的同时，起诉决定也限制了审判权的范围。审判机关只能针对公诉的被告人和公诉的犯罪事实进行审判，除检察机关变更起诉外，审判机关不得对起诉机关指控的被告人之外的人或事实行使审判权。

（四）审查起诉的程序与期限

1. 审阅案卷材料

根据《人民检察院刑事诉讼规则》的规定，人民检察院受理移送审查起诉的案件，应当由检察官办理，也可以由检察长办理。办案人员接到案件后，应当阅卷审查，制作案卷笔录。

2. 讯问犯罪嫌疑人

根据《中华人民共和国刑事诉讼法》的规定，人民检察院审查起诉案件，应当讯问犯罪嫌疑人。因此，讯问犯罪嫌疑人是人民检察院审查起诉的必经程序。讯问的目的，一是核对证据，二是听取犯罪嫌疑人对指控的事实和罪名的意见。

3. 听取辩护人、被害人及其诉讼代理人的意见

根据《中华人民共和国刑事诉讼法》的规定，应当听取辩护人、被害人及其诉讼代理人的意见；辩护人、被害人及其诉讼代理人提出书面意见的，应当附卷。

4. 通知公安机关补充证据或补充侦查

《中华人民共和国刑事诉讼法》规定，人民检察院审查案件，可以要求公安机关提供法庭审判所必需的证据材料；对于需要补充侦查的，可以退回公安机关补充侦查，也可以自行侦查。因此，人民检察院在审查起诉过程中可以要求公安机关提供证据，或者进行补充侦查。此阶段的补充侦查既可以由公安机关进行，也可以由人民检察院进行。

5. 对证据的合法性进行审查

人民检察院在审查起诉过程中，认为可能存在《中华人民共和国刑事诉讼法》规定的以非法方法收集证据情形的，可以要求公安机关对证据收集的合法性作出说明。这是2012年《中华人民共和国刑事诉讼法》修改时增加的规定。该规定的目的一是确立人民检察院在审查起诉阶段对证据合法性的审查权，二是规定人民检察院审查证据合法性的方式和方法。根据该规定，人民检察院认为证据可能为非法证据时，可以要求公安机关对证据收集的合法性作出说明。如不能排除证据为非法获得的嫌疑的，应当排除该证据的证

据资格。

6. 审查起诉的期限

人民检察院对于公安机关移送起诉的案件，应当在一个月内做出决定，重大、复杂的案件，可以延长半个月。人民检察院审查起诉的案件，改变管辖的，从改变后的人民检察院收到案件之日起计算审查起诉期限。对于补充侦查的案件，应当在一个月内补充侦查完毕，补充侦查以二次为限，补充侦查完毕移送人民检察院后，人民检察院重新计算审查起诉期限。因此，人民检察院审查起诉的期限一般为一个月，重大复杂的案件可延长到一个半月。

（五）审查后的处理

人民检察院对案件进行审查后，认为犯罪事实已经查清，证据确实、充分，依法应当追究刑事责任的，应当作出起诉决定，按照审判管辖的规定，向人民法院提起公诉，并将案卷材料、证据移送人民法院。如果认为犯罪嫌疑人没有犯罪事实，或者有《中华人民共和国刑事诉讼法》第十六条规定的情形之一的，应当作出不起诉决定；对于犯罪情节轻微的，依照《中华人民共和国刑法》（以下简称《刑法》）规定不需要判处刑罚或者免除刑罚的，可以作出不起诉决定。

二、提起公诉

（一）提起公诉的概念和条件

提起公诉是人民检察院代表国家将犯罪嫌疑人移交给人民法院，要求人民法院通过审判追究其刑事责任的一种诉讼活动。人民检察院作出提起公诉的决定后，犯罪嫌疑人的诉讼地位转变为刑事被告人。提起公诉的条件有以下几个方面：

1. 事实条件与证据条件

提起公诉的事实条件是犯罪事实已经查清，证据条件是证据确实充分。所谓犯罪事实已经查清包括以下情形：（1）属于单一罪行的案件，与定罪量刑有关的事实已经查清，不影响定罪量刑的事实无法查清的；（2）属于数个罪行的案件，部分罪行已经查清并符合起诉条件，其他罪行无法查清的，对于以上两种情形，都应当以已经查清的罪行起诉；（3）无法查清作案工具、赃物去向，但有其他证据足以对被告人定罪量刑的；（4）证人证言、犯罪嫌疑人供述和辩解、被害人陈述的内容中主要情节一致，只有个别情节不一致且不影响定罪的。

2. 刑责条件

提起公诉的第二个条件是依法应当追究刑事责任。这是指犯罪嫌疑人不属于《中华人民共和国刑事诉讼法》第十六条规定的情形，也不属于犯罪情节轻微依照《刑法》不需要判处刑罚或者免除刑罚的情形。人民检察院在办理公安机关移送起诉的案件时，发现遗漏罪行或者依法应当移送审查起诉同案犯罪嫌疑人的，应当要求公安机关补充移送审查起诉；对于犯罪事实清楚，证据确实、充分的，人民检察院也可以直接提起公诉。

（二）提起公诉的程序

1. 起诉书的制作

人民检察院作出起诉决定后，应当制作起诉书。起诉书的主要内容包括：（1）被告人的基本情况，包括姓名、性别、出生年月日、出生地和户籍地、身份证号码、民族、文化程度、职业、工作单位及职务、住址，是否受过刑事处分及所受处分的种类和时间，采取强制措施的情况等；如果是单位犯罪，应当写明犯罪单位的名称和组织机构代码、所在地址、联系方式，法定代表人和诉讼代表人的姓名、职务、联系方式；如果还有应当负刑事责任的直接负责的主管人员或其他直接责任人员，应当按上述被告人基本情况的内容书写。（2）案由和案件来源。（3）案件事实，包括犯罪的时间、地点、经过、手段、动机、目的、危害后果等与定罪量刑有关的事实要素；起诉书叙述的指控犯罪事实的必备要素应当明晰、准确；被告人被控有多项犯罪事实的，应当逐一列举，对于犯罪手段相同的同一犯罪可以概括叙述。（4）起诉的根据和理由，包括被告人触犯的刑法条款、犯罪的性质及认定的罪名、处罚条款、法定从轻、减轻或者从重处罚的情节，共同犯罪各被告人应负的罪责等。

2. 起诉书、案卷材料和证据的移送

人民检察院认为犯罪嫌疑人的犯罪事实已经查清，证据确实、充分，依法应当追究刑事责任的，应当作出起诉决定，按照审批管辖的规定，向人民法院提起公诉，并将案卷材料、证据移送人民法院。移送材料应注意以下事项：（1）起诉书应当一式八份，每增加一名被告人增加起诉书五份。关于被害人姓名、住址、联系方式、被告人被采取强制措施的种类、是否在案及羁押处所等问题，人民检察院应当在起诉书中列明，不再单独移送材料；对于涉及被害人隐私的内容或者为保护证人、鉴定人、被害人姓名、住址、工作单位和联系方式等个人信息，可以在起诉书中使用化名替代证人、鉴定人、被害人的个人信息，但是应当另行书面说明使用化名等的情况，并标明密级。（2）人民检察院对犯罪嫌疑人、被告人、证人等翻供、翻证的材料以及对犯罪嫌疑人、被告人有利的其他证据材料，应当移送人民法院。（3）在审查起诉期间，人民检察院可以根据辩护人的申请，向公安机关调取在侦查期间收集的证明犯罪嫌疑人、被告人无罪或犯罪情节轻微的证据材料。（4）人民法院认为移送的有关材料不符合《中华人民共和国刑事诉讼法》规定的条件，向人民检察院提出书面意见要求补充提供的，人民检察院应当补充提供。（5）提起公诉后，人民法院开庭审判前，人民检察院自行补充收集的证据材料，应当根据《中华人民共和国刑事诉讼法》的规定向人民法院移送。

3. 建议或同意适用简易程序

《中华人民共和国刑事诉讼法》规定，对依法可判处有期徒刑、拘役、管制、单处罚金的公诉案件，事实清楚、证据充分，被告人认罪且同意适用简易程序的，人民检察院可以建议或同意适用简易程序。因此，人民检察院决定提起公诉时，对于符合该条规定的案件，应当向人民法院提出建议。其程序如下：（1）人民法院向人民检察院提出适用简易程序建议的，是否同意由检察长决定。（2）人民法院认为案件需要适用简易程序，向人民检察院提出书面建议的，人民检察院应当在10日内答复是否同意。（3）人民检察院对建议或同意适用简易程序审理的公诉案件，应当向人民法院移送全部案卷和证据。

三、不起诉制度

不起诉制度，是指人民检察院对公安机关侦查终结移送起诉的案件和自行侦查终结的案件以及监察机关调查终结移送起诉的案件进行审查后，认为犯罪嫌疑人的行为不符合起诉条件或者没有必要起诉的，依法作出不将犯罪嫌疑人提交人民法院进行审判、追究刑事责任的一种制度。[1] 不起诉制度是我国刑事诉讼制度的一项重要内容，符合我国公诉制度的发展规律及发展方向，具有重大的司法实践意义，在强化检察官客观公正义务、保障无罪的人不受刑事追究、贯彻宽严相济刑事政策、落实诉讼经济原则等方面都发挥着积极作用。[2]

中国古代素有宽免刑罚的司法理论与实践传统，"因时而赦""分化瓦解""便宜从事"等理念对我国不起诉制度的产生与发展有重要影响。近现代以来，我国检察机关的不起诉制度历经发展与变革后逐步确立并完善。1979 年 7 月 7 日颁布的《中华人民共和国刑事诉讼法》规定："不需要判处刑罚或者免除刑罚的，人民检察院可以免予起诉。"这一规定赋予了检察机关免予起诉权和法定不起诉权，以法律形式确立了中国的不起诉制度。但由于免予起诉制度存在变相赋予人民检察院定罪权、缺乏应有的制约与限制，甚至有可能侵害被告人诉讼权利的行使等弊端，1996 年修订的《中华人民共和国刑事诉讼法》规定："对于犯罪情节轻微，依照刑法规定不需要判处刑罚或者免除刑罚的，人民检察院可以作出不起诉决定。"该规定在取消免予起诉制度的同时，设立了酌定不起诉（相对不起诉）制度，将起诉法定主义与起诉便宜主义有机结合起来。同时，此次修订还规定检察机关对证据不足，不符合起诉条件的案件，可以作出证据不足（存疑）不起诉的决定。2012 年《中华人民共和国刑事诉讼法》的第二次修订，新增了检察机关可以在涉及未成年人的刑事案件特别程序中附条件不起诉的规定。附条件不起诉

---

①　陈光中：《读懂刑事诉讼法》，南京：江苏人民出版社 2015 年版，第 135 页。
②　童建明：《论不起诉权的合理适用》，《中国刑事法杂志》2019 年第 4 期，第 23 - 34 页。

制度的建立，标志着司法实践在保护未成年犯罪嫌疑人权益、扩大检察机关裁量权方面迈出了积极的一步。2018《中华人民共和国刑事诉讼法》修订新增第一百八十二条，"犯罪嫌疑人自愿如实供述涉嫌犯罪的事实，有重大立功或者案件涉及国家重大利益的，经最高人民检察院核准，公安机关可以撤销案件，人民检察院可以作出不起诉决定，也可以对涉嫌数罪中的一项或者多项不起诉"。首创了我国的核准（特殊）不起诉制度，这是一项特别的不起诉制度，其吸收了英美法系国家诉辩交易的合理元素，对于我国控辩协商制度的形成具有划时代的重要意义。① 至此，我国形成了以法定不起诉制度、酌定不起诉制度、证据不足不起诉制度、附条件不起诉制度、核准不起诉制度为内容的刑事不起诉制度体系，实现了由实体性定罪免罚向程序性不起诉、多元化发展的历程。②

基于中国的文化传统，适应我国经济社会发展的需要，我国的不起诉制度带有鲜明的中国特色：一是我国不起诉制度的内容具有广泛性。不同于英国、法国仅在立法中对法定不起诉和存疑不起诉作出规定，也不同于德国、日本在立法中只规定了法定不起诉与酌定不起诉，我国的不起诉制度建立了包括法定不起诉、酌定不起诉、证据不足不起诉、附条件不起诉、核准不起诉在内的完整的不起诉制度体系，有效保障了司法实践的效率与公正。二是我国不起诉制度的主体具有独占性。纵观国外的不起诉制度主体，法国检察官只有不起诉的建议权，而决定权在预审法官；日本检察官虽享有不起诉的决定权，却同时需要接受"检察委员会"甚至是法院的审查。在我国，《中华人民共和国刑事诉讼法》赋予了人民检察院独占性的公诉权力，检察机关是有权依据法律规定作出不起诉决定的唯一主体，独享不起诉的审查、决定权。三是我国的不起诉制度的程序体现了民主性。在作出不起诉决定前，检察机关需要充分听取包括犯罪嫌疑人、被害人、委托代理人在内的各方意

---

① 刘根：《核准不起诉——一种新型的不起诉制度》，《南昌大学学报（人文社会科学版）》2020 年第 1 期，第 50 - 61 页。

② 陈卫东：《检察机关适用不起诉权的问题与对策研究》，《中国刑事法杂志》2019 第 4 期，第 35 - 45 页。

见，在当事人认为检察机关作出了不正确的不起诉决定时，法律也为当事人提供了复议、复核、诉讼等救济途径。

（一）我国不起诉的种类及适用条件

1. 法定不起诉

（1）法定不起诉的界定

法定不起诉，又称绝对不起诉，《中华人民共和国刑事诉讼法》第一百七十七条第一款规定："犯罪嫌疑人没有犯罪事实，或者有本法第十六条规定的情形之一的，人民检察院应当作出不起诉决定。"所谓的"法定"，实质上就是法律所规定的"应当"，即当存在《中华人民共和国刑事诉讼法》第一百七十七条规定的情形时，人民检察院没有自由裁量权的余地，不再享有作出起诉决定或者不起诉决定的权力，只能依法作出不起诉决定。

（2）法定不起诉的适用条件

根据我国《中华人民共和国刑事诉讼法》第一百七十七条、第十六条的相关规定，以下几种情形可以适用法定不起诉：①犯罪嫌疑人没有犯罪事实的；②情节显著轻微、危害不大，不认为是犯罪的；③犯罪已过追诉时效期限的；④经特赦令免除处罚的；⑤依照刑法告诉才处理的犯罪，没有告诉或者撤回告诉的；⑥犯罪嫌疑人，被告人死亡的；⑦其他法律规定免予追究刑事责任的。

满足上述 7 个条件之一时，检察机关可以对案件不提起公诉。概括地说，法定不起诉适用于行为不构成犯罪的，行为构成犯罪但应当免除处罚的，亲告罪未进入诉讼程序的等情形。

2. 酌定不起诉

（1）酌定不起诉的界定

酌定不起诉，又称相对不起诉，《中华人民共和国刑事诉讼法》第一百七十七条第二款规定："对于犯罪情节轻微，依照刑法规定不需要判处刑罚或者免除刑罚的，人民检察院可以作出不起诉决定。"所谓的"酌定"，实质上是指法律所规定的"可以"，即在构成犯罪的案件符合特定情形时不追究刑事责任的制度，是一种不予起诉制度。① 酌定不起诉本质上体现了起诉便宜主义精神：虽实施了犯罪行为，满足起诉要件，但检察机关综合各种情形，认为不需要提起公诉的，可以行使自由裁量权决定不起诉。②

（2）酌定不起诉的适用条件

根据《刑法》第十条、第十九至二十二条、第二十四条、第二十七至二十八条、第六十七至六十八条以及《中华人民共和国刑事诉讼法》第二百九十条的相关规定，酌定不起诉适用于以下情形：①犯罪嫌疑人在我国领域外犯罪，依照我国刑法应当负刑事责任，但在外国已经受过刑事处罚的；②犯罪嫌疑人又聋又哑，或者是盲人的；③犯罪嫌疑人因正当防卫或者紧急避险过当而犯罪的；④为犯罪准备工具，制造条件的；⑤在犯罪过程中自动终止犯罪或者自动有效防止犯罪结果发生，没有造成损害的；⑥在共同犯罪中，起次要或者辅助作用的；⑦被胁迫参加犯罪的；⑧犯罪嫌疑人自首或者有重大立功表现或者自首后又有重大立功表现的；⑨双方当事人达成和解协议的，符合法律规定不起诉条件的。

从相关法律规定看，适用酌定不起诉需同时满足两个条件：一是行为人的行为已经构成犯罪，应当负刑事责任；二是犯罪行为情节轻微，依据《刑法》不需要判处刑罚或者免除刑罚。③ 但需要注意的是，酌定不起诉的必要条件应当界定为"依据《刑法》不需要判处刑罚或者免除刑罚"，因为在我国的《刑法》规范中，"免除刑罚"并不与"犯罪情节轻微"完全对应，《刑法》条文对免除刑罚的不同情况都作出了不同规定。

3. 证据不足不起诉

（1）证据不足不起诉的内涵

证据不足不起诉，又称存疑不起诉，规定于《中华人民共和国刑事诉讼

---

① 陈光中：《论我国酌定不起诉制度》，《中国刑事法杂志》2001 年第 1 期，第 74 – 81 页。

② 宋英辉：《刑事诉讼法原理（第二版）》，北京：法律出版社 2007 年版，第 287 页。

③ 陈光中：《中华人民共和国刑事诉讼法（第六版）》，北京：北京大学出版社 2016 年版，第 333 页。

法》第一百七十五条第四款："对于二次补充侦查的案件，人民检察院仍然认为证据不足，不符合起诉条件的，应当作出不起诉的决定。"证据不足不起诉的法理基础是无罪推定原则，无罪推定原则的内涵是：不能证明有罪即无罪。这必然演绎出罪疑从无，证据不足作无罪处理的结论。[①]

（2）证据不足不起诉的适用条件

依据《人民检察院刑事诉讼规则》，刑事诉讼程序中遇到以下情形的，应认定为"证据不足"，不符合起诉条件：①犯罪构成要件事实缺乏必要的证据予以证明的；②据以定罪的证据存在疑问，无法查证属实的；③据以定罪的证据之间、证据与案件事实之间的矛盾不能合理排除的；④根据证据得出的结论具有其他可能性，不能排除合理怀疑的；⑤根据证据认定案件事实不符合逻辑和经验法则，得出的结论明显不符合常理的。[②]

适用证据不足不起诉必须同时具备两个要件：一是案件的证据达不到起诉所必须具备的确实充分的证据标准，这是证据不足不起诉的实体要件。证据确实充分的衡量标准是：案件事实均有相关证据予以证明；证据之间、证据与案件事实之间的矛盾能够得到合理排除；结合全部证据所得出的结论是唯一的，排除了其他可能性。证据的质与量不符合这一标准为"证据不足"。[③] 二是案件必须经过补充侦查，这是证据不足不起诉的程序要件。需要补充侦查的，应当在两个月内补充侦查完毕，以两次为限，第二次补充侦查完毕后证据仍然不足的，检察机关必须依法作出不起诉的决定。可以说，证据不足不起诉制度是我国刑法制度保障人权的重要体现。

4. 附条件不起诉

（1）附条件不起诉的内涵

附条件不起诉，是指检察机关在审查起诉时，根据犯罪嫌疑人的年龄、

① 侯智、黄鲁滨：《刑事不起诉制度探析》，《法学杂志》2009年第10期，第90-93页。
② 陈光中：《中华人民共和国刑事诉讼法（第六版）》，北京：北京大学出版社2016年版，第334页。
③ 唐冰：《刑事不起诉制度及其制约》，《四川警官高等专科学校学报》2003年第2期，第22-26页。

性格、犯罪性质和情节、犯罪原因以及犯罪后的悔过表现等情况，对罪行较轻的犯罪嫌疑人设定一定的条件，如果在法定期限内，犯罪嫌疑人履行了相关的义务，检察机关应作出不起诉决定。在我国，附条件不起诉是关于未成年人刑事案件诉讼程序的特别规定，于 2012 年正式确立于《中华人民共和国刑事诉讼法》第二百七十一条第一款："对于未成年人涉嫌刑法分则第四章、第五章、第六章规定的犯罪，可能判处一年有期徒刑以下刑罚，符合起诉条件，但有悔罪表现的，人民检察院可以作出附条件不起诉的决定。人民检察院在作出附条件不起诉的决定以前，应当听取公安机关、被害人的意见。"具体而言，即为了使未成年犯罪嫌疑人早日健康复归社会，国家公诉机关对特定范围内符合起诉条件的案件，基于在刑事诉讼程序中贯彻对未成年人的"教育、感化、挽救"方针，落实"教育为主，惩罚为辅"的原则，对案件所造成的社会影响、未成年犯罪嫌疑人的实际情况以及家庭环境等因素进行综合考量后，设置一定的考察期限和考察条件，对未成年犯罪嫌疑人做出暂时不予起诉的决定，在考察期内未成年犯罪嫌疑人未违反附条件不起诉的监督管理规定的，考察期满之后检察机关应当作出不起诉决定，否则检察机关应当撤销附条件不起诉决定。因此，附条件的不起诉又可以称为暂缓起诉、暂缓不起诉、缓予起诉等。

（2）附条件不起诉的适用条件

附条件不起诉的适用条件实质上指的是附条件不起诉制度的构成内容，包括主体、罪名、刑期、适用前提、附加条件及相关诉讼程序。① 《中华人民共和国刑事诉讼法》（2018 年修正版）第二百八十二条规定了适用附条件不起诉需要满足的六个要件：①适用附条件不起诉的主体是未成年犯罪嫌疑人；②犯罪嫌疑人所涉及的犯罪是《刑法》分则第四章、第五章、第六章规定的侵犯公民人身权利、民主权利犯罪，侵犯公民财产权利犯罪和妨碍社会管理秩序罪；③犯罪嫌疑人所涉嫌的犯罪可能判处 1 年有期徒刑以下的刑

---

① 张中剑：《检视与完善：我国未成年人附条件不起诉制度若干问题探讨》，《中国刑事法杂志》2013 年第 7 期，第 84－88 页。

罚；④所涉嫌的犯罪符合《中华人民共和国刑事诉讼法》所规定的起诉条件；⑤犯罪嫌疑人有悔罪表现；⑥人民检察院在作出附条件不起诉的决定以前，应当听取公安机关、被害人的意见。被害人的意见在检察机关决定是否作出不起诉决定时非常重要。同时，特别需要予以注意的是，"犯罪嫌疑人具有悔罪表现"是适用附条件不起诉制度的基础条件之一，在附条件不起诉实施全过程，尤其是监督考察期间应当具有非常重要的地位和作用。①

5. 核准不起诉

（1）核准不起诉的内涵

核准不起诉，也可以称为特殊不起诉，是 2018 年《中华人民共和国刑事诉讼法》修正时所确立的一种在犯罪嫌疑人认罪认罚从宽制度特殊情形下的不起诉制度，规定于《中华人民共和国刑事诉讼法》第一百八十二条"犯罪嫌疑人自愿、如实供述涉嫌犯罪的事实，有重大立功或者案件涉及国家重大利益的，经最高人民检察院核准，公安机关可以撤销案件，人民检察院可以作出不起诉决定，也可以对涉嫌数罪中的一项或者多项不起诉"。即对于自愿认罪且有重大立功或者案件涉及国家重大利益的犯罪嫌疑人，经最高人民检察院核准，人民检察院可以依法不将其交付人民法院审判的一种不起诉。核准不起诉主要是基于公共利益的考量，即基于国家和社会民众的一种大局性利益，对事实上构成犯罪的嫌疑人不予起诉，不追究其刑事责任。②

相对于其他类型的不起诉制度，核准不起诉制度有两大鲜明特质，一是核准不起诉制度的不起诉核准权为最高人民检察院所享有，在满足核准不起诉的前提条件的情况下，公安机关不能直接撤销案件，其他各级检察机关也不能直接作出不起诉决定，报最高人民检察院核准是核准不起诉制度的必要程序；二是在核准不起诉制度下，检察机关不仅享有起诉或者不起诉犯罪嫌疑人的权利，还可以对涉嫌数罪中的一项或者多项不起诉。由此可见，在核

---

① 卫婷：《认罪认罚从宽制度下特殊情形不起诉条款分析》，《黑龙江省政法管理干部学院学报》2018 年第 2 期，第 95 - 98 页。
② 童建明：《论不起诉权的合理适用》，《中国刑事法杂志》2019 年第 4 期，第 23 - 34 页。

准不起诉制度下，检察机关享有更大的自主裁量权，更具有自主性。

（2）核准不起诉的适用条件

根据《中华人民共和国刑事诉讼法》之规定，核准不起诉必须同时具备如下三个条件：①犯罪嫌疑人自愿、如实供述涉嫌犯罪的事实。犯罪嫌疑人自愿认罪是核准不起诉的前提条件，一般认为，"如实供述"可以参照我国《刑法》关于自首、坦白中"如实供述自己罪行"的相关规定，"认罪"主要是指犯罪嫌疑人对被指控的主要犯罪事实没有异议，对犯罪细节、认定的罪名提出异议或者对自己的行为性质进行辩解的，不影响认罪的成立。②犯罪嫌疑人有重大立功或者案件涉及国家重大利益。现行的法律规范暂未就这两个实质要件的含义作出明确的解释说明。③不起诉决定需经最高人民检察院核准。这是适用核准不起诉制度的程序要件，需要经过最高的审批层级核准后方可对制度予以适用，体现了决定程序的审慎。

（二）我国不起诉制度存在的问题

我国虽建立了以法定不起诉、酌定不起诉、证据不足不起诉、附条件不起诉、核准不起诉为内容的较为全面的不起诉制度体系，但从统计数据看，2014年至2018年，五年间检察机关决定不起诉人数分别是80020人、81087人、90694人、114994人、140650人，不起诉率从2014年到2018年分别是5.3%、5.3%、5.9%、6.3%、7.7%。[①] 但是，2015年德国的不起诉率在20%以上，日本甚至达到了50.4%。可见，我国不起诉制度在司法实践中的适用率是偏低的。造成这一现状的原因不仅与我国"重实体、轻程序"的诉讼理念以及检察机关的内部考核机制相关，而且还在于现行的不起诉制度仍存在不完善之处。从不起诉制度在司法实践中的实际适用情况看来，该制度在制度设计、程序效力、监督救济机制等方面存在以下问题：

1. 我国关于不起诉制度适用条件的规定亟待完备

（1）法定不起诉制度未全面规定不起诉案件范围。《中华人民共和国刑事诉讼法》第一百七十七条、第十六条采用列举的方式对法定不起诉的适用

---

① 郭烁：《论酌定不起诉制度的再考查》，《中国法学》2018第3期，第235页。

范围作了较为明确的规定，但事实上，仍存在法律所列举的情况之外的应当适用法定不起诉的情形，比如不存在犯罪事实或者犯罪事实并非犯罪嫌疑人所为的案件，如正当防卫或者紧急避险；缺乏犯罪构成要件，如未达到法定责任年龄等的案件；犯罪后法律已废止对该项犯罪予以刑事处罚的案件；已经存在确定的判决的案件等。虽然2019年修订的《人民检察院刑事诉讼规则》已将上述"不存在犯罪事实的""犯罪事实并非被告人所为的""被告人未达到刑事责任年龄，不负刑事责任的"情况纳入可以撤回起诉后作出不起诉决定，或者退回侦查机关的情形，但实际上，这类情形本来就不应当被追究刑事责任，而应该被纳入法定不起诉的范围。

我国现行法律规定可能导致在司法实践中引发争议。一方面，可能造成法律概念界定不明晰，模糊了罪与非罪的概念。使不应被起诉的人被错误地提起诉讼，在发现错误后所采取的补救措施仍然是不公正的，"无罪的人受到法律追究、无责的人受到法律处罚"，这本身是一种程序错乱；另一方面，这可能导致检察机关将案件以退回侦查机关处理的方式结案，造成不正当的程序倒流，违背了程序正义，同时导致刑事诉讼的期限不合理延长，浪费司法资源，有悖于诉讼经济原则。

（2）酌定不起诉制度的适用标准模糊，适用范围过窄。我国《中华人民共和国刑事诉讼法》规定检察机关作出酌定不起诉的决定需要案件同时具备犯罪情节轻微和依照刑法规定不需要判处刑罚或者免除刑罚这两个条件。"犯罪情节轻微"是适用酌定不起诉的前提条件，"依照刑法规定不需要判处刑罚或者免除刑罚"是适用酌定不起诉的法律标准。但是，立法上对于"犯罪情节轻微"的标准并未作出明确规定，这就导致这一标准必然存在极强的主观性。在司法实践中，检察机关往往会根据被追诉人的主观恶性、犯罪手段、社会危害性等事实和情节加以判断，这就会导致对于同一案件因不同人存在不同判断而得出不同结论，很容易使被害人、被不起诉人对检察机关决定的公正性产生怀疑。

第二，对"不需要判处刑罚或免除刑罚"的判断标准也不明确，当前，"不需要判处刑罚或者免除刑罚"的标准仅出现在刑法总则规定中，没有具体到罪名的可操作性强的标准或指引。① 公诉人是否能够适用酌定不起诉缺乏明确的法律规范，出于办案责任等多方考量，公诉人往往会避免酌定不起诉的适用。

但同时，我国《中华人民共和国刑事诉讼法》所规定的适用酌定不起诉的条件又是十分严格的，立法者旨在将检察机关的酌定不起诉权限定在犯罪情节轻微的案件上，防止不起诉权的滥用。但如此一来，虽然情节轻微，但不具备法定的不需要判处刑罚或者免除刑罚的条件，或者符合依照刑法规定不需要判处刑罚或者免除刑罚的，但犯罪情节不轻微的案件，都不能适用酌定不起诉。② 以"犯罪情节轻微"限定"不需要判处刑罚"和"免除刑罚"的案件性质，事实上将我国检察机关的不起诉裁量权限定在了极小的范围之内。③

（3）附条件不起诉制度适用条件不明确，限制了其适用。附条件不起诉制度丰富了我国不起诉的类型，对于推动不起诉权的发展具有重要意义。对于附条件的不起诉制度而言，所附"条件"该如何界定是关键所在。但《中华人民共和国刑事诉讼法》对这一关键条件仅是简单地界定为"犯罪嫌疑人有悔罪表现"。一方面，这一条件在司法实践中如何具体适用在于检察机关如何认定"悔罪表现"，具有极强的主观性与自由裁量性。通常情况下，我们会将犯罪嫌疑人"遵守法律规定，服从监督"与犯罪嫌疑人确有悔罪表现联系起来，但事实上，将遵守法律规定与悔罪表现联系在一起，极大地减损了"悔过自新"重要性。另一方面，这一没有准确衡量尺度的标准，忽视了对被害人权益的关注与保护，将未成年犯罪嫌疑人人权放在了第一位，强调减少犯罪标签的负面影响，却可能忽视对被害人生存状态的关怀。

除去所附的核心条件不明确这一弊端，现有的附条件不起诉制度的其他

① 陈卫东：《检察机关适用不起诉权的问题与对策研究》，《中国刑事法杂志》2019年第4期，第35－45页。
② 宋英辉：《我国酌定不起诉的立法完善》，《河南社会科学》2010年第1期，第81－83页。
③ 张穹：《人民检察院刑事诉讼理论与实务》，北京：法律出版社1997年版，第83页。

方面也存在限制该项制度作用于司法实践的不利因素。第一，附条件不起诉制度的适用范围过窄，在法律修正前的试点工作中，这项制度既适用于未成年人刑事案件，也适用于成年人刑事案件。但在 2012 年《中华人民共和国刑事诉讼法》修正时，适用附条件不起诉的范围被限定为"未成年犯罪嫌疑人"。将成年犯罪嫌疑人从适用附条件不起诉的主体中剔除主要是为了限制检察机关的自由裁量权，保障人民法院的审判权，但从充分显示附条件不起诉制度的优越性，推动认罪认罚从宽制度改革的角度出发，将附条件不起诉扩展到包括成年人案件在内的刑事案件非常有必要。

第二，《中华人民共和国刑事诉讼法》所规定的能够适用附条件不起诉的案件为《刑法》分则第四章、第五章、第六章规定的侵犯公民人身权利、民主权利犯罪，侵犯公民财产权利犯罪和妨碍社会管理秩序罪，法律规定将具有严重社会危害性的案件排除在外不无道理。但是随着我国经济社会的快速发展，社会情况发生变化，近年来经常发生的一些危险驾驶、交通肇事、信用卡诈骗等轻微刑事案件，并没有在附条件不起诉的案件范围之内，导致附条件不起诉可适用案件极少，不利于节约司法资源，提高诉讼效率。[①]

第三，适用附条件不起诉制度的条件之一是"听取公安机关、被害人的意见"，从立法意图与理论上分析，这一条件并非适用附条件不起诉的必要条件，但在司法实践中，征求意见异化为取得同意，公安机关、被害人的同意成为检察机关适用附条件不起诉的前提之一。[②] 然而，不起诉决定在现有的公安系统绩效考评体制中，是对公安机关侦查人员存在不利影响的考核指标，因此公安机关并不十分赞成适用附条件不起诉。而且现行《中华人民共和国刑事诉讼法》中关于附条件不起诉的相关规定缺乏对被害人所受伤害的关怀与平抚，在被告人与被害人双方关系紧张，而被害人未得到赔偿或安抚的情况下，被害人当然不会同意检察机关所作出的附条件不起诉的决定。附

---

① 崔坤：《我国附条件不起诉制度的完善》，《兰州教育学院学报》2019 年第 7 期，第 170 - 171 页。

② 董林涛：《我国附条件不起诉制度若干问题的反思与完善》，《暨南学报（哲学社会科学版）》2015 年第 1 期，第 161 - 162 页。

条件不起诉制度所附的这一条件实质上限制了制度的合理适用，甚至可能会导致程序倒流，不利于程序稳定。

（4）核准不起诉的实质要件内涵不明确。结合现行法律规范，核准不起诉制度的两个实质要件——"重大立功"及"案件涉及国家重大利益"这里的内涵并未得到明确，目前在理论界仍存在较大的争议。有观点认为应当参照《刑法》第六十八条来认定"重大立功"，这明显未考虑到核准不起诉制度的特殊性。在司法实践中适用第六十八条被认定有重大立功的被告人不在少数，但核准不起诉所针对的应当是极个别的情形，核准不起诉制度设立的初衷并非为依据《刑法》第六十八条符合重大立功的犯罪嫌疑人取得报最高人民检察院核准作不起诉处理的权利。因此，法律应当明确何为"重大立功"，而且必须将"重大立功"从严把握，拔高处理。而"案件涉及国家重大利益"这一条件的设置，往往是在一般出罪条款、免责事由无法被适用时，司法最终求诸豁免或赦免等手段的不得已之举，属于非常情境下的特别规定。① 不同于其他的不起诉类型，在核准不起诉制度下，检察机关享有更大的自由裁量权，且该制度未规定监察机关、公安机关的申请复议复核制度，也没有当事人申诉的救济途径，但适用核准不起诉的案件却可能涉及国家政治、经济、外交、科技等方面的问题，比起其他的不起诉类型而言，核准不起诉更加受到我国民众甚至国际社会的关注，因此，为了保证司法的公信力，避免权利的腐败与滥用，保障法治建设的进程，将适用核准不起诉的实质条件以法律条文或者司法解释的形式确立迫在眉睫。

2. 不起诉决定的程序效力未被明确

当前，《中华人民共和国刑事诉讼法》并未对检察机关所作出的不起诉决定的效力作出明确的规定，即对不起诉的被追诉人是否还可以再次提起公诉，我国立法并没有明确。然而，明确不起诉决定的效力，对于合理适用不起诉制度、提高司法公信力具有重要意义。在日本，也有学者主张应当赋予不起诉以实体确定力，而且主张在没有任何理由取消不起诉决定时恶意进行

---

① 董坤：《认罪认罚从宽中的特殊不起诉》，《法学研究》，2019 年第 6 期。

公诉的，构成公诉权的滥用。[①] 目前我国关于不起诉决定的确定力大致有两种观点：第一种观点认为不起诉具有终止诉讼的效力，但不具有实体法上的效力。不起诉是公诉机关对案件所作的程序上的处分，而非实体上的处分。第二种观点主张不起诉不仅具有终止诉讼的效力，而且具有实体法上的效力。但无论哪种观点，都认可了不起诉制度在程序法上的确定效力。

现行《中华人民共和国刑事诉讼法》暂未明确不起诉制度程序效力的状态，可能会造成被追诉人因同一行为再次受到刑事追究的窘境，这与我国"保障人权"的刑事诉讼理念背道而驰。若不起诉决定不具有程序上的确定力，在司法实践中可以被反复，那么针对同一行为的刑事诉讼期限将被反复延长，这无疑是对司法资源的浪费。因不起诉决定的效力处于不确定的状态，检察机关可以仅以"不起诉决定确有错误"为由随意撤销不起诉决定后再次提起公诉，这将会造成公诉权力被滥用、司法公信力降低的不利局面。谚语云："诉讼应有结果，乃是共同的福祉。"明确不起诉制度的程序效力，完全符合我国刑事法律的立法精神及法治建设的需要。

3. 不起诉制度缺乏完备的监督与救济机制

我国目前的不起诉制度（不包含特殊不起诉制度）规定了如下监督、救济途径：第一，公安机关、监察机关、审判机关对不起诉决定的监督制约。《中华人民共和国刑事诉讼法》及《人民检察院刑事诉讼规则》规定：对于公安机关或者监察机关移送的案件，人民检察院决定不起诉的，应当将不起诉决定书送达公安机关或者监察机关，公安机关或者监察机关认为不起诉决定错误时，可以要求复议，如果意见不被接受，可以向上一级人民检察院申请复核。被害人对不起诉决定不服的，可以向人民法院提起诉讼。

第二，人民检察院的内部纠查方式。人民检察院发现不起诉决定确有错误的，应当撤销不起诉决定，上级人民检察院应当予以撤销或者指令下级人民检察院纠正错误的不起诉决定。第三，社会公众的监督。人民检察院应当公开宣布不起诉决定，并且将不起诉决定书送达被不起诉人和他所在的单

---

① 陈卫东、李洪江：《论不起诉制度》，《中国法学》1997 年第 1 期，第 89 – 97 页。

位。第四，当事人的自我救济途径。被害人可以在接到不起诉决定书后7日内向上一级人民检察院申诉，也可向人民法院起诉。被不起诉人也可以在收到不起诉决定书后7日内向人民检察院申诉。

我国刑事诉讼法律赋予了监察机关、公安机关、审判机关、检察机关内部对不起诉决定的监督制约权力以及被害人、被不起诉人对不起诉决定不服时的自我救济途径，但这些规范仍存在不足之处：

第一，现有的法律规定监察机关、公安机关认为检察机关所作出的不起诉决定"有错误"时，可以要求复议或者复核，但法律并未明确"有错误"的概念，也赋予了监督机关是否对可能存在错误的不起诉决定提起复议（复核）的选择权，这使得相关机关在行使监督权力时缺乏明确的依据以及是否必须行使监督权的必要指引，这种情况可能导致相关机关怠于行使监督权或者权力被滥用。

第二，社会公众难以有效发挥监督不起诉制度运行的作用，我国《中华人民共和国刑事诉讼法》第一百七十八条规定不起诉的决定应当公开宣布，旨在发挥有关单位及社会公众对不起诉制度的监督作用，但我国并没有配套的法律法规规定社会公众在发现不起诉决定不正确时的监督途径，即对于公众认为不起诉决定错误时应当向什么部门、以什么方式、在什么期限内提起异议，都缺乏明确规定。因此，不起诉制度的社会监督并无实际操作性。

第三，现有法律并未对监察机关、公安机关在发现不起诉决定错误后提起复议或者复核的期限作出明确规定，也未对被害人不服不起诉决定时向人民法院提起诉讼的时效作出明确规定，这将会导致在追诉时效内，被不起诉的案件随时可能又被重新起诉，这极不利于被不起诉人重返社会，被社会重新接纳。

第四，被不起诉人的救济途径存在缺陷。被不起诉人不服不起诉决定的申诉只适用于《中华人民共和国刑事诉讼法》第一百七十七条第二款所规定的相对不起诉，而其他四种情形下的不起诉被不起诉人是否享有申诉权法律未作规定。而且被不起诉人只能向作出不起诉决定的原人民检察院申诉，排除了其向作出决定的人民检察院的上级人民检察院申诉和向人民法院起诉的权利。这不利于被不起诉人救济权利的实现，对被不起诉人而言，极有可能出现申诉无门的情况。

（三）我国不起诉制度的完善

为达到我国刑事法律"惩罚犯罪，保障人权"的目的，不断适应社会关系的复杂变化，不起诉制度作为一项重要的司法制度，仍需在实践中进一步发展和完善。

1. 完善关于不起诉制度的适用条件、范围的规范

（1）扩大法定不起诉的适用范围

不起诉适用条件应当全面包含司法实践中可能出现的各种情形，针对现有法律规范存在的漏洞对法定不起诉的适用条件进行弥补，法定不起诉的适用范围内应当包含以下情形：①犯罪嫌疑人的行为在法律上不构成犯罪；②犯罪事实存在但并非犯罪嫌疑人所为；③缺乏犯罪主体构成要件；④已经存在未被撤诉的不起诉决定；⑤已经存在确定的判决；⑥属于自诉案件的。

上述情形纳入法定不起诉的范围，而不以撤回起诉或者退回侦查机关的方式结案，是"保障无罪的人不受追究"的法律精神的体现。

（2）明确酌定不起诉的适用条件

法律规定的"犯罪情节轻微"没有一个明确的标准，实际操作起来很难充分发挥酌定不起诉应有的作用。因此，应当明确规定酌定不起诉决定的一般标准。[1] 参照日本、韩国等国家的做法，可作如下放宽条件的规定：①涉嫌犯罪的情节较轻，可能判处缓刑、管制或者独立适用附加刑的；②所犯罪行可能判处三年以下有期徒刑、拘役，但犯罪后悔过，主动赔偿被害人或者积极采取补救措施，取得被害人谅解的。[2] 在这样的规定下，适用酌定不起诉的案件从罪轻的到罪重的都有，但均并未超过合理的限度。在扩大了酌定不起诉的适用范围的同时又体现出了酌定不起诉适用案件的层次性，更有利

---

① 刘革强：《不起诉制度研究》，湖南大学硕士学位论文，2007 年。
② 宋英辉：《我国酌定不起诉的立法完善》，《河南社会科学》2010 年第 1 期，第 81 - 83 页。

于检察机关根据不同情形合理、合法地行使裁量权。

（3）设置明确的附条件不起诉之"条件"，适当扩大附条件不起诉的适用范围

在附条件不起诉中，应当把所附条件"犯罪嫌疑人有悔罪表现"标准化。一是悔罪表现的内容要具体，这是针对犯罪嫌疑人本身而言的，"遵守法律规定，接受监督"是犯罪嫌疑人必须履行的义务，不能认定为适用不起诉的附加条件。司法实践中，要在法定框架之下因地制宜、因人制宜地设定附加条件，让犯罪嫌疑人接受司法改造与社会改造。二是悔罪的程度界定要从被害人的角度出发，必须把犯罪嫌疑人是否向被害人赔礼道歉、赔偿损失纳入认定"悔罪表现"的考量之中，司法不能只注重保障人权，更应该多关怀被害人的精神世界与生活状态。

同时，为了发挥制度的实际效益，应当适当扩大附条件不起诉的适用范围，结合当前的社会现状，将附条件不起诉的适用主体扩张整个成年人群体确有不妥，但可以将 75 岁以上的老人纳入考量范围，这与我国《刑法》关于刑事责任年龄的立法目的是相呼应的，也更大限度地彰显了法律的公平与正义。与此同时，可以适当扩大附条件不起诉制度适用的罪名，不应当局限于《刑法》第四章、第五章、第六章规定的罪名之中，可以把例如交通肇事罪等较轻微刑事犯罪纳入适用范围，更好地落实我国刑事诉讼主张的"教育、感化、挽救"方针。

（4）确认核准不起诉实质要件的内涵

如何界定"重大立功"的内涵，可以结合《刑法》及相关司法解释的既有规范，作出合理的限缩解释。根据 1998 年最高人民法院《关于处理自首和立功具体应用法律若干问题的解释》第七条之规定，"重大立功"包括"犯罪分子有检举、揭发他人重大犯罪行为，经查证属实；提供侦破其他重大案件的重要线索，经查证属实；阻止他人重大犯罪活动；协助司法机关抓捕其他重大犯罪嫌疑人（包括同案犯）；对国家和社会有其他重大贡献等表现"。既有规范中所称的"重大犯罪""重大案件""重大犯罪嫌疑人"，一般是指被追诉人可能被判处无期徒刑以上刑罚或者案件在本省、自治区、直

辖市或者全国范围内有较大影响等情形。但基于核准不起诉制度设立的目的及法理基础，此处的"重大立功"直接适用《刑法》第六十八条的外延显然不合理，"重大立功"免除刑罚，与犯罪嫌疑人的犯罪情节、社会危害性或者悔罪表现并无决定性关联，实质上是由检察机关在"功"与"罪"之间反复衡量进行取舍，当"奖励立功"比"惩罚犯罪"所保护的法益或成就的价值更大时，即可适用"将功抵过"，这实质上也是带有功利色彩的一种考量。基于此，更应严格把握"重大立功"的范围，在参考现行《刑法》及司法解释关于"重大立功"的内涵的基础上，可以将核准不起诉的"重大立功"界定为犯罪嫌疑人人数较多，涉嫌的犯罪可能判处死刑，所揭发的重大犯罪行为在全国范围内有重大影响等方面。①

至于"案件涉及国家重大利益"的具体内涵，可以参照刑法第六十三条第二款"犯罪分子虽然不具有本法规定的减轻处罚情节，但是根据案件的特殊情况，经最高人民法院核准，也可以在法定刑以下判处刑罚"这一规定中关于"案件的特殊情况"的规定以及对其的官方解释来理解。一般来说，"案件的特殊情况"主要是指一些案件的判决关系到国家的重大利益，如外交、国防、宗教、民族、统战和经济建设方面的问题。立法机关对此解释表示认同且指出这一规定主要是针对涉及国防、外交、民族、宗教等极个别特殊案件的需要，不是对一般刑事案件的规定。② 以上述观点为参照，结合《中华人民共和国刑事诉讼法》对核准不起诉制度的规定，未来立法或者相关解释可以从如下几个方面对"案件涉及国家重大利益"的内涵作出规范：其一，案件涉及的不是个体利益，也不是一般的社会利益，必须是与国防、外交、民族、宗教等国家利益相关的法益。其二，案件本身必须具有特殊性，即案件的性质、犯罪嫌疑人的身份等情况会使得检察机关作出的决定对国家利益产生重大影响。其三，作出起诉决定或有罪判决所保护的法益远远

---

① 董坤：《认罪认罚从宽中的特殊不起诉》，《法学研究》2019 年第 6 期，第 172 - 188 页。

② 张永红、孙涛：《酌定减轻处罚刍议》，《国家检察官学院学报》2007 年第 5 期，第 98 - 102 页。

不及作出不起诉决定所创造的价值。

综上所述，核准不起诉实质上是一种在对利弊进行反复权衡后适用的极具功利色彩的不起诉类型，是在犯罪嫌疑人没有任何出罪事由的情况下出于国家利益考量而适用的免除刑事处罚的政策。人民检察院一旦对犯罪嫌疑人适用核准不起诉，尤其是在制度设立的初期，必然会引起社会各界的广泛关注，甚至成为将来适用该制度的"判例"。因此，必须尽快完善与核准不起诉相关的法律规范，审慎行使权力，以保障该制度在正确的运行轨道上发挥效益。

2. 以法律确认不起诉制度的效力

不起诉制度的效力，应当分为实体效力与程序效力。其实体效力体现在结束被作出不起诉决定的犯罪嫌疑人受追诉的状态，犯罪嫌疑人回归无罪并被释放；其程序效力则体现在终止诉讼程序、禁止重复追诉、扣押物返还或进行其他处理。[①] 为保障不起诉制度的正确适用，我国必须在制度上明确不起诉决定的效力。

（1）明确不起诉决定的程序效力。目前学界关于应当确认不起诉制度的程序效力这一命题基本上不存在争议，普遍认为应当在刑事诉讼法律体系中进行明确。对于发生法律效力的不起诉决定，除非发现新的证据或新的事实，否则不得对同一犯罪行为再行起诉。在法律规范中确认不起诉决定的程序效力与《中华人民共和国刑事诉讼法》《人民检察院刑事诉讼规则》中关于"不起诉决定确有错误，符合起诉条件的，应当撤销不起诉决定，提起公诉"的规定并不矛盾，可以说，在制度中明确"非因发现新的证据或事实，不得对已作出不起诉决定的案件再次提起公诉"是对现有法律的补充，这一补充明确了既有规范中"确有错误"的内涵，即错误应当是指实体错误而非程序错误，其衡量标准为：有新的事实或新的证据证明被不起诉人的行为构成犯罪，且已经达到了《中华人民共和国刑事诉讼法》规定的提起公诉的条

---

① 刘少军：《附条件不起诉决定之法律效力研究》，《北方法学》2016 年第 1 期，第 84-94 页。

件。否则，人民检察院不得对被不起诉人重新进行追诉。[①] 不起诉决定的程序效力可以与刑事诉讼的"一事不再理原则"结合起来理解，根据"一事不再理原则"，检察机关作出不起诉决定或撤回起诉后如果没有发现新的事实和证据，对犯罪嫌疑人不能重新进行刑事追究，即禁止双重起诉，可见，在制度上赋予不起诉决定以程序效力实质上是对法律原则的贯彻与延伸。

（2）明确不起诉决定的实体效力。目前学界对是否应当从制度上确认不起诉决定的实体效力是存在争议的，从将"无罪推定原则"作为我国法律体系法理基础的角度出发，对确认不起诉决定的实体效力应当持肯定意见。我国现行《中华人民共和国刑事诉讼法》虽然未以明文确定无罪推定原则，但吸收了这一原则的合理因素。《中华人民共和国刑事诉讼法》第十二条规定："未经人民法院依法判决，对任何人都不得确定有罪。"自免予起诉制度废除以来，我国真正实现了检察权与审判权的分离，检察院不再享有实体上定罪的权利。因此，一旦检察院对被告人作出不起诉的决定，则应当产生犯罪嫌疑人回归无罪状态的法律效果，因为案件在检察院的公诉阶段已经终止，未经过人民法院定罪，犯罪嫌疑人应当被认定为自始无罪。为避免无辜者受错误的诉讼程序冤枉以及被犯罪标签化影响，我国需要在制度上确定不起诉决定的实体效力。

3. 建立健全不起诉制度的监督、救济机制

完善我国的不起诉制度，不仅需要不起诉制度的内部变革，同时也要求建立健全的监督体制与救济机制，以避免检察机关怠于行使不起诉权或者滥用权力。

（1）建立健全的不起诉制度监督体制。可以从以下三个方面推进：①现有的法律规定监察机关、公安机关认为检察机关所作出的不起诉决定"有错误"时，"可以"要求复议。建立健全的监督体制，首先应当明确法律所规定的提起复议的条件是什么，即界定"有错误"的内涵，为保证不起诉决定的效力，应当将可能引起不起诉决定被撤销的条件统一，那么"有错误"应

---

① 陈光中：《刑事诉讼法实施问题研究》，北京：中国法制出版社 2000 年版，第73 页。

当界定为作出不起诉决定的实体有错误，即有证据或事实被遗漏或者发现了新证据。其次，当将案件移送检察院的公安机关或者监察机关收到不起诉决定书且认定检察院所作出的不起诉决定存在实体错误时，法律应明确规定此时移送案件的机关"应当"而非"可以"要求复议。明确监督条款的规定一方面可以保证检察机关独立行使不起诉权，不受监督机关的不合法干预；另一方面，也可以敦促相关机关对检察机关行使不起诉权进行监督，避免权力的滥用。②规范公安机关、监察机关就不起诉决定提起复议及申请复核的时间期限，以避免出现诉讼期限拖延，案件长期悬而未决的情形。③推进不起诉决定社会监督机制发挥作用。针对我国缺乏民众参与制约检察机关不起诉裁量权的现状，可以在我国建立检察监督委员会制约机制。其具体设想如下：在各级检察机关所在地区，从社会团体、学校、企事业单位等机构中，选举出具有广泛代表性并精通刑事法律且在当地具有较高威望的人成立检察监督委员会，该委员会的任务是负责审查当地检察机关作出的不起诉决定是否正确。① 不同主体对不起诉制度的监督应当规范化、具体化，同时还要注意对各项监督制度、措施进行整合，真正形成具有系统性、逻辑性、协调性的完备的监督制约体系。

（2）完善不起诉制度的当事人救济机制。针对完善被害人的救济途径而言，应当参照被害人不服不起诉决定向人民检察院申诉的时间期限来规范被害人不服不起诉决定向人民法院提起诉讼的时间期限，谚语云："法律不保护在权利上睡觉的人。"设定申诉时效可以有效敦促被害人行使权利，同时也避免被不起诉人不被追究法律责任的地位得不到及时确认，受到犯罪标签所产生的消极影响。针对完善被不起诉人的救济途径而言，应当从两个方面进行推进，第一是要扩大被不起诉人不服不起诉决定时申诉的范围，法律不应只赋予被不起诉人对酌定不起诉不服时的申诉权，这项救济权利应当适用到法定不起诉、证据不足不起诉与附条件不起诉中去；第二是要拓宽被不起

---

① 许婧：《不起诉监督救济机制的缺陷与完善》，《南方论刊》2008年第4期，第48－49页。

诉人的申诉途径，可以参照被害人认为不起诉决定错误时所享有的救济权利，赋予被不起诉人在不服不起诉决定时，向作出不起诉决定的检察机关的上一级检察机关复核或者向人民法院提起诉讼的权利。

四、抗诉制度

（一）刑事抗诉的概念

在我国，刑事抗诉是指对于人民法院作出的判决、裁定，人民检察院认为确有错误时，依法向人民法院提出重新审理要求的诉讼活动。根据《中华人民共和国刑事诉讼法》和《人民检察院组织法》的规定，抗诉是法律授予人民检察院代表国家行使的一项法律监督权。刑事抗诉分为两种：

第一种是按上诉程序提出的抗诉。即地方各级人民检察院认为同级人民法院的一审刑事判决、裁定确有错误时，在法定抗诉期限内向上一级人民法院提出的抗诉。《中华人民共和国刑事诉讼法》对这种抗诉规定的具体程序是：检察院将抗诉书通过原审法院提交上一级人民法院，提出抗诉的人民检察院还应将抗诉书抄送上一级人民检察院，上一级人民检察院应就抗诉的理由和根据认真审核，如果认为抗诉不当，可直接向同级人民法院撤回下一级人民检察院的抗诉，并将撤回抗诉的情况通知下一级人民检察院。第二种是按审判监督程序提出的抗诉。即最高人民检察院对各级人民法院已经发生法律效力的判决、裁定；上级人民检察院对下级人民法院已经发生法律效力的判决、裁定，如发现确有错误，按审判监督程序提出抗诉。这种抗诉不受时间限制，对于人民检察院抗诉的案件，接受抗诉的人民法院应当组成合议庭重新审理。

实践中，检察机关提出抗诉主要是基于：（1）原裁判认定事实确有错误；（2）原裁判定案证据不确实、充分；（3）原裁判适用法律有错误；（4）原裁判量刑畸轻畸重；（5）审判中有严重违反诉讼程序或徇私舞弊、枉法裁判的行为，可能影响到判决、裁定的公正性。

（二）刑事抗诉的特征

刑事抗诉是检察机关行使法律监督权的重要形式之一，刑事抗诉权既具有法律监督的性质也具有司法救济的性质，刑事抗诉制度相较其他制度有很多不同点，其特征具体表现如下：

第一，刑事抗诉是检察机关的一种监督活动。我国宪法赋予人民检察院法律监督的权力，以此来监督法律的正确及时实施，同时对人民的合法权利也起到及时有效的救济作用，以期促进我国司法的和谐健康发展。刑事抗诉就是人民检察院行使法律监督权的重要形式之一，人民检察院通过行使刑事抗诉权来监督司法行为，对确有错误的判决、裁定提起抗诉，以此来保障人民权益。因此，监督性是刑事抗诉制度的重要特性。检察机关正确行使法律监督权，可促进我国社会主义法治建设。检察机关作为法律监督执行部门，同时也是抗诉权的行使部门，应当加强自身法律素养，树立法律监督意识，牢记自己身上肩负的使命，保障我国刑事抗诉活动的有效开展。

第二，刑事抗诉是检察机关的专门职权。我国宪法赋予检察机关法律监督的权力，人民检察院依法独立行使监督权，不受任何行政机关、社会团体、企事业单位以及个人的干涉。检察机关依法独立行使监督权是我国法律健康发展的保障，促进了我国社会主义法治社会的建设。检察机关依法独立行使监督权，其具体的重要的表现形式之一就是依法独立行使刑事抗诉权。人民检察院依法独立行使抗诉权，一方面指检察机关不受任何行政机关、社会团体、企事业单位以及个人的影响依法独立行使刑事抗诉权；另一方面指刑事抗诉权只能由人民检察院行使，其他任何行政机关、社会团体、企事业单位以及个人都无权行使刑事抗诉权。在刑事诉讼中，人民检察院代表国家，作为公诉人参加刑事诉讼，充分保障了被害人的法益。而针对一些确有错误的判决、裁定，法律赋予检察机关以抗诉权，这是对人民权益的更为周密的保障。在整个刑事诉讼过程中，检察机关都是代表国家参与诉讼的，并不是案件中的任何一方当事人，这样检察机关就可以代表国家维护国家利益、社会利益、第三方利益。检察机关在诉讼中的地位为检察机关独立行使刑事抗诉权提供了客观条件，同时检察机关内部的经验丰富、业务熟悉、职业素养高的检察人员，为检察机关独立行使刑事抗诉权提供了有力保障。无论从何种条件看，刑事抗诉作为检察机关的专门职权都是科学合理的。

第三，刑事抗诉的对象具有特定性。我国法律赋予了检察机关较为广泛的抗诉权，但是无论是二审程序抗诉还是审判监督程序抗诉其抗诉对象都具有特定性，并不是没有范围、没有条件、没有标准的抗诉。我国法律规定了刑事抗诉对象的范围、适用条件、适用标准，在司法实践中不能随意扩大刑事抗诉对象的范围和适用条件。在二审程序抗诉和再审程序抗诉中其相对应的刑事抗诉对象也是不同的，各具其特定性。检察院应注意严格按照法律规定行使刑事抗诉权，保障刑事抗诉权的有效实施。根据《中华人民共和国刑事诉讼法》及相关法律规定，判决或裁定"确有错误"是刑事抗诉的提起条件，在实践中，"确有错误"仅包括事实上的错误和法律上的错误，对程序上的错误则没有涉及。理论上，围绕程序上的错误是否适用刑事抗诉，学界产生了不同观点和看法。有的学者认为为保护诉讼程序的合法性，保障诉讼公正，只要在诉讼进行中违反程序规定，检察机关都可以以程序违法为由提起抗诉。而有的学者却认为程序的规定就是为了保障实体的公正，虽然在诉讼过程中存在程序瑕疵或者程序违法，但是只要没有影响到案件的实体公正，检察机关是不能单纯地以程序违法为由提起抗诉的。但是检察机关可以以检察建议的方式或者《纠正违法通知书》的方式对诉讼过程中存在的程序违法进行监督和纠正。

第四，刑事抗诉的有效性。刑事抗诉的有效性是指检察机关提起刑事抗诉对人民法院审判活动具有的约束力。主要体现在以下两个方面：一是对于人民法院审判活动的影响。人民检察院提起抗诉、刑事抗诉启动之后，人民法院需要以合议庭的方式重新开庭审理案件。二是对于判决或裁定的影响。针对人民法院做出的未生效的判决、裁定提起抗诉的，刑事抗诉的启动具有阻止其生效的作用；而针对人民法院做出的已生效的判决、裁定提起抗诉的，除对判决、裁定效力的影响之外，刑事抗诉的启动还意味着检察机关的检察人员要参与对抗诉案件的诉讼审理，其他诉讼参加人也将继续参与对抗诉案件的诉讼审理，以此来保障各方法律权益。刑事抗诉的启动对诉讼活动有很多的影响，我们应当认真研究刑事抗诉权，以此来保障法律的公正。

第五，刑事抗诉的程序性。刑事抗诉权的行使并不必然改变判决、裁定，刑事抗诉权仅仅是检察机关程序上的一种权力。刑事抗诉权的行使会启动二审程序或者审判监督程序，但是检察机关认为的"确有错误"的判决、裁定是否会得到改变并不是刑事抗诉权的内容。检察机关对其认为"确有错误"的判决、裁定提起的抗诉，只是在经过人民法院的审理之后产生新的结论。是否改变判决、裁定则是人民法院的审判权，并不是检察机关的刑事抗诉权。因此，刑事抗诉权是一种程序上的权力，并不产生实体上的意义。

（三）我国刑事抗诉制度的现状

根据《中华人民共和国刑事诉讼法》的规定，我国现行的刑事抗诉有两种形式，一种是按上诉程序提出的抗诉，另一种是按照审判监督程序所提出的抗诉。

1. 刑事二审抗诉（第二审程序的抗诉）及其运行机制

我国法律赋予了人民检察院广泛的法律监督权，包括二审程序抗诉和再审程序抗诉。《宪法》明确规定检察机关是我国的法律监督机关，任何组织、社会团体和个人都不得干涉。根据《中华人民共和国刑事诉讼法》《人民检察院刑事诉讼规则》的规定，我国检察机关享有法律监督权。第二审程序的抗诉或者称为上诉程序的抗诉，都是针对第一审认为确有错误的判决、裁定提出的。但是第二审程序的抗诉与被告人的上诉相差甚远，两者有着本质的区别的。被告人的上诉是被告人正常行使诉讼权利的表现，被告人若不服法院判决、裁定可以在法定期限内提起上诉，由二审法院依法审查。而第二审程序的抗诉则不仅仅是行使诉讼权利的表现，更多的是在行使法律监督权，同时也是在行使司法救济权。这是第二审程序的抗诉与被告人上诉之间的本质区别。

第二审程序的抗诉有其特有的特点，是其他权利所不具有的特点。被告人上诉之后，法院可以不开庭审理，通过阅卷，询问被告人，听取其他辩护人、当事人、代理人的意见进行书面审理之后，案件事实清楚的可以不开庭审理。而第二审程序的抗诉，第二审法院必须要开庭审理，检察机关必须要派检察人员出席法庭审理。被告人上诉的案件受上诉不加刑原则的限制，而第二审程序的抗诉则不受上诉不加刑原则的限制。

著者认为，第二审程序的抗诉和被告人的上诉两者虽然存在很多的不同，但是从本质上来讲，无论是第二审程序的抗诉还是被告人的上诉都是一种诉权。而区分第二审程序的抗诉与被告人的上诉的原因与我国历史悠久的司法观念有密切的联系。我国自古以来都比较重视打击犯罪，而忽视被告人合法权利的保护，这使得控辩不平等现象的存在。在我国，公诉人与被告人并不处于对抗的平等地位，人民检察院在刑事诉讼中行使公诉权和法律监督权，公诉人的身份和职责决定了其与被告人的地位是不平等的。无论是第二审程序的抗诉还是被告人的上诉都是对第一审法院的判决、裁定的质疑，检察机关提出的就称为"抗诉"，而由被告人提出的则称为"上诉"。术语的不同就已经表明了我国仍存在着重视打击犯罪，而忽略被告人合法权益保护的问题。

2. 刑事再审抗诉（审判监督程序的抗诉）及其运行机制

审判监督程序的抗诉与第二审程序的抗诉虽然都是针对确有错误的判决、裁定提出的，并以纠正这种错误为目的，但由于审判监督程序的抗诉是对已经发生法律效力的判决、裁定提出的，涉及判决的既判力及司法的权威性等重大问题，故法律对这种抗诉在提起主体、提起程序、提起期限、审理程序等方面都作了有别于第二审程序的抗诉的规定。相对于西方国家而言，我国检察机关的刑事抗诉权具有广泛而全面的特点。既可以对有罪判决提起抗诉，也可以对无罪判决提起抗诉；既可以对事实问题提出抗诉，也可以对法律问题提出抗诉；既可以提出有利于被告人的抗诉，也可以提出不利于被告人的抗诉，等等。赋予检察官如此广泛的抗诉权，主要是由于：第一，我国检察机关是法律监督机关，"抗诉"被视为检察机关行使"法律监督权"的一种法定方式。第二，我国刑事诉讼坚持"实事求是、有错必纠"的指导思想，即使判决、裁定已经发生法律效力，但一旦发现有错误，不论是在认定事实上，还是在适用法律上，也不论是对原被告人有利的，还是不利的，都要通过审判监督程序重新审理，加以纠正，使无辜者得到平反，使轻纵的罪犯受到应得的惩罚，这就从法律上有力地保证这一方针的实现。正是由于上述因素，我国检察官的抗诉权几乎不受任何限制和制约。

对已生效的判决，检察官行使抗诉权既没有期限也没有次数的限制。因为如果明确规定了提起抗诉的期限，必然导致在抗诉期限外发现的错误的生效裁判无法通过司法途径进行弥补和纠正，而这是对我国刑事诉讼一贯遵循的"实事求是、有错必纠"原则的违背，是我国传统的刑事司法观念所不能容忍和接受的。因此，在司法实践中，检察官一旦认为某个生效裁判在认定事实或适用法律上存在错误，就可随时随地地提起抗诉。这种不受限制的抗诉权所产生的不良后果是显而易见的：一是会造成法院判决的不确定性，削弱法院既判力，损害司法权威；二是会造成被告人被重复追诉，面临两次或者多次危险，加重被告人的讼累；三是会耗费大量的司法资源，不利于实现诉讼经济化。

第十一章

检察机关法律监督制度

在法理学上，法律监督是一个含义广泛的概念。在广义上，它可以指由所有国家机关、社会组织和公民对各种法律活动的合法性所进行的监督；在狭义上，法律监督则是指由特定国家机关依照法定权限和法定程序，对立法、司法和执法活动的合法性所进行的监督，其中又包括国家权力机关、行政机关和司法机关的监督。① 检察院作为司法机关监督的一部分，依法对有关国家机关及公职人员执法、司法活动的合法性和刑事犯罪活动所进行的监督通常称作检察监督，其内容包括以下两点：一是法纪监督，即人民检察院对国家工作人员侵犯公民权利的犯罪的监督；二是诉讼监督，即人民检察院对刑事案件判决、裁定的执行和监狱活动的合法性的监督。其中诉讼监督又包括刑事诉讼监督、民事诉讼监督和行政诉讼监督。② 本章所讲的法律监督，特指作为国家专门法律监督机关的人民检察院所进行的法律监督，而且只限于刑事诉讼监督。

古今中外的刑事诉讼制度，虽然必有审判者（法官）与被审判者（被告），但未必有检察官。检察官是法国的近代发明，为破除纠问制度、改革刑事诉讼而设，随即散播至欧陆法系及英美法系国家，并且辗转流传到亚洲

---

① 沈宗灵：《法理学（第二版）》，北京：北京大学出版社2003年版，第98页。

② 樊崇义：《刑事审前程序改革实证研究》，北京：中国人民公安大学出版社2006年版，第71页。

各国。① 而检察监督源于列宁有关社会主义国家中检察权的理论以及前苏联刑事诉讼体制中关于检察机关的地位和职能的设置。

在我国，刑事诉讼中的检察机关被界定为兼有双重属性的司法机关，即不仅是刑事控诉机关，承担着控诉职能，而且还是国家的法律监督机关，肩负着诉讼监督的使命。② 根据《宪法》第一百三十四条的规定："人民检察院是国家的法律监督机关。"这一法律条文从根本大法的角度赋予了检察机关广泛的、多方位的、全过程的法律监督权，给检察机关行使监督权提供了法律基础。《中华人民共和国刑事诉讼法》第八条规定："人民检察院依法对刑事诉讼实行法律监督。"根据这两条法律条文，有关检察机关进行法律监督的规定形成了基本框架，集中表现在最高人民检察院自 2019 年 12 月 30 日起正式实施的《人民检察院刑事诉讼规则》之中，该规则在第十三章中将刑事诉讼法律监督分为刑事立案监督、侦查活动监督、审判活动监督、刑事判决裁定监督、死刑复核监督、羁押和办案期限监督、羁押必要审查八小节，对检察机关所进行的各项法律监督的对象、手段、范围、程序及效力等重大问题作出了详细的规定，是我国检察机关行使法律监督权力、履行法律监督义务的重要依据。③

一、刑事立案监督

（一）刑事立案监督的内涵

刑事立案监督制度是基于"侦检分工制约理论"的法理理念所建立的。"侦检分工制约理论"是指公安机关和检察机关"分工负责、互相配合、互相制约"的法律制度，即检察机关对公安机关具有检察监督的制约权。④ 司

---

① 林钰雄：《中华人民共和国刑事诉讼法》，北京：中国人民大学出版社 2005 年版，第 100 页。
② 参见《人民检察院刑事诉讼规则》第五百五十一条至第六百二十条。
③ 庄志伟：《论完善刑事立案监督制度》，《公安学刊》2009 年第 5 期，第 55 – 58 页。
④ ［法］孟德斯鸠：《论法的精神》，张雁深译，北京：商务印书馆 1961 年版，第154 页。

法实践中，侦查权过于强大而被滥用的情况屡见不鲜，体现在刑事立案阶段就是不破不立、立而不侦、以罚（行政处罚）代刑、非法干预民事经济纠纷、不应当立案而立案等现象时有发生。"要防止权力的滥用，就必须以权力制约权力。"[1] 刑事立案监督权可以防止国家权力的专断和权力的恣意行使，保障国家权力在刑事立案阶段的正确行使。[2]

关于立案监督的定义，目前学术界具有代表性的观点有三种：第一种观点认为，刑事立案监督指人民检察院在刑事诉讼活动中依法对公安机关应当立案的案件以及刑事立案活动是否合法进行的专门性法律的监督。[3] 第二种观点认为，刑事立案监督是享有法律监督权的机关和其他有关机关及公民对公安司法机关的立案是否依法实施的监督。[4] 第三种观点认为，刑事立案监督是检察机关对刑事立案主体的立案行为是否合法实施的法律监督，是法律赋予检察机关的一项重要职能，也是刑事诉讼法规定的一种特别程序。除公安机关外，检察机关和人民法院等刑事立案机关都是刑事立案监督的对象。

众所周知，根据《中华人民共和国刑事诉讼法》的规定，刑事立案的主体除了公安机关之外，还包括人民检察院自身，第一种观点对于监督对象的界定明显过于狭窄；第二种观点将立案监督的概念拓展得过于宽泛，将不同类型的监督均纳入其中，没有对权力与权利加以区别；第三种观点对刑事立案监督的主体和对象把握比较准确，既符合法律的规定，又符合学术要求的科学、全面。因此，本章所分析和探讨的刑事立案监督是建立在第三种观点上的刑事立案监督。

我国相关法律及司法解释对刑事立案法律监督制度进行了详细的规定[5]，

---

① 郝晓玲：《论刑事立案监督的完善》，《中国海洋大学学报（社会科学版）》2008 年第 3 期，第 77 - 80 页。

② 梁国庆：《中国检察业务教程》，北京：中国检察出版社 1999 年版，第 173 页。

③ 聂世基、白俊华：《刑事诉讼理论纵横谈》，北京：群众出版社 2002 年版，第 383 页。

④ 莫勤德、刘选：《刑事立案监督中的若干问题》，《法学评论》1998 年第 4 期，第 25 页。

⑤ 《公安机关办理刑事案件程序规定》第一百七十九条。

我国刑事立案监督的对象除了公安机关的刑事立案活动外还包括人民检察院侦查部门。刑事立案监督的范围既包括刑事立案主体应当立案侦查而不立案侦查的案件，也包括不应当立案侦查而立案侦查的案件，还包括行政执法机关对涉嫌犯罪案件的不移送行为。同时针对不同的立案监督对象设置了不同的监督方法和监督程序。

（二）我国刑事立案监督的问题

1. 刑事立案监督的对象不全

刑事立案监督是人民检察院对刑事立案主体的立案活动是否合法所进行的监督。目前《中华人民共和国刑事诉讼法》关于刑事立案监督的对象仅限于公安机关和检察机关侦查部门，并未设置对其他刑事立案主体进行立案监督的法律条文。然而，我国刑事诉讼中人民法院、国家安全机关、军队保卫部门、监狱以及海关走私犯罪侦查局对特定案件也享有立案侦查权，这就使得上述立案主体的立案行为游离在检察机关的监督之外。检察机关对这些部门的监督于法无据，导致对其立案监督处于空白状态，司法实践中极易造成立案权的滥用，不利于公民合法权益的保障，也极大地限制了检察机关法律监督的范围和效力。

2. 刑事立案监督的范围界定不完备

2012 年修改刑事诉讼法时修正了 1996 年刑事诉讼法中将检察院对公安机关的立案监督范围限于"应立而不立"的消极立案行为的规定，将具有更大社会危险性的"不应立而立"的行为纳入了立案监督的范围。这是 2012 年刑事诉讼法修改所取得的重大进步之一。但我们还要认识到，尽管现行立法扩大了监督范围，但仍然只限于对立案行为的实体性监督，要想纠正立案监督制度的片面性，还应就立案程序是否符合法律规范进行相应的监督，实现对立案的全方位监督。

3. 刑事立案监督的程序不健全

首先是立案监督的程序不畅，检察机关与刑事立案主体之间缺少必要的程序沟通机制。现行法律没有规定刑事立案主体在作出立案或者不立案决定时实行备案审查制度，检察机关无法及时掌握刑事立案主体有关立案方面的信息和材料，难以对立案活动进行有效的法律监督。其次是手段单一，缺乏必要的程序选择机制[①]，仅包括要求说明不立案理由和通知立案两种，而且这样的手段缺乏相应的约束力和程序性制裁，这样难免会导致监督手段的单一僵化，影响刑事立案监督的程序价值，进一步将影响司法的权威，损害司法公信力。

4. 刑事立案监督的具体监督部门不明

《中华人民共和国刑事诉讼法》仅对立案监督的主体作出了比较笼统的规定，将其定为人民检察院。《人民检察院刑事诉讼规则（试行）》将立案监督部门细化为侦查监督部门、审查起诉部门及控告申诉部门。然而刑事立案监督是独立于刑事侦查监督、刑事控申监督的一种法律监督形式，其性质、对象、监督措施等与其他形式的法律监督有本质的区别，法律将本应由一个专门部门独立行使的职权人为地分割开来，将其依附于侦查权的行政部门，不仅混淆了刑事立案监督与刑事侦查监督的界限，抹杀了立案监督的独立性，弱化了立案监督的效果，使检察机关无法充分履行好立案监督的职能，[②]而且也分散了侦查逮捕部门和控告申诉部门的力量。在司法实践中，基层检察院监督部门人员少、时间紧、工作量大，很难认真去调查核实立案监督线索，往往只是参考公安机关最初出具的不立案或立案决定书及相关材料，很难达到立案监督应有的效果。

（三）完善刑事立案监督的措施

刑事立案监督是刑事诉讼监督的开端，是刑事诉讼中加强和完善法律监督的第一个环节，是整个刑事诉讼程序公正、顺利进行的第一道保障。完善刑事立案监督机制，必须立足于强化法律监督、维护社会公平正义的基本宗旨，符合我国司法实践的现实需要，着力解决当前司法实践中存在的刑事立案监督法律问题。

---

① 薛正俭：《再论刑事立案法律监督之完善》，《政法学刊》2014 第 3 期，第 11 页。
② 张志辉、杨诚：《检察官作用与准则比较研究》，北京：中国检察出版社 2002 年，第 108 页。

1. 进一步明确刑事立案监督的对象和范围

首先，要明确刑事立案监督的对象。除了公安机关立案监督的案件外，还应将其他机关立案的案件纳入刑事立案监督体系，包括国家安全机关、监狱侦查部门、海关走私侦查部门和军队保卫部门等；其次，要拓宽刑事立案监督的范围，增加规定对不应当立案而立案及立案活动的监督。考虑将以下案件纳入刑事立案监督范围：刑事立案主体接到报案或者发现犯罪事实、犯罪嫌疑人，没有作出刑事立案决定的；立案机关把应当追究刑事责任的案件以治安处罚案件立案或者处理；立案后发现不应对犯罪嫌疑人追究刑事责任的，本应当撤销案件却转行政处罚处理的；检察机关发现正在被执行刑罚的罪犯，在判决宣告以前还有其他犯罪公安机关应当立案侦查而不立案侦查的；被害人有证据证明的轻微刑事案件，因证据不足被驳回自诉或人民法院认为被告人可能判处三年以上有期徒刑，移交公安机关处理，公安机关应当立案侦查而不立案侦查的。

2. 完善刑事立案监督的程序

首先是建立刑事案件备案审查制度。侦查机关对受案、决定立案或不立案、撤案的刑事案件应当及时将受案登记表、立案决定书、不立案决定书、撤案决定书报送同级检察机关负责刑事立案监督的部门，对决定不立案和撤案的案件，还应报送案件卷宗和其他主要证据材料。负责刑事立案监督部门应将受案、决定立案案件的有关法律文书登记、编号、建档，对决定不立案和撤案的案件，通过审查上述备案材料，或进行调查核实，审核其不立案、撤案的理由是否成立。其次是赋予检察机关对立案监督处理权。由于《中华人民共和国刑事诉讼法》只规定了检察官有权要求公安机关说明不立案的理由和要求公安机关立案，但对公安机关拒不执行检察机关立案通知、拒不说明不立案的理由或者立而不办、拖延立、办的情况没有规定如何处理。发出纠正违法通知后，对方仍然拒不改正的，应赋予检察机关一定的处分权，明确规定不接受侦查监督的法律责任，如规定检察机关对于违法侦查人员有处罚权或处罚建议权，有权提出更换侦查人员，增加检察机关刑事立案监督约束力。最后是建立当事人申请对立案复核的制度。对不立案理由或不应立案而立案的刑事案件，当事人可以提请复议，如果侦查机关维持原决定后，当事人仍不服的，可以向检察机关进行复核，将复核决定通知侦查机关。为当事人提供更加全面的救济。

3. 赋予立案监督机关或机构刚性立案监督措施

以对公安机关不立案监督的手段而言，法律没有规定对公安机关接到立案通知书后仍不立案的进一步监督措施，导致司法过程中公安机关接到检察院立案通知仍不立案或者立案后不进行侦查造成案件长期拖延，甚至变相撤销案件。另外，从《规则》所规定的对于公安机关不应当立案而立案侦查的监督角度来说，人民检察院向公安机关提出纠正意见在我国目前公安机关处于绝对强势地位的情况下，事实上很难得到公安机关的尊重和遵守。因此必须赋予检察机关必要的程序制裁措施。比如立案调查权，即人民检察院有权对刑事立案机关的诉讼活动依法进行调查，只有进行调查，才能确定已有的证据材料能否达到立案标准，是否应当立案而不立案，或者不应当立案而立案；立案监督变更决定权，即人民检察院有权对刑事立案机关的立案、不立案决定依法作出变更的处理；立案监督处罚建议权，即人民检察院在纠正违法过程中，认为需要给予违法责任人员行政处罚、内部纪律处分时，有权提出立案监督处罚建议书，送达有关机关，要求对违法责任人员给予处罚。[①]

二、侦查监督

侦查权是侦查机关代表国家针对涉嫌犯罪的个体依法进行追诉的权力，属于国家刑罚权求刑权的内容。通常认为，我国刑事诉讼模式是"超职权主义模式"，其中最重要的理由是侦查权的强大和较少受到限制。然而，失去监督的权力最易导致腐败。侦查权如果缺乏有效的监督，侦查机关怠于行使或者滥用侦查权，就会损害刑事诉讼法控制犯罪和保障人权的双重功能，使犯罪得不到应有的惩罚，或者导致犯罪嫌疑人的合法权益被非法限制或非法

---

① 孙全明：《检察机关刑事立案监督的现状及完善》，《山西省政法管理干部学院学报》2014 年第 2 期，第 27 页。

剥夺。目前，要对侦查权进行有效的、合理的监督是理论界和实务部门的共识，并且在立法上也有所体现。但正如四川大学左卫民教授提出的那样，在诉讼理论中，"侦查监督"一直是一个聚讼不定的概念。[①] 在目前诉讼理论及实务中，由于对法律的理解不一，关于"侦查监督"概念的表述也五花八门，莫衷一是，代表性观点大致有以下三种：第一种观点认为，侦查监督是指人民检察院对公安机关整个侦查工作实行的监督，它包括审查批捕、审查起诉和侦查活动监督三个方面的内容，侦查活动监督是从属于侦查监督的一个组成部分，是一个下位概念。

第二种观点认为，侦查监督是指人民检察院对公安机关的全部侦查活动实行监督。侦查监督就是对侦查活动的监督，二者是同一个概念，只是提法不同而已，审查批捕和审查起诉从属于侦查监督。

第三种观点认为，侦查监督是指人民检察院对公安机关的侦查活动是否合法进行监督，侦查监督仅指侦查活动监督，不包括审查批捕和审查起诉。审查批捕或审查起诉只是实现侦查监督工作的一个重要途径。[②]

而在主流论著中，对"侦查监督"的定义多是指"人民检察院依法对侦查机关的侦查活动是否合法进行的监督"。之所以要进行侦查监督，是为了保障侦查活动的合法性，从而保护侦查活动所涉及的相关人员的合法权利，体现刑事诉讼的自由价值。也是为了保障侦查活动的有效性从而准确及时地发现、揭露并打击犯罪，体现刑事诉讼的秩序价值。而侦查监督的对象是侦查机关，除了一致同意的公安机关之外，还应当包括检察机关内部的侦查机关。尽管在司法实践中，由于刑事程序的各个阶段或环节是否开始并延展是由检察长或检察委员会决定，表面上看起来属于自律监督，难以发挥监督的效果，但是检察机关内部将侦查权与侦查监督权分别赋予不同的职能部门，并且严格按照法律的规定进行，仍然能够达到有效的监督。

---

① 左卫民、赵开年：《侦查监督制度的考察与反思——一种基于实证的研究》，《现代法学》2006 年第 6 期，第 13 页。

② 刘建国：《刑事公诉的实践探索与制度构建》，北京：中国检察出版社 2003 年版，第 167 页。

（一）我国检察机关侦查监督的现状和问题

在我国，侦查机关的侦查权较为宽泛，其可以直接采取多种限制公民财产权益和人身自由的强制性措施，如搜查、扣押、冻结财物、拘传、刑事拘留等，其作为强制措施的决定者和执行者，就缺乏有效的监督和制约。因此，在司法实践中，就存在权力滥用的可能性，如非法搜查、任意扣押、刑讯逼供等虽然法律规定检察机关是法律监督机关，但由于种种原因，我国检察机关并不能够真正的充分发挥其监督的作用，也正是因为监督力量的相对薄弱，导致保护人权的问题，一直是大众关注的焦点。我国侦查监督制度主要存在以下几点不足：

1. 侦查监督权威性不足

根据我国关于公检法机关"分工负责、互相配合、互相制约"的原则性规定，侦查机关与检察机关在法律地位上是平等的。检察机关的监督需要在配合中开展，监督措施也往往需要侦查机关配合才能落实。[①] 法律地位平等，使得检察侦查机关之间不具有主次性，侦查监督方式刚性不足，提醒或建议性的监督方式较多，制裁性的诉讼监督方式较少。因此，检察机关的监督权威性不够，没有强制性的法律措施。也就是说对于检察机关提出的监督意见，侦查机关是否要接受，在法律上并无明确的规定，他们可以接受，也可以不接受，而检察机关对于此情形，并无有力的措施可以适用。在我国，侦查机关、检察机关的职责各不相同，侦查机关行使侦查的职能，检察机关行使控诉的职能，双方互相配合，共同承担打击违法犯罪的职责。但在实践中，双方往往更重视配合的关系，而将监督的关系给淡化了。因此，在司法实践中，检察机关与公安机关之间往往是配合有余，监督不足。另外是检察院内部侦查部门的侦查活动的监督，更是因为同属于一个系统，在具体操作上更难以落实，很难达到理想中的监督效果。

2. 侦查监督方式滞后，覆盖不全面

检察机关只对逮捕的适用有一定的监督控制能力，绝大多数的强制措施

---

① 朱孝济：《强化侦查监督，维护公平正义》，《人民检察》2005年第6期，第12页。

和全部的强行侦查措施排除在监督的客体范围之外，也就意味着侦查机关几乎对强制措施和强制性侦查措施既享有决定权，又享有执行权。而公安机关实施的搜查、扣押、拘留等强制性侦查行为与犯罪嫌疑人、被告人的人身权益、财产权益关联最大，影响最深刻。侦查阶段监督权的缺位必然会造成一系列的不利后果，兼之缺乏侦查监督的一整套制度，致使在实践中侦查监督难以经常化、制度化，使得检察机关对公安机关的侦查监督成为一项软指标，导致监督不力。检察机关在目前的立法情况下，有权在实践工作中采取提前介入侦查的工作方式，但是提前介入的司法实践的刑事诉讼立法规定比较疏漏，在司法实践中提前介入具有随意性、不确定性，很难发挥相应的监督作用。

（二）我国检察机关侦查监督的完善

1. 逐步建立检察引导侦查的监督机制

对于我国现行侦查监督工作中存在事前监督的空白、事后监督的弊端以及事中监督方式的不成熟，理论及实务部门对于这一问题提出通过"检察引导侦查的监督机制"来解决，不仅已经展开了比较成熟的研究，而且也逐步达成了共识：建立在西方"三权分立"宪政体制下的"检警一体"模式由于其实质将检察权的性质定位于行政权，将本质在我国全然有别的检察权和侦查权完全混同，而难言其合理。鉴于我国检察机关具有法律地位的特殊性，"检察引导侦查"的实质是对于检警关系的一种认知和立场，即检察机关从法律监督的角度出发，及时介入公安等侦查机关（部门）重大案件的侦查活动，协助侦查机关进行办案，指明侦查方向，根据法律规定的要素，指导侦查人员收集、巩固证据。在承认我国现行检警关系合理性的前提下，从检察机关的角度，把重点放在加强与公安机关的配合、制约以及强化侦查监督上。

2. 构建侦查违法行为的程序性制裁机制

作为程序性违法的法律后果之一，程序性制裁属于一种程序性法律后果。相对于刑事责任追诉等制裁措施外，程序性制裁是对违法侦查、公诉和审判行为进行制裁，导致其违法行为的效果归于无效，以这种方式来处罚这些违法行为的。针对目前我国的侦查活动中存在的刑讯逼供、暴力取证等违法侦查行为，目前所采用的"纠正违法建议"由于不具有引发程序性或者实体性的任何法律后果，使得这项监督方式刚性不足。如果违法侦查行为得不到有效的扼制，那么侦查机关也就无法承担其应承担的后果，这样其通过违法侦查所获取的非法证据，也无法得到有效的排除，这样的话，侦查机关的违法侦查行为也就在所难免。只有建立了相关的制裁措施，才能从根源上扼制这些违法侦查行为的发生。从完善立法的角度，对于纠正违法通知的效力应该在刑事诉讼法的总则中加以明确规定，以保证该监督手段在整个刑事诉讼阶段都具有效力①。

三、审判监督

刑事审判监督实质是一个由监督者就刑事案件的证据采信、事实认定和法律适用提出异议并督促被监督者纠正错误的既对立又统一的工作系统。检察院按照自己对审判活动及裁判标准的理解，对刑事审判及裁判中发现的错误提出监督纠正意见，督促人民法院启动纠错程序更正错误，人民法院则按照法定程序对案件进行二审或者再审，并根据自身对案件事实、证据及法律规范的判断，做出是否接受监督纠正意见的最终裁判结论。

（一）我国检察机关审判监督的现状和问题

1. 审判监督程序不完备

20 世纪 80 年代，检察机关重建 10 周年时，老一辈检察学者就提到："现行检察制度存在的问题，是监督的程序不完备，特别是纠正违法的程序只是原则性的规定，缺乏制度上的保证和必要措施。"② 20 多年后，中国检察学界提到法律监督时，仍是深感无奈及痛心："现行法律关于法律监督的程序性规定不完善，有的甚至还是空白，即使在检察机关已开展多年的刑事

---

① 张雪姐：《刑罚执行监督权的立法完善》，《法学》2006 年第 8 期，第 23 页。
② 李士英：《当代中国的检察制度》，北京：中国社会科学出版社 1988 年版，第567 页。

诉讼监督中，这种现象也大量存在。"① 法律监督的程序在立法上几乎空白，可想而知，缺乏程序引导的监督在实践中能发挥多大的作用，更何况还缺乏手段的支撑，这两个方面几乎已成为对刑事审判进行法律监督的硬伤。虽然法律对抗诉的程序作了详细的规定，但显然我们已经不能继续将错就错、自欺欺人地仍然将其视为是法律监督的手段了，而目前唯一为法律所明确的刑事审判法律监督手段便是纠正违法通知书了，即《中华人民共和国刑事诉讼法》规定的向法院提出纠正意见的权力，只是纵然斗转星移，法律对此也依然仅限于一个原则性的条款，缺乏具体的操作程序和严格的责任威慑，实际上并无约束力和权威性，"这种纠正意见，如果不是针对严重违法程序以致影响到诉讼进行或者裁判公正的，通常都是一种弱势建议，不具有迫使监督对象实施一定行为的强制功能。"② 然而，只有违反程序的行为到了影响诉讼进行，甚至影响裁判公正的地步，强制性监督才肯抛头露面、走马上任，这恐怕对于司法公正是一种怠慢，对于程序正义是一种伤害，更是于刑事审判法律监督权威的早日确立无益，何况还有刑事审判程序外领域的违法行为也急待法律监督的光芒。

2. 审判监督范围狭窄，监督方式单一

检察机关对刑事自诉案件进行监督缺乏法律依据。实践中大量的二审案件不开庭审理，成为刑事审判监督的盲区。根据现有法律规定，检察机关对刑事审判活动及裁判结果进行监督的主要方式是对确有错误的判决，裁定提起抗诉。除了抗诉以外，检察机关对审判活动的监督只能通过纠正违法通知书或检察建议等形式，而当检察建议或书面纠正违法通知被法院置之不理时，检察机关无法采取刚性的监督手段。也就是说，法律赋予检察机关出具纠正违法通知书，检察建议的这种规定过于原则，使得检察机关对刑事审判监督缺乏强制力，至于审判机关对刑事审判活动及裁判结果是否改正，以及改正到何种程度完全取决于人民法院自身。由于法律没有明确人民法院将判

① 田凯：《法律监督与依法治国的关系》，《检察制度理论思索与研究》，北京：中国检察出版社 2005 年版，第 64 页。
② 张智辉：《检察权研究》，北京：中国检察出版社 2007 年版，第 211 页。

决书，裁定书送达检察机关接受法律监督的具体期限，一些法院不及时向检察机关送达文书，从而影响了刑事审判监督的工作效果。

3. 刑事审判监督能力较弱

在刑事审判监督中，一些地方只重视对有罪判无罪和判刑畸轻的抗诉，不重视对无罪判有罪，判刑畸重的抗诉。检察机关对证据和事实的把握以及抗诉标准的理解亟待加强。近年来各级检察机关不断改善检察队伍结构，一线办案人员日趋年轻化。在提升办案效率的同时，不少年轻干警普遍存在执法办案和法律监督经验不足的问题。部分老的检察人员法律功底不扎实，知识更新慢，专业化水平不高，很难及时有效地发现，纠正刑事审判活动中的违法犯罪问题。有的办案人员提高刑事审判监督效果的办法不多，刑事审判监督工作还停留在表面，没有深入发现和解决深层次的问题，执法办案的"三个效果"还没有充分体现。一些检察人员对宪法和法律赋予检察机关刑事审判监督职责缺乏全面的认识和准确的把握。有的干警没有把刑事审判监督工作摆在重要位置，在实际工作中将公诉当成硬指标，刑事审判监督当作一项软任务，仅仅满足于履行审查起诉等一般性诉讼职能活动，而忽视对刑事审判活动违法情况的法律监督，普遍存在重协调配合、轻监督制约的问题。各地公诉部门的办案任务和在岗人数矛盾突出，一些基层检察院公诉部门在岗人员只有三四人，有的还不具有法律职称，却要承办二三百起案件。由于处于超负荷工作，办案人员只能将精力放在日常办案质量上，没有时间和精力研究和加强审判监督工作。

4. 审判监督效果不佳

抗诉成功率依然偏低，据调查近年来大部分地区抗诉采纳率为40% ~ 50%之间，有的甚至为20%，抗诉效果不明显，对刑事审判活动的监督工作落实不到位，检察机关发出的检察建议或纠正违法通知后，审判机关回函率低，有的甚至拒不纠正。刑事审判监督工作开展不平衡，监督能力不强，存在公诉与抗诉一手硬一手软，应抗未抗等现象，抗诉文书制作水平不高。部分审判监督职能行使不充分，对二审上诉案件，再审案件的审判监督基本成为盲点，对简易程序及自诉案件的审判监督少之又少。有关审判监督的信息交流机制不够畅通，对审判监督职能的宣传不够充分，监督线索的来源渠道还不通畅。许多基层检察院没有明确的工作管理制度，无法保证刑事审判监督工作规范、有序地开展。上下级检察机关对刑事审判监督缺乏相应的协作配合机制，难以形成刑事审判监督的整体合力。部分检察机关对刑事审判监督的考评和激励机制缺乏科学性，有的绩效考核评价体系设置不尽合理，甚至违背了诉讼规律和司法规律的根本要求，影响了刑事审判监督的实效性。此外，检察机关对法官庭外调查权的监督亟待加强。由于法律对法官庭外调查权的规定不完善，检察机关对法官违法行使庭外调查权的监督不力。

（二）强化刑事审判监督的基本路径

刑事审判监督的实质是诉讼中的"检、审关系"问题。这个问题是由来已久的具争议问题，即审判程序要不要接受监督，要不要检察机关进行监督，监督职能与公诉职能的关系问题。任何一种国家权力，失去监督必然会发生滥用，这个道理不言自明，审判权也不例外。至于检察机关的监督职能与公诉职能的关系问题，我们认为，应依照诉讼的规律，两种职能必须分离，不能集于公诉人一身。在检察改革中，人民检察院为加强诉讼监督，应在机构改革中设立专门的监督庭，履行法律监督职能，坚持"检察职能二元论"，即监督与公诉两种职能并存，虽然公诉职能在一定意义上有法律监督之义，但不能用法律监督代替公诉职能，用职能二元论代替一元论，这是尊重和遵循诉讼规律的需要。我们应在检察职能二元论的哲理基础上解决审判监督程序改革与完善问题。关于审判监督的改革与完善当前迫在眉睫的现实问题有四个：一是积极参与量刑程序改革，搞好量刑建议；二是明确检察机关参与二审程序和再审程序的法律地位，并制定和完善参与二审与再审程序的检察监督的具体措施，以体现检察机关在提高案件质量和效率方面的监督作用；三是积极参与死刑复核程序的改革，列席审判委员会，积极发表意见，以保证死刑案件的质量和审判效率；四是制定监督审判程序的程序制裁

和诉讼救济措施，以体现审判监督法律效果。^①

1. 完善刑事审判监督衔接机制

紧紧围绕解决制约刑事审判监督的体制性机制性障碍，拓宽刑事审判监督渠道，创新刑事审判监督方式。推行简易程序案件集中管理、集中起诉、集中出庭、集中监督的"四集中"办理模式，建立简易程序案件专职办理制度，使办案进一步精细化和专业化，重点监督人民法院适用简易程序的合法性，被告人诉讼权利的保障以及量刑等。^②加强与公安、审判机关的协调，构建集中快速办案机制，增强监督实效——把握好求刑权与监督权的平衡，规范量刑建议书，注重量刑说理，重视庭审规范性的监督，建立庭前证据开示制度，量刑裁判说理制度等配套制度，强化对量刑建议的刑事审判监督。上下级检察机关要加强对被告人上诉的信息沟通，建立对二审裁判文书的双重审查机制，被告人对一审判决认定的事实，证据提出异议的，即使不影响定罪量刑的，二审法院也应当听取同级人民检察院的意见。继续探索开展对死刑复核案件的法律监督，健全检察机关对刑事审判活动中违法行为进行调查和建议更换办案人等相关制度。检察机关要灵活运用抗诉、检察建议、纠正违法、检察公函、工作通报等形式开展刑事审判监督，提升刑事审判监督实效。完善人民检察院派员列席审判委员会会议制度，建立检察机关和审判机关的日常联络，定期信息反馈机制，跟踪了解检察长列席人民法院审判委员会后案件的处理进展情况，逐步建立检法双向互动衔接模式。

2. 扩大检察机关审判监督权范围

重点是将法官庭外调查权纳入检察机关的监督范围之内。法官庭外调查权是指作为刑事诉讼裁判者的法官，依职权对当庭控辩双方所出示的证据材料进行评价和取舍等调查权力。实际上就是合议庭在法庭审理过程中对证据有疑问时在休庭后进行调查核实的权力。法官在启动庭外调查前应

---

① 樊崇义：《走向正义：刑事司法改革与刑事诉讼法的修改》，北京：中国政法大学出版社 2011 年版，第 171 页。
② 曾野、彭博：《强化刑事审判监督职能的思考》，《湖南行政学院学报》2014 年第 6 期，第 12 页。

将拟调查的证据范围、证据存疑的原因及拟调查的时间、地点以书面形式告知检察机关，检察机关有权对拟调查证据是否存疑及是否应当进行庭外调查提出意见，对于认为无必要或不应当进行庭外调查的证据有权向法院提出异议。基于法官的审理裁判职权，检察人员的异议或意见仅供法官参考，不具有强制性，法官有权决定是否按该意见执行，但如果不执行该意见的，就应当说明理由。若检察机关对于法院不予接受异议的处理不服，有权向上级法院提出意见。法官庭外调查时若通知了检察机关到场，检察人员就可当场就法官的庭外调查行为进行监督。当发现法官在调查时不合理地扩大证据调查范围，对于没有疑问或控辩双方未提出的证据也予以调查时，或者采用询问证人、鉴定人甚至搜查等不符合法律规定的手段时，可以当场提出异议或意见。法官有权决定是否采纳该意见，但不采纳时应当说明理由。如果检察机关对于法院不采纳意见的处理不服，有权向上级法院提出异议。检察机关到场监督时，如果法院在庭外调查时发现对认定案件事实有重要作用的新的证据材料，可主动要求由检察机关调查收集该证据，避免法院发现新证据而不告知检察机关，对于是否属于新证据的判断，检察人员有权当场提出意见，但法官有最终决定权。若检察机关直到庭审结束时甚至判决时才知晓法官进行了庭外调查活动，且调查到的证据可能影响定罪量刑的，检察机关可以以法官在庭外调查时未通知其到场监督这一程序违法事由作为抗诉的理由。若该证据不会对案件的定性或对被告人的定罪量刑产生影响，检察机关可以采取向法院发确认违法通知书的方式对该违法行为进行监督。若该证据将影响案件的定性或对被告人的定罪量刑，特别是会否认某些控诉事实，甚至导致无罪判决的结果，检察机关除采取上述监督措施外，还可以庭外调查到的证据不经庭审质证直接作为定案依据这一程序违法事由提起抗诉——当法官不通知检察机关到场，秘密进行庭外调查时，检察机关有权确认该行为违法，向法院发出确认违法通知书。

四、执行监督

刑罚执行是将实体判决通过程序运作最终实现刑罚目的，执行监督则有助于判决得到公正、及时的实现，对于惩罚犯罪、保障人权均具有举足轻重的作用，但是在我国目前的司法实践当中，立法的不完善导致检察机关进行监督的力不从心，难以达到执行监督的效果。这样就导致我们有必要针对执行监督的不足之处，设计相应的完善制度，保证刑罚执行的公正、公平，提升司法公信力。纵观我国整个刑罚执行监督制度，现行法律对由检察院享有刑罚执行监督权做出了肯定的规定，《中华人民共和国刑事诉讼法》《人民检察院刑事诉讼规则（试行）》《监狱法》以及相关司法解释、内部规定等均对检察院执行监督做出了相应的规定，但是由于我国整个刑事程序法重刑罚轻执行的价值倾向，加上人民检察院制度的规则以及解释、规定许多情况下与其他部门的法律法规存在一定的冲突，难以发挥作用。

（一）检察机关执行监督存在的问题

1. 检察机关的监督范围过窄，不够全面

目前检察机关对于刑罚执行的监督仅局限于对自由刑、死刑和资格刑执行的监督，对财产刑执行情况的监督基本上没有开展。对于自由刑执行的监督由监所检察部门来承担，省级检察院或者市、州检察院在大型监狱或监狱集中地设置派出检察院，其他监狱和看守所由监管场所所在地的市、州检察院或基层检察院设置派驻检察室，实行派驻检察，依法履行监所检察职责。监管场所在押人员较少的，由当地检察院派驻专职检察人员或实行巡回检察。监所检察部门是专门负责对监狱、看守所、拘役所等刑罚执行机关的执行活动进行监督的，包括在执行过程中是否存在违法行为，被执行人的人权是否得到了尊重和保障，是否存在放纵被执行人的情况等等。对死刑执行的监督有法律的明文规定，即对死刑执行的监督是有法律保障的，我国《中华人民共和国刑事诉讼法》规定："人民法院在交付执行死刑前，应当通知同级人民检察院派员临场监督。"被剥夺政治权利的罪犯如果同时被判处了自由刑，那么剥夺政治权利的执行由自由刑的执行机关来负责。被判处管制而附加适用剥夺政治权利或者单独适用剥夺政治权利的罪犯，他们的资格刑由公安机关负责执行，由检察院监所检察部门对该刑罚执行活动进行监督，这也是监所检察部门监外监督的重要内容。与自由刑、死刑和资格刑的执行监督不同，对罚金、没收财产、剥夺政治权利等刑罚执行的监督没有法律的明文授权，长久以来一直处于监督的真空状态。罚金刑的执行过程中没有检察机关的介入，检察机关根本无法了解执行的进度和执行情况。随着近年来财产刑适用的增多，财产刑执行过程中也出现了一些违规违法的行为，需要通过立法来建立对财产刑的执行进行监督的制度，立法需要回答由谁来具体负责监督、怎样监督以及发现有违法行为后应如何处理等一系列问题。

2. 检察院执行监督缺乏强制性

法律虽然赋予了检察机关监督的权力，并规定了检察机关发现有违法犯罪行为存在时可以采取的措施，但是这些措施都是比较"软弱"的，其强制性程度较低有时候不足以阻止和纠正违法。检察机关发现违法、违规情况，只能向有关单位提出纠正意见或者发出《纠正违法通知书》，但这些措施都不是强制性的，采不采纳这些意见最后还是执行单位说了算，检察机关此时只能求助于其他机关处理，这使得监督流于形式，不能真正发挥应有的作用。另外，检察建议权没有真正能够实现上的法律保障，《中华人民共和国刑事诉讼法》只是原则性地规定了检察机关的监督建议权，但并未设计一系列切实可行的制度来保障这项权力的落实，这就造成了在实践中如若执行机关不采纳该监督建议，检察建议权实际上发挥不了任何作用。检察机关缺乏必要的强制手段来纠正违法行为，这其中的危害是不言而喻的，首先这会极大影响监督机关的权威，由于监督机关没有权力对刑罚执行机关施加任何强制性的影响，那么刑罚执行机关对于监督机关就没有畏惧，不会为了逃避某种制裁而规范自己的行为，刑罚执行过程的合法则全靠执行机关自身的自律和自我约束。其次这会影响监督的法律效果的发挥，使监督流于程序流于形式而不能真正起到纠正违法违规行为、保障刑罚依法执行的作用。

（二）检察机关执行监督的完善

1. 协调刑事立法，统一执法基础

根据法律的规定，公检法三机关实行分工负责、互相配合、互相制约的原则，该原则不仅体现在审前阶段，在执行阶段也应如此。在专门、统一的刑事执法立法的基础上，逐步实行刑事执行司法体系的专门和统一，并实行刑事执行机关与公、检、法等司法机关之间在刑事司法活动中相同意义的分工负责、互相配合、互相制约的关系和活动原则。将众多涉及刑罚执行与监督的法律法规根据相应机关的职能按照分工负责、互相配合、互相制约的原则进行修改重新编排，改变目前法律法规不一致的现象，便于执行机关执法，也有利于监督机关及时有效的监督。①

2. 完善立法规定，细化程序设置

《宪法》中明确规定的人民检察院是法定的监督机关，为检察院实行法律监督提供了总的依据，但许多地方缺乏细节性的规定，导致各地检察院在具体监督的过程中方式不一，可能造成监督漏洞，不利于法的统一适用实施。因此我们认为有必要在各种刑罚执行过程中增添许多细节性的规定，如明确监督机关的介入时间、监督职能、监督方式、监督手段等，使检察院的监督按部就班，有法可依。

3. 加大监督力度，增加监督手段刚性

目前检察院监督的方式缺乏刚性，这也是检察院监督刑罚执行的通病所在，要改革目前监督无力的现状就应当赋予现有的监督手段以实质性制裁的力度，明确执行机关不接受监督，或者接受监督后没有及时改进执行情况时应当承担的法律后果。此外，可以利用互联网建立健全覆盖全国的检察监督管理系统，快速、及时地与执行机关进行信息交流，方便对非监禁刑的跟踪监督。

---

① 韩玉胜、张少彦：《刑事执行立法理论研讨会综述》，《中国法学》1998 年第 5 期，第 13 页。

4. 合理配置执行主体，确保监督的有序有效

目前我国刑罚执行主体呈现多元化趋势，人民法院、监狱、公安机关、基层社区等分别享有对不同刑罚的执行权。应当对权力混淆的执行机关进行权力分离，明确其权力和责任划分，为检察机关的监督打好基础，防止执行机关相互推诿扯皮，以更有效地保护被执行人的合法权益，保证刑罚得到切实的实施。可以考虑单独组成一个部门，全权负责刑罚执行的监督，针对不同的刑种设置不同的科室，各司其职，以达到明确监督职责，优化司法资源配置的目的。

第十二章

检察机关公益诉讼制度

一、公益诉讼相关概念

（一）公益诉讼定义

公益诉讼一词最早出现在艾布拉姆·蔡斯（Abram Chayes）的《法官在公益诉讼中的作用》中[①]，1976 年以来受到广泛关注和讨论。我国在 2013 年将公益诉讼纳入《民事诉讼法》中，引发了国内学者的激烈探讨，但公益诉讼的概念仍然没有达成共识，没有统一。广义的观点认为，公益诉讼是指特定的国家机关和相关的组织和个人，根据法律的授权，对违反法律法规，侵犯国家利益、社会利益或特定的他人利益的行为，向法院起诉，由法院依法追究法律责任的活动。狭义的观点认为公益诉讼是指任何组织和个人都可以根据法律法规的授权，对违反法律、侵犯国家利益、社会公共利益的行为，向法院起诉，由法院追究违法者法律责任的活动。著者认为公益诉讼的定义应做狭义的解释，著者引用艾布拉姆·蔡斯的观点把"公益诉讼"的定义归纳为以一种新的诉讼制度方式干预公共生活，它是以维护公共事务中公共群体的合法利益为目的的一种诉讼[②]，制止发生在公共领域的侵权行为和违法事件。可以看出，公益诉讼的客体是公共利益，即不特定多数人的潜在的扩

[①] 曾于生、左亚洛：《公益诉讼的概念反思》，《行政与法》2013 年第 6 期，第 109 - 114 页。

[②] 曾于生、左亚洛：《公益诉讼的概念反思》，《行政与法》2013 年第 6 期，第 109 - 114 页。

散性利益。公益诉讼针对的行为损害的是社会公共利益，而没有直接损害原告的利益，是与起诉人自己没有直接利害关系的诉讼。区分公益诉讼和其他诉讼可以以法院在审理过程中是否具有"公共性"为标准，但不是所有具有公共性的案件都能统归为公益诉讼。按照适用的诉讼法的性质或者被诉对象（客体）的不同划分可以将公益诉讼分为民事公益诉讼和行政公益诉讼。

1. 民事公益诉讼

民事公益诉讼是指一定的组织和个人可以根据法律法规的授权，为了保护社会公共利益，对违反法律、侵害社会公共利益的行为，向人民法院提起诉讼，由法院按照民事诉讼程序依法审判并追究违法者法律责任的诉讼。民事公益诉讼维护的是民事法律规范，民事公益诉讼以民事主体（或私人）为被告。

2. 行政公益诉讼

行政公益诉讼是指公民认为行政主体行使职权的行为违法、侵害了公共利益或有侵害之虞时，虽与自己无直接利害关系，但为维护公益，而向特定机关提出起诉请求，并由特定机关依法向法院提起的行政诉讼。行政公益诉讼维护的是行政法律规范，以行政机关或其他公权机关为被告。

（二）检察机关提起公益诉讼之概念

检察机关提起公益诉讼是指检察机关以公益诉讼人的身份参与到打击侵犯公共领域的违法行为或侵权行为中去，向法院提起诉讼，维护社会公共利益。对检察机关参与公益诉讼的必要性进行研究时，不能仅仅照搬国外公益诉讼所体现的社会功能，因为国家体制和社会状况不一样，也不能仅仅研究检察机关自身参与公益诉讼所产生的一点价值，因小失大，因为不能站在高位体现它的社会功能。我们要统筹研究公益诉讼的社会功能，这样才能全面评估检察机关参与公益诉讼的社会功能，体现它的社会必要性。著者认为，公益诉讼的社会功能体现在以下几个方面：

首先，公益诉讼能唤起民众对公共事务的关心。传统的民事诉讼多秉承"不告不理"原则，只有自己的切身利益受到损害，受损害相对方才会以法律的武器保护自己，而对于公共利益被侵犯的问题则采取漠视或者无能为力

的态度来对待。但是随着公益诉讼进入人们的视野，人们也越来越关心相关
的公共利益侵害事件。例如：鹰潭市人民检察院处理的马荃镇电镀污染案和
龙翔猪场排污案，取得了很好的社会效果，百姓从不闻不问到拍手称快，到
现在人人争当环境特使，体现了一种态度转变的过程。同时，检察机关的公
益诉讼职能也深入民心，为鹰潭市人民检察院环境公益诉讼打开了局面。
2010 年铁道部开具消费发票案，将生活中不合法或者说是不合理的"小事"
置于公众视野中，使侵害公共利益的事件得到广泛关注。著者相信，在不久
的将来，民众一定会更多地参与到公众事务中来。

　　其次，公益诉讼能鞭策相关行政部门履行法定职责，监督立法部门完善
相关法律、法规。有两个经典案例可以说明问题，一个是 2015 年云南 33 名
律师和市民诉云南省政府批复同意昆明长水机场专用高速公路收费案，还有
一个是 2005 年清华法学博士李刚诉全国牙防组织案。① 第一个案件中原告方
虽然没有胜诉，但有关部门已经停止了乱收费的行为；第二个案件，李刚通
过诉讼行为，使一些伪权威公共组织得以曝光，相关部门也及时清理了这些
伪权威组织。目前，我国正处于法治建设阶段，很多职能部门未能有效执行
行政法规和规章，有些部门不作为，有些法律也没有规定对相关违法行为的
处罚，这些都直接或间接导致了公共领域侵权事件的不断发生。公益诉讼恰
恰能鞭策相关行政部门履行法定职责，监督立法部门完善相关法律法规。

　　最后，公益诉讼能使社会公益组织和有公益诉权的机构（检察机关）
快速发展。由于法律法规的限制，很多公权力不能过多地干预社会公共事
务，即使有管辖权，也会因不作为或乱作为导致公共利益受到侵害。正如
著者前面所说，公民个人对公共利益受到侵害的现象普遍缺乏关心，即使
有想法也会因缺少专业知识和应该具备的技能而无能为力。因此，诉讼公
益组织和具有诉权的行政机构应运而生，以自己特有的法律专业知识，对
公共利益侵害事件进行管理和干预。检察机关的公益诉权也在此背景下得

---

① 杨严炎：《论公益诉讼和群体诉讼的关系》，《政治与法律》2010 年第 9 期，第
　　154 - 160 页。

以快速发展。

二、检察机关提起公益诉讼的法理分析

（一）检察机关提起公益诉讼的现实必要性

1. 侵害公共利益事件频发，迫切需要检察机关提起公益诉讼

现今社会，扰乱社会经济秩序、侵吞国有资产、性质恶劣的群体性事件频发，且某些行政机关不作为或乱作为，导致侵害公共利益的事件不断增加，社会矛盾不断出现，愈演愈烈。一些社会问题是个人和社会团体没有能力解决的，例如：

（1）行政机关违法行使行政职权侵害公共利益案件。此类案件有两种形式，一是国有资产流失的案件，如2014年安徽省六安市原副市长权俊良因滥用职权导致范桥铁矿5.2亿元国有资产流失；二是行政机关给违法的具体行政行为披上了合法的"外衣"，如行政机关乱作为，滥发行政许可，导致不具备相关开采资质的企业乱开采矿产资源，环境遭受破坏。这类案件由公民个人或者社会组织提起诉讼有时往往浪费了精力却得不到效果。

（2）扰乱社会经济秩序的事件。市场经济的本质是追求利益最大化，有些经营主体为了"最大化"往往费尽心思，所以会出现违背商业道德、违法违规经营等问题。主要表现在：乱集资、乱贷款、乱涨价，生产、销售假冒伪劣产品等，往往会造成群体性伤害事件，如我们熟知的三鹿毒奶粉事件、瘦肉精事件、染色馒头事件、工业盐冒充食用盐事件等等。如果没有"国家队"来处理，此类案件往往很难善后。那么我们也要从上述案件进行反思，如果发现此类线索后能在第一时间采取调查取证并提起诉讼，以法律武器来捍卫食品药品安全，是不是就会减少悲剧的发生？答案是肯定的。但由个人和社会组织来进行公益诉讼效果不明显，所以检察机关作为公益诉讼的代表再合适不过了。

（3）环境污染事件愈发频繁。由环境污染直接或者间接造成不特定多数人的人身和财产受到侵害的事件在各地时有发生，如江西海东建设工程有限公司在鹰潭市月湖区童家镇非法取土，造成7.8亩公益林被毁；鹰潭盛发铜

业有限公司非法处置危险货物，严重影响周边环境和居民生活。这类事件是发生在老百姓身边，他们能够切身体会到的。但污染企业往往是当地政府的主要经济来源，大多具备所谓"正规"的生产许可证，个人和社会组织要行使诉权，往往很难发挥应有的效果。环境污染越来越严重，致害率越来越高，虽然新闻媒体和社会关注度很高，但实际处理效果不明显。检察机关作为公权力机关，应充分发挥检察职能，利用公益诉权为百姓谋福祉。

2. 检察机关提起公益诉讼的优势与作用

2015年7月1日第十二届全国人民代表大会常务委员会第十五次会议通过的试点决定，授权最高人民检察院在生态环境和资源保护、国有资产保护、国有土地使用权出让、食品药品安全等领域开展提起公益诉讼试点。以检察机关的名义在上述领域侵犯公共利益的事件中发挥作用是现实的必然要求。

（1）行政部门的力量有限，不足以打破地方利益链条，需要检察机关强势介入。虽然公民个人和社会团体这些年在维护公共利益上取得了不俗的成绩，但检察机关提起公益诉讼具备一些优势条件。从数量上看，民间社会团体需要具备一定资格才能支持起诉，截至目前全国有起诉资格的社会团体不足百家，而检察院却有几千个；从地区分布上看，社会团体多集中于直辖市、省会城市等地，而检察机关遍布各个省、自治区、直辖市，可以说是全面覆盖；从人员保障上看，检察机关的干警平时都从事法律业务，综合素质不言而喻，对社会团体来说拥有无法比拟的优势。就现实情况而言，大多数社会团体基本都依附于行政机关，以来自己起诉依附机关，相当于自己的左手打右手，没有动力，缺乏底气，不能伤根本，不能立威信，更不能获得公信力。社会团体在调查过程中也不可能获取关键性证据，如此情况下，提起公益诉讼的效果微乎其微。还有就是行政机关手续和程序极其烦琐，很难起到及时救助的效果。例如，某地区出现环境污染问题，社会团体向环境保护部门举报要求停止污染行为——如环保部门不作为可以针对其不作为进行行政复议——复议机关决定环保部门作为——环境保护部门进行调查——调查结束后作出处理——企业不服调查结果进行复议、诉讼——企业败诉，接受处罚。综上可以看出，其过程和环节过于复杂，环境不能得到及时改善。检察机关作为司法机关，可以直接提起公益诉讼，进入司法程序，缩减了环节，提高了效率。

（2）检察机关提起公益诉讼是强化法律监督职能、救助社会弱势群体的需要。针对民事诉讼和行政诉讼的监督，检察机关一般以抗诉的方式来进行。这种形式不能及时发现审判过程中出现的程序和实体上的错误，也就不能更好地发挥检察职能。如果赋予检察机关在民事公益诉讼和行政公益诉讼上的起诉权，检察监督力度不减，既维护了法律的权威，也保护了国家和社会的公共利益。① 弱势群体一直是国内、国外媒体高度关注的群体，如何更好地保障弱势群体的合法权益、扶助弱势群体、更好地维护他们的利益，是促使社会文明进步需要思考的问题。现阶段，社会矛盾凸显，越来越多的社会弱势群体被侵犯的案例不断出现在我们的视野中。如社会上频频出现的拖欠农民工工资事件，每年媒体报道都不下百件。其中，有的农民工为了索要工资受到威胁不敢去法院起诉，有的暴力索要工资导致多起群体伤人事件，有的农民工干脆自认倒霉、忍气吞声。而将公益诉权赋予检察机关，则可维护弱势群体的正当权利，伸张正义，彰显社会的文明与公正，体现国家对弱势群体的关注和关怀。

（3）检察机关提起公益诉讼是维护公共利益的迫切需要。随着我国改革不断深化，市场经济不断完善，环境污染、侵害劳动者权益、国有资产流失、不正当竞争、侵害消费者权益等事件层出不穷。例如在国有资产流失的案件中，如果国家机构不提起诉讼，侵害方和受害方国家都不会主动进入，流失成为必然，而且事后也无法追回。2011 年审计署透露，近三年对 1290 户国有企业进行审计，共查出违法违规资金 1000 多亿元，国有资产流失 228.8 亿元，70% 的国有企业做假账②。如果没有一个机构站出来支持起诉，那么造成国有资产流失的人就会更加肆无忌惮，最终导致国家利益被破坏殆

---

① 陈新建：《检察机关公益诉讼制度》，苏州大学硕士学位论文，2009 年。
② 胡星斗：《产权改革不能"因噎废食"》，《中国企业报》，2011 年 12 月 12 日。

尽，所以赋予检察机关提起公益诉讼权是很有必要的。

（二）检察机关提起公益诉讼的历史、法律依据

检察机关保护公益的实践探索经历了以原告身份代表国家提起民事诉讼、督促责任主体提起诉讼以及检察机关提起公益诉讼三个阶段。

在中国立法的历史上，公益诉讼一度是检察机关的职能组成之一。早在1949年12月，我国就颁布了《中央人民政府最高人民检察署试行组织条例》，其中就有检察机关对一切反劳动人民利益的民事诉讼和其他行政诉讼，都可以国家名义参与其中的内容，这是检察机关提起公益诉讼最早的授权。此后在1951年的《各级地方人民检察署组织通则》和《中央人民政府最高人民检察署暂行组织条例》中规定了检察机关在与劳动人民利益和社会利益中有关的行政和民事案件，可以代表国家参与诉讼。1954年出台的《中华人民共和国人民检察院组织法》中也提出了检察机关可以参与针对国家和人民利益的民事诉讼和行政诉讼。在检察机关参与公益诉讼的制度历史中，虽然提法不尽相同，但本质基本一样，这奠定了检察机关提起公益诉讼的基础，赋予了其在民事和行政诉讼中的公益职能。但可惜的是，授权内容等不明确导致虽有规定但检察院很少实施，所以公益诉讼在检察机关的职能中一直未得到有效发挥。

习近平总书记在《中共中央关于全面推进依法治国若干重大问题的决定》中指出了在现实生活中，国有资产保护等领域中的一些行政机关不作为或违法行使职权，使利益相对人受到损害却没有有效救济手段如公益诉讼，最后导致这些领域中缺少了司法监督。2015年5月5日，中共中央改革领导小组第十二次会议审议通过了《检察机关提起公益诉讼改革试点方案》（以下简称《方案》）；2015年7月1日，第十二届全国人民代表大会常务委员会第十五次会议通过了《全国人民代表大会常务委员会关于授权最高人民检察院在部分地区开展公益诉讼试点工作的决定》（以下简称《决定》）正式授权北京、山东、吉林等13个省、自治区、直辖市检察机关开展提起公益诉讼试点工作。上述《决定》和《方案》的通过为检察机关提起公益诉讼提供了必要的法律依据。2015年12月16日，最高人民检察院第十二届检察委员会

第四十五次会议通过了《人民检察院提起公益诉讼试点工作实施办法》（以下简称《办法》）。2017 年 6 月 27 日，十二届全国人大常委会第二十八次会议表决通过了关于修改《民事诉讼法》和《行政诉讼法》的决定，将检察机关提起公益诉讼写入这两部法律，就检察机关提起公益诉讼的案件范围、诉前程序等问题作出了原则性规定。该决定于 2017 年 7 月 1 日起施行，标志着检察机关提起公益诉讼制度正式确立。2018 年 3 月 2 日，最高人民法院和最高人民检察院公布了《最高人民法院和最高人民检察院关于检察公益诉讼案件适用法律若干问题的解释》。

（三）检察机关提起公益诉讼的理论依据

检察机关是否具有公益诉讼权一直是我国学术界讨论的热点，争论点在于检察机关的监督权和诉权是否能统一。现在人大已经以法律的形式授予了检察机关提起公益诉讼的权力，在本章继续讨论是否具有诉权没有意义。著者将从理论结构上对检察机关为什么应该具有公益诉讼权进行。传统的民事诉讼理论认为，只有实体权利人本人可以行使民事诉权，同案件没有利害关系的人不享有民事诉权[①]。在实体和程序上的诉权分离后，著者认为诉权已不再受上诉内容的限制，即实体权利人和诉权主体一定是同一人的要求。这种事权分离，可以使不是同一实体的权利人有权参与诉讼案件。检察机关提起公益诉讼权不违背现行法律体系，为传统诉讼提供了新的内涵和外延，适用社会经济不同变化，完善了诉讼体系。在诉讼法的研究中可以看出，诉权和相应的法律监督其实是一种相互映衬、相辅相成的关系，法律监督依据诉权延伸，诉权又是法律监督的核心，最终实现法律监督。在刑事诉讼中，检察诉权和监督权的统一得以体现和完善，监督是对侦查权的监督，诉权是行使检察刑事诉讼权。相对于公益诉讼，检察机关的诉权不仅体现在由国家需要保护的利益中，还体现在监督产生的诉权中。不可否认诉权具有一定的监督属性，这种属性为检察机关公益诉权提供基础，然后设定正确的提起范围

---

① 周新华：《检察机关公益诉讼主体地位的法理分析》，《法制与社会》2009 年第 29 期，第 160、162 页。

和条件，诉权才能得以确认和健康发展。

在公益法理上，检察机关提起公益诉讼制度有理可循。实践中很难规范性描述国家利益和公共利益的内涵。我们不能规定某一机构来全面保护政治、经济等国家领域内的利益。社会公共利益最大的特点是具有分散性，有些公益诉讼受侵害范围大、涉及的人较多，很难找到代表替他们诉讼。同类型的社会公共利益可以找到特定组织或公民提起诉讼。但个人和组织往往没有能力或者没有动力提起公益诉讼，这是个人诉讼"利己"和公益诉讼"利他"之间的矛盾体现。我国现有诉讼制度中也不存在公益诉讼败方负担规则，所以很难有效激励个人和组织自动保护公益。以上因素均使我国公益诉讼不能健康发展，因此，我们必须授权某些机关提起公益诉讼，保证公共利益不受损害。检察机关具备检察权，检察权又具有公益代表性的特性（社会公益的性质是检察权的发展内容和生存基础），所以检察机关享有公益诉权是有利于保护社会公共利益的、是必要的。

三、国外检察机关提起公益诉讼制度借鉴

当前，大多数国家的司法制度中都有公益诉讼的规定，在司法实践中公益诉讼也趋于完善。市场经济体制下公害案件、环境破坏事件、集体性侵害事件不仅仅在我国频发，在其他国家亦是如此。由于受害者众多，有些案件甚至受害人数成千上万，传统的诉讼模式已经不能解决这类案件，保护人数过多的受害者。所以，世界各个国家在保护市场个体权利的基础上，也在研究实践对私法自制进行规范的方法，逐步完善对大多数不特定受害人的保护。从单一救助模式到司法保护与救助相结合的模式，逐渐形成新的诉讼模式——公益诉讼。在公共利益受到侵害时，允许特定的个人、组织或者机构（机关）来提起诉讼。

历史上，公益诉讼制度最早出现在古罗马，当时被称为公众利益诉讼、罚金诉讼、民众诉讼等。周楠先生在《罗马法原论》中指出罗马法诉讼可分为私益诉讼（private interest litigation）和公益诉讼（public interest litigation）。前者是保护个人所有权利的诉讼，仅特定的人才可提起；后者是保护社会公

共利益的诉讼，除法律有特别规定者外，凡市民均可提起①。近现代公益诉讼制度最早出现在美国，随后在世界各国传播发展。

（一）美国多元化全方位的公益诉讼制度

1. 原告资格

多元化、全方位是美国公益诉讼制度最大的特点，利害关系人、私人团体和政府都能提起公益诉讼，当然，美国的检察机关也能提起公益诉讼。《清洁空气法》是美国最早涉及公益诉讼相关条款的法律，当时并未对诉讼标的和原告作任何规定，仅仅是提出了"任何人都可以提起诉讼"。之后，在《清洁水法》中撰写公益诉讼条款时，明确了提起公益诉讼公民的资格，即利益已经被影响或者有可能被影响的人。之后联邦法院开始以"实际损害"为标准，并逐渐演变成"三步法则"来判定原告是否适格。首先，原告受到了具体的"实际损害"；其次，这种损害必须可以"合理地归因于"被告的行为，即被告的行为和原告所受损害之间必须存在一定的因果关系；再次，该等损害可以为法院的有利判决所补偿②。由此可见，美国对公益诉讼原告资格的规定非常宽容，但在现实实践中也要求原告必须满足"三步法则"才能起诉。具体来讲，消费者、环保组织、纳税人、环境消费者甚至是检察长和司法部长都可以提起公益诉讼，这也是所谓的"私人检察机关"制度③。

美国的法律规定，国家总检察长拥有对国家范围内一切涉及美利坚合众国利益的社会民事案件依法提起相关民事诉讼的权力，检察长还可以对私人提起的诉讼，或者是主管权力机关提起的诉讼等做出支持或提供帮助，美利坚合众国的各级检察长，都有权对所有牵涉联邦利益的案件依法提起诉讼④。

---

① 周楠：《罗马法原论》，北京：商务印书馆 1996 年版，第 17 页。
② 牛犁耘：《美国公益诉讼制度及其启示》，《河南公安高等专科学校学报》2005 年第 2 期，第 70 – 72 页。
③ 刘卉：《美国公益诉讼全方位保护公众的权益》，《检察日报》，2004 年 11 月 23 日。
④ 张红：《域外检察机关开展公益诉讼的启示》，《法制与社会》2015 年第 9 期，第 123 – 124 页。

2. 起诉事由

公益诉讼的被告有两类：一是行政机关负责人；一是美国政府、私人企业。在第一种被告即行政机关负责人为被告的情况下，美国法院会持一种非常谨慎的态度，原告除满足上述"三步法则"以外，还要满足"可诉性"要求，"可诉性"就是要满足"非裁量性"。第二种被告就没有太多限制，因为没有违法行为人，不涉及行政职权，如果不针对政府，只是针对私人违法，甚至公民自己就能起诉。

3. 费用承担

与传统的诉讼相比，公益诉讼亦有一系列的费用承担，比如律师费、诉讼费等。而公益诉讼的目的并非是获取私利，而是维护公共利益，所以费用承担问题是影响公益诉讼能否广泛应用的根本。为此，美国制定了一系列的法律、法案和制度来鼓励公益诉讼，使其得到良性发展。

首先是风险报酬机制。在公益诉讼胜诉的前提下，胜诉方律师可以在赔偿数额中得到一定比例的报酬。很多没有能力支付诉讼费的人因此机制得以找到私人律师参与诉讼（存在败诉风险）。这个制度也限制了一些诉讼标的小或非以金钱方式为补偿的案件进入法院，但往往此类案件又非常有意义。

其次是费用转移法规。1976年《民权律师费补偿法案》中规定了针对被告为政府机关而赔偿（或者补偿）较少的公益诉讼案件，国家会提供合理的律师费。这项法规使得很多"小案件"或者不被考虑的案件进入了法院判案阶段。

最后是告发人诉讼制度。在《联邦民事欺诈索赔法案》中有一条规定，允许个人代表美国政府起诉任何收到或使用政府资金并从中获利的个人或实体（包括州和地方政府）的欺诈行为。在告发人进行投诉、案件被审理之后，司法部门要在六十天之内针对告发人所告发的内容进行调查，然后确定其是否要作为原告参与该案的诉讼。司法部一旦决定了要参与公益诉讼，那么案件起诉的主要责任就会是司法部，案件胜诉后告发人会得到百分之十五至百分之二十五的赔偿。如果司法部不参与该诉讼案件，告发人就可以自行调查，然后起诉至法院。胜诉后将获得百分之二十五至百分之三十的赔偿费用以及对预先支付的律师费和其他合理费用的补偿。这项制度促使政府法律救济转化为私人，允许个人担任"私人检察机关"进行诉讼，打击腐败，维护公共利益。

4. 公益诉讼的限制

现实社会中侵犯公益的事件有很多，为了防止公民滥用公益诉讼制度或者过多地运用公益诉讼，导致司法资源紧张，美国国会在其立法中作了相关规定加以限制。其主要表现在原告要将"起诉意愿通知"书面移交到相关行政机关和违法行为的企业和个人。自通知移交之日起满六十日，方可向法院提起公益诉讼。如在六十日之内，行政机关纠正了违法企业和个人的违法侵权行为或者违法者认识到问题从而纠正了其违法行为，则起诉人不能去法院起诉。

5. 公益诉讼的救济

美国法律中对公益诉讼的救济没有作详细的规定，个人作为原告的公益诉讼是无法得到金钱赔偿的，这是普遍存在的事实。目前，救济手段主要有以下两种：一是民事处罚，由提起诉讼人或者是行政机关提出，再由法院判决一定金额的罚款；另一种是以禁令的形式要求行政机关采取措施以达到诉讼目的，但美中不足的是没有规定原告可以请求哪些类型的禁令、法院如何发布禁令等。

（二）英国检察长提起公益诉讼制度

在英国法律制度中，可以在法庭上代表公众的人只有检察长。检察长提起公益诉讼的方式有两种：一是私人请求；二是依职权提起。如果是不同意私人（告发人）请求方式提起公益诉讼的，法院无权撤销检察长的决定。在英国的民事诉讼中，检察长代表政府起诉或者应诉，命令被告遵守公共义务，制止其干扰公共权利的行为。如果私人或者是私人组织要提起诉讼，只有检察长同意才能进行。地方政府可以以自己的名义提起有关本地区经济和局面的公益诉讼，不需要征得检察长同意，也不需要以告发人诉讼的方式进行。此外，英国公正交易总局局长有权对不正当竞争导致侵害公众利益的行为和垄断行为提起诉讼；种族平等委员会有对性别、种族歧视作法、广告、指示等提起诉讼的权利①。

检察机关以两种方式参与公益诉讼：一是自行提起公益诉讼；二是主动参与公民、社会团体或者法人作为告发人提起的公益诉讼。自行提起公益诉讼指总检察长或者由总检察长授权的检察长对行政机关超越权限或滥用权力导致侵害社会公共利益的行为直接提起公益诉讼。也可以由公民告发，总检察长经过核实后可提起并参与诉讼，或者总检察长可授权其他检察长审查核实，并授予其以总检察长的名义提起诉讼的权利，让其参与到公益诉讼中，前提是必须经过授权，实际参与到案件中的还是公民自身，相关费用由公民自身负担。在公民、社会团体或者法人直接提起的行政公益诉讼中，检察机关认为有必要的，可以按照法律规定参与其中。

英国政府作为公众利益和私人利益的对立面，检察机关只有在法律特有的规定下才能代表公益，否则一般以国家和政府的代表出面。检察机关代表公益参与诉讼的身份、参与诉讼的方式决定了它在公益诉讼中的作用。依据相关法律法规：检察机关直接起诉的案件，检察机关是原告；在告发人起诉时，检察长是形式原告，告发人是实质原告；在涉及英王室的案件中，总检察长可以是被告。在庭审中，检察长享有原告权利并能提出相关意见，对于法院不合理、不合法的判决，可以提出上诉。在向高等法院申请时，可以要求其核查行政机关违法行为。在英国，由于没有设立行政法院，也没有制定行政诉讼程序，所以检察机关提起公益诉讼完全按照普通程序进行。审理程序包括以下几个方面：第一，检察机关直接起诉或者根据公民的告发提起诉讼，法院决定是否要审理；第二，法院决定审理后，在两个星期内把开庭的时间和地点通知检察机关和利害关系人，在判决之前，检察机关和利害关系人可以请求法院裁定行政机关暂时停止其损害权益的行政行为；第三，法院根据检察机关和利害关系人的书面程序，采用简易程序判决，检察机关对判决不服可以提请上诉。

---

① 赵慧：《国外公益诉讼制度比较与启示》，《政法论丛》2002 年第 5 期，第 22 - 25 页。

（三）德国检察机关的公益代表人诉讼制度

德国的公益诉讼制度最大的特点是设置了专门的公益代表人。《行政法院法》中规定了此项制度，即联邦最高检察机关、州高等检察机关和地方检察机关分别作为联邦、州和地方公共利益的代表人，以诉讼参加人的身份参与不同层级行政法院的行政诉讼，依法享有上诉权和请求变更权[①]。

（四）日本"民众诉讼"制度

日本公益诉讼制度有"民众诉讼"的说法，1962 年日本《行政案件诉讼法》包含以下内容：为纠正国家或社会团体的违法行为，以选举人资格提起的诉讼，可作为行政案件的一种形式。早在 20 世纪 90 年代，就有纳税人提起要求公开交际费、政府接待费和招待费等情况的诉讼，如日本高知县纳税人提起诉讼要求政府公开开支情况，最后法院判决勒令高知县政府必须公开开支情况。诉讼过程中原告指出，公款宴请必须公开宴请对象的姓名，这样有助于纳税人了解宴请事宜，判断宴请是否合理。根据法院的判决，最终从相关政府、公务员处追回了 4 亿多日元的损失。

四、我国检察机关提起公益诉讼制度的完善

检察机关提起公益诉讼是当今的热点话题，如何设计出符合中国国情的检察机关提起公益诉讼制度是我们亟须解决的问题。著者借鉴国外检察机关提起公益诉讼的制度，结合国情和检察实践的一些做法，拟从检察机关提起公益诉讼应遵循的原则、诉前程序、诉讼程序设计等几个方面来构架一套具有可行性的规则，以期对司法实践有所帮助。

（一）检察机关提起公益诉讼应遵循的原则

1. 公益性原则

公益性原则是检察机关提起公益诉讼的基石。公益性原则最大的优势是防止检察机关在公益诉讼这一领域滥用诉权，滥用司法资源。换言之就是检

---

① 陈业宏、唐鸣：《中外司法制度之比较》，北京：商务印书馆 2000 年版，第 37 页。

察机关要提起公益诉讼，必须要以实际损害公益为前提，案件是否侵害了公益应由法院来判断。司法自治是民事诉讼领域一个很重要的原则，在国内市场经济的高速发展过程中，国家对民事诉讼的干预也越来越明显，检察机关提起公益诉讼的目的是维护国家公共利益，但在私法自治的民事诉讼基础上，国家进行干预必须适度。在不特定多数人的利益受到侵犯时，检察机关才能提起公益诉讼。而通过保护特定人利益进行的诉讼，不属于检察机关提起公益诉讼的范畴。除此之外，对于不涉及公共利益的案件，公民完全可以按照法律规定自己起诉。即使存在不愿起诉、不敢起诉、不能起诉、无人起诉的情况，检察机关也可以为公民提供法律援助或者是支持起诉，但不能代为起诉，否则就会造成公权力滥用，反而会侵犯他人的正当合法利益。

2. 补充性原则

这一原则反映在起诉顺位上，探讨的是检察机关在提起公益诉讼时能否成为第一顺位起诉人。《办法》中的检察机关民事公益诉讼和行政公益诉讼中对起诉顺位作了规定。如在民事公益诉讼中，在无适格主体或者适格主体未提起诉讼的情况下，检察机关可以提起公益诉讼；在行政公益诉讼中，公民、法人和其他社会组织由于没有直接利害关系而无法提起诉讼的，检察机关可以提起行政公益诉讼。从理论层面上看，根据公共信托理论的概念，政府是公益代表（管理公共财产、管理社会公共事务）；公民个人也是公益的代表。检察机关是国家法律监督机关，它通过履行职能来实现监督职能，维护社会公共利益。但维护社会公共利益不等同于检察机关就是公益代表，检察机关只能是公益诉讼的代表人，而不能是公益代表，所谓无授权就无代表。只有个人和社会团体不起诉或者不愿起诉时，检察机关才能作为保护公益的司法底线进而向法院起诉。补充性原则并不意味着在发生公益侵害的案件后，检察机关只有等到无人起诉时才能向法院提起诉讼，而是当有更为适格的主体起诉时，检察机关不宜提起诉讼。这一原则也是为了防止检察机关过度关注公益诉讼，导致诉讼权滥用①。

3. 时效性原则

检察机关作为国家的法律监督机关，其保护公益的手段不仅仅体现在提起诉讼上。比如检察机关可向行政机关建议其采取诉讼手段保护公益，也可以支持更专业、更具代表性的社会团体参与公益诉讼，还可以采用自侦手段对不作为或者违法行使职权的行政机关进行侦查，开展在公益领域中的职务犯罪侦查。

综上所述，检察机关保护公益的手段多样，所以只有在其他手段用尽、无效或者没有比公益诉讼效率更好的方法时，才可以选择向法院提起公益诉讼。时效性原则决定了公共利益能否得到有效救济，也决定了公共利益所受损失能否减少，保护社会公益的效果是否令人满意。检察机关提起公益诉讼的效率有可能是最低的，有时候盲目选择提起公益诉讼会导致不能有效保护公益。

（二）改进检察机关提起公益诉讼的诉前程序

2018 年 3 月 2 日公布的《最高人民法院最高人民检察院关于检察公益诉讼案件适用法律若干问题的解释》中对检察机关行政公益诉讼的诉前程序有规定，在行政公益诉讼中规定"检察机关应当先行向相关行政机关提出检察建议，督促其纠正违法行政行为或者依法履行职责。行政机关应当在收到检察建议书后两个月内依法办理，并将办理情况及时书面回复检察机关。"诉前程序是检察机关督促行政机关主动纠错，推动相关主体保护公益的柔性方式，在诉前程序解决问题，既节约了司法资源，又提高了问题解决的时效性。如之前提到的鹰潭盛发铜业公司非法处置危险废物一案，检察机关发出诉前检察建议，环保部门责令盛发铜业公司限期整改，将非法处置废物的厂房收回，清理了危险有害物质，采取措施防止了污染的持续和扩大。诉前程序在其中发挥了重要作用，充分调动了其他主体适格保护公益的积极性，促

---

① 江伟、杨剑：《检察机关提起民事公益诉讼若干问题探讨》，《国家检察官学院学报》2005 年第 5 期，第 66 - 73 页。

进了行政机关纠正违法行为的主动性。

著者对诉前检察建议程序的内容、提出时间、法律效力提出以下几点看法:

1. 明确诉前检察建议程序的内容

《办法》未对公益诉讼诉前检察建议的内容作明确规定,但根据检察院以往所发出的检察建议我们可以进行分析。首先,内容中必须要有公益损害的事实和基本情况说明。只有在公益受损的前提下,检察机关才能行使职权,所以在检察建议中应尽量把受损的情况写清楚,受损程度只要达到诉前程序的必要即可,不需要评估受损的具体程度。其次,应有检察机关在公益保护中的职权说明。例如需要告知建议对象检察机关授权的依据、建议对象应承担的法律后果,二者不可或缺。诉前程序一般不具备强制力,建议对象往往不够重视,所以检察机关应做出必要的提醒,如不履行相应义务将提起诉讼等。如发现违法线索,应移交至自侦部门。

2. 完善诉前检察建议证据收集和财产保全制度

检察机关在发出诉前检察建议前的证据收集应做到什么程度,是否应实施财产保全措施都没有明确的规定。一般而言,检察机关应该在查明全部事实后再发出检察建议,这是最稳妥的做法,但有时要根据不同案件的情况区别处理:在公益受损已经是既定的事实,结果无法改变时,检察机关就应该尽量收集证据后发建议,以保证最终的诉讼结果;在公益受损处于持续状态,且不及时收集证据,证据会灭失的情况下,检察机关应优先收集证据后提建议,以保证事后的追偿;在公益处于受损害状态中,且继续受损害将会带来更大的损失的前提下,检察机关掌握必要的证据后就应该及时发出检察建议,以避免公益受损范围加大、加深。诉前检察建议不具备强制执行力,而且理论上有两个月的空档期。在这两个月内,建议对象很可能会有转移财产的举动,给后期法院判决执行带来很大阻碍。检察机关在发出检察建议期间还不是公益诉讼的主体,还不能确定是否提出诉讼,所以无法向法院申请财产保全措施,但检察机关可以随时关注建议对象的财产状况,发现建议对象有转移财产的行为,可以对建议对象提出建议,以便于检察机关可以及时进入诉讼程序而进行财产保全。

3. 进一步明确诉前检察建议具备的法律效力

首先，检察建议不具有排他效力。在司法实践中，公益损害的主体可能有多个，检察建议只发一份明显不合适，如依次发，可能会有很长的等待时间，这时就可以一同发出检察建议，并在检察建议中附带说明，这样做的优势在于可以节约时间成本，让建议对象之间形成合力，共同保护公益。建议对象也可以不采用检察建议中的具体措施，而采用实际操作中更加有效的方式方法来处理公益问题，达到建议所提到的处理效果。

其次，诉前检察建议没有确定力。表现在检察机关的建议内容有时会不完全准确，由于专业知识和专业人员的缺乏，检察机关对所调查的公益损害的事实和建议的合理性负责，并不需要得到必然的准确结论。所以建议对象在开展救济工作的时候并不一定以检察建议为蓝本，应以建议的线索为准自行开展调查，处理相关事宜。检察机关发出检察建议并不必然会提起诉讼，如建议对象没有采纳建议，但停止了侵害，或者最高人民检察院对于层报内容不批准，或者检察机关认为侵害结果不明显，都可导致不提起诉讼的情况。

最后，诉前检察建议没有证明力。检察建议不等同于生效的判决书或者调解书，它不能作为证据或者后期执法的依据使用。检察建议也不必然认定建议对象存在不履职或者违法的行为，其他的个人或者组织不能以检察建议为依据主张权利。

（三）进一步完善检察机关提起公益诉讼的诉讼程序

案件线索经过了诉前检察建议程序，建议对象不按照建议内容进行整改或者明确不整改，检察机关就可以依法提起公益诉讼。

1. 增加检察机关提起公益诉讼的起诉方式

《办法》第一条规定，人民检察院在履行职责中发现污染环境、食品药品安全领域侵害众多消费者合法权益等损害社会公共利益的行为，在没有适格主体或适格主体不提起诉讼的情况下，可以提起民事公益诉讼。第二十八条规定，行政机关违法行使职权或者不作为，造成国家和社会公共利益受到侵害，公民、法人和其他社会组织由于没有直接利害关系，没有也无法提起诉讼的，检察机关可以向人民法院提起行政公益诉讼。综上，检察机关提起公益诉讼是最后的解决方式，只是单纯以公益诉讼人的身份参与到公益诉讼中，比起英、美、德、法等国检察机关提起公益诉讼的方式都显得单一化。一般来说，公益诉讼的方式既不能单一化，也不能多样化。单一化限制了公益诉讼的发展，多样化导致理不清头绪，在实践中带来不必要的麻烦，司法资源浪费。所以如何确定起诉类型，要立足案件本身，因地制宜地制定。

著者认为我国可以借鉴英国和巴西检察机关的提起公益诉讼的做法，在公民或社会公益组织提起的公益诉讼中，检察机关参与其中共同起诉。这种情况针对的是受损害特定个人，受侵害个人寻求检察机关帮助，在提交申请救济之后，检察机关可以根据现实情况一并提起公益诉讼，一起作为诉讼原告。在共同起诉的前提下，检察机关与受损害个人虽然在诉求上有所不同，个人更侧重于损害赔偿方面（经济赔偿），检察机关侧重于对公共利益的保护与救济。虽诉求不同，但不影响诉讼结果。作为共同原告能够减少司法资源浪费，缩短法院审理期限，更好地保障公共利益。

2. 建立检察机关提起公益诉讼案件调解制度

检察机关提起公益诉讼的目的就是保护公益。诉讼是成本较高的一种解决方式，而调解是相对来说更节约司法成本的一种方式。著者之前也探讨过检察机关提起公益诉讼案件在开展前期，法院应尽量使用判决方式结案，但不能忽略调解解决问题的方式，调解也可以实现对行政行为的监督。但我们不能为了调解而调解，而应该注重在实体和程序上把关和审查，避免把公益诉讼当成讨价还价的场所[①]。我们应该认清，检察机关提起公益诉讼与提起其他民事诉讼有一定的区别，所以调解制度不能引用至公益诉讼的全部案件。如超越职权的行政行为就不适宜用调解制度，行政机关超越职权的原因是其在某些方面不具备处分权，这类案件只能通过法院判决来结案。调解程

---

① 王海明：《公益诉讼中调解制度的经济合法性》，《太原城市职业技术学院学报》，2008 年第 10 期。

序可以通过法院依职权启动，可以通过检察院依申请启动。从司法实践来看，著者认为调解制度适用于一审程序，而不适用二审或者再审程序。一审中，在双方自愿、公平、公正的前提下适用调解能化解矛盾，促进社会和谐。案件进入到二审或者再审程序，证明双方当事人在是否侵害公共利益及相应的解决方法上争议较大，应以判决作为检察机关提起公益诉讼案件的主要解决方式。

3. 明确检察机关提起公益诉讼的案件被告不具备反诉权

检察机关提起的公益诉讼中，被告是否有反诉权一直存在着争议，也是比较细微的问题。有的学者反对检察机关提起公益诉讼的理由就是被告不能反诉；有的学者支持检察机关应有公益诉讼权，同时被告的反诉权也应保留。上述两种观点完全混淆了权利行使的关系，好比将"行为能力"和"权利能力"混为一谈。反诉权是指本诉的被告以本诉原告为被告，向受诉法院提出的与本诉有牵连的独立的反请求，这是《民事诉讼法》对反诉的定义，检察机关并未剥夺被告的反诉权。在检察机关直接提起的公益诉讼案件中，检察机关代表的是公共利益，与案件本身不存在利害关系，所以不是反诉对象，这也就解释了为什么在检察机关提起的公益诉讼中被告无法提起反诉。

4. 举证责任

检察机关提起公益诉讼，并不改变行政机关在诉讼中的举证责任。但由于检察机关本身掌握了公共利益受到侵害的证据，而且也有一定的调查核实权力和证明能力，因此，检察机关在公益诉讼中，通常会积极承担推进说明的证明责任。

应为完善公益诉讼举证责任分配进行探索，即在现行举证责任倒置规则不能满足充分举证要求的情况下，探索新的途径和方法，完善公益诉讼举证责任分配规则，促使举证双方的举证功能得到充分发挥，帮助还原案件核心事实，促成案件的合理审判。

化解举证责任方面的难题，应该坚持举证责任倒置规则的立场和出发点，从各方面完善举证责任方法，通过丰富证据种类，运用基本事实推定发挥支持起诉功能，使公益诉讼证据提供途径多元化。在保障诉讼双方公平的前提下，完善举证责任机制，使双方积极履行提供证据的责任，形成证据互动，丰富的证据让法官有更多断案依据，让案件事实更加明晰，从而可推动我国公益诉讼司法实践。

5. 增强检察机关提起公益诉讼的执行力，建立执行监督体系

诉讼程序的最后阶段是执行，案件最终能否解决矛盾的关键在于判决是否能执行、执行是否到位。因为诉讼是最后的救济途径，如果案件在胜诉后的执行效果不好，会打击当事人对司法制度的信心，严重影响司法权威。公益诉讼亦是如此，为了保护社会公益，取得良好的社会效果，检察机关提起公益诉讼的执行更应该"变现"：首先，与判决息息相关的个人、组织属于执行监督者的行列，因为结果与自身利益挂钩，所以这类群体也是最负责任的监督者；其次，检察机关作为诉讼原告的另一身份是国家监督机关，当然是公益诉讼的监督者，也是最具保障力的监督者；最后，法院可以把监督的责任委托给第三方组织，由他们负责对判决执行的监督，其监督费用由法院承担，法院同时要负责审查第三方组织的资金使用情况和监督情况。法院放权第三方组织来监督执行有例可查。2011 年发生在贵州的好一多乳业股份有限公司环境污染一案，法院在该案的执行阶段，委托贵阳公众环境教育中心执行监督，起到了示范作用，取得很好的社会效果和法律效果。同理，检察机关提起公益诉讼的其他领域也可以使用该做法，让更多的人参与到公益诉讼中，提高全民保护公共利益的意识。

（四）三大责任追究机制的衔接问题

无论是刑事附带民事公益诉讼还是行政公益诉讼附带民事公益诉讼，核心的问题还是行政责任、民事责任和刑事责任三种违法构成与可罚性标准的衔接。

1. 民事责任与行政责任追究机制的衔接问题

试点期间，检察行政公益诉讼的诉讼请求仅限于提起撤销之诉、履行之诉和确认之诉，特别是撤销判决和确认判决一旦做出，容易引发判决结果不具有执行性的争议。而在环境领域，行政责任与民事责任之间通常有因果关系或是互为先决性因素。因此，如果存在环境民事侵权，一般也存在行政侵

权，检察机关可以一并提起行政公益诉讼附带民事公益诉讼，一方面可以纠正行政机关的违法行为，另一方面可以通过一并提起民事公益诉讼解决民事损害赔偿问题，从而更加全面彻底地保护公益。如吉林省长白山市人民检察院诉长白山市江源区卫生和计划生育局及江源县中医院行政附带民事公益诉讼案，作为全国首例行政公益诉讼附带民事公益诉讼案起到了很好的示范效应，但在实践中要普遍适用还需完善相关理论与制度。

2. 民事责任与刑事责任追究机制的衔接问题

检察机关提起民事公益诉讼和刑事附带民事诉讼在提起诉讼的范围上也存在着交叉重叠的部分。如《中华人民共和国刑事诉讼法》规定"如果是国家财产、集体财产遭受损失的，人民检察院在提起公诉的时候，可以提起附带民事诉讼。"但由于国家财产与国家利益的内涵与外延并不一致，因此不能归入刑事附带民事诉讼范围的利益损害，可以单独提起民事公益诉讼。民事侵权证明责任重，证据标准高，试点期间的检察民事公益诉讼案件线索多是经过刑事处理后移送而来的，或者在刑事处理过程中检察部门的工作人员就跟进监督，借用刑事侦查手段收集和固定证据。采取这种变通做法的原因有二：一是《方案》中并没有规定专门的调查手段，不利于检察机关收集证据；二是环境侵权行为的因果关系推定非常复杂，不借用法定侦查手段或者鉴定手段，很难确定侵权责任与因果关系。为了避免这种变通做法的尴尬，建议立法机关对《中华人民共和国刑事诉讼法》第一百零一条第二款做扩大性解释，将检察民事公益诉讼纳入刑事附带民事诉讼保护领域。

3. 行政责任与刑事责任追究机制的衔接问题

行政责任与刑事责任追究机制的衔接问题一直是学术界和实务界比较关注的问题。在行政公益诉讼试点过程中，这个问题与行政机关是否履行职责的认定标准紧密相关。实践中，通常是检察机关发现行政机关没有履行职责，发出诉前检察建议督促其履职，行政机关就直接将侵权人移送给司法机关，回复检察机关已经履行了职责。这种"一送了之"现象并不完全是行政机关选择性执法的结果，还涉及立法与执行层面存在的种种弊端。立法层面的问题表现为法律直接将行政执法与刑事司法的领域进行了泾渭分明的划分。而且，我国关于行政执法与刑事司法的衔接缺乏明确的立法规范或者现有的立法规范过于原则。立法中关于两法衔接最常用的表述是"构成犯罪的，依法追究刑事责任"或者"尚不构成犯罪，依法应给予……处罚，依据……进行处罚"。实践中两法衔接的情形远比这两句话要复杂得多，这就给行政机关留下了宽广的选择性执法空间。针对行政机关以罚代刑的问题，已经有许多规范性文件进行了专门规范，但是这些规范性文件通常由两办制定或者几个部委联合制定，总体上均侧重于构建行政执法机关向刑事执法部门移送案件的单向机制，而未关注双向移交机制的建构问题。由于我国《刑法》对污染环境等定罪标准过高，因此不构成犯罪或者已经追究犯罪仍需行政机关履行监管职责的情形很多。解决该问题应考虑刑事制裁与行政处罚的侧重点不同、手段不同、功能不同并完善相关理论制度。

要完善检察机关提起公益诉讼制度理论体系就要深刻领会中央决策部署和立法精神，严格遵循司法规律，牢牢把握检察机关提起公益诉讼的内在规律和基本要求。要紧紧围绕中心、服务大局，自觉把公益诉讼置于党和国家大局以及经济社会发展全局中谋划和推进，从更加有利于促进依法行政和法治政府建设，有利于保护国家利益和社会公共利益，有利于维护最广大人民根本利益，有利于维护社会和谐稳定出发，依法履行职责，确保取得良好的法律效果、政治效果和社会效果。

要牢牢把握公益这个核心，全面理解、准确把握公益的内涵和外延，明确各个领域公益受损的主要表现形式，把重点放在人民群众反映强烈的突出问题上，加强对严重侵害公益行为的监督。要始终坚持法律监督这个宪法定位，在提起公益诉讼工作中，既要遵循公益诉讼规律，又要遵循法律监督规律，实现两者有机结合。要审慎行使权力，严守检察权的边界，坚持依法规范监督，不能违背立法精神，不能自我扩权，不能越权解释。要使规范司法行为贯穿公益诉讼工作始终，从一开始就注重抓好制度建设和制度执行，坚持精细司法、精细办案。

要严格执行诉前程序，真正从立法精神和制度设计本意出发，把诉前程序和提起诉讼两个阶段、两种方式放到同等重要的位置，尽量通过诉前程序，积极倡导相关主体主动保护公益，倡导行政机关主动履职纠错，形成严格执法和公正司法的良性互动。要准确把握法定起诉条件，加大提起诉讼力度，对经过诉前程序，有关行政机关到期没有切实整改、有关社会组织没有提起公益诉讼的案件，逐案深入分析，及时向人民法院提起诉讼。要敢于克服困难，全力办理人民群众反映强烈的案件，规范案件办理程序和标准，增强公益保护实效。

参考文献

一、著作类

[1] 樊崇义、陈卫东、种松志主编：《现代公诉制度研究》，北京：中国人民公安大学出版社 2005 年版。

[2] 陈卫东主编：《最新〈人民检察院刑事诉讼规则（试行）〉析评》，北京：中国民主法制出版社 2013 年版。

[3] 蔡世葵、陈卫东、陈复军主编：《检察机关柔性司法的理论与实践以广州市海珠区人民检察院为样本的分析》，北京：中国检察出版社 2017 年版。

[4] 陈卫东：《转型与变革中国检察的理论与实践》，北京：中国人民大学出版社 2015 年版。

[5] 陈光中，[德] 汉斯-约格阿尔布莱希特主编：《中德不起诉制度比较研究》，北京：中国检察出版社 2002 年版。

[6] 陈光中主编：《辩诉交易在中国》，北京：中国检察出版社 2003 年版。

[7] 卢希、卞建林主编：《检察机关诉讼职权与监督职权优化配置问题研究》，北京：法律出版社 2011 年版。

[8] 卞建林：《刑事起诉制度的理论与实践》，北京：中国检察出版社 1993 年版。

[9] 孙谦主编：《中国检察制度论纲》，北京：人民出版社 2004 年版。

[10] 张智辉主编：《检察制度和检察理论的创新与发展——纪念检察机

关恢复重建 30 周年论文集》，北京：中国方正出版社 2008 年版。

[11] 张智辉主编：《中国检察：强化法律监督的制度设计》，北京：北京大学出版社 2004 年版。

[12] 张智辉主编：《人权知识检察官读本》，长沙：湖南大学出版社 2016 年版。

[13] 孙谦主编：《检察论丛（第 9 卷）》，北京：法律出版社 2004 年版。

[14] 张智辉主编：《检察理论课题成果荟萃（第 1 辑）》，北京：中国法制出版社 2011 年版。

[15] 张智辉主编：《辩诉交易制度比较研究》，北京：中国方正出版社 2009 年版。

[16] 张智辉：《刑事检察实务问题研究》，北京：中国检察出版社 2019 年版。

[17] 朱孝清、张智辉主编：《检察学》，北京：中国检察出版社 2010 年版。

[18] 张智辉主编：《检察权优化配置研究》，北京：中国检察出版社 2014 年版。

[19] 张智辉：《检察学》，北京：中国检察出版社 2019 年版。

[20] 张智辉主编：《中国检察》，北京：中国检察出版社 2012 年版。

[21] 张智辉、杨诚主编：《检察官作用与准则比较研究》，北京：中国检察出版社 2002 年版。

[22] 张智辉：《检察权研究》，北京：中国检察出版社 2007 年版。

[23] 张智辉主编：《检察机关的监督与被监督》，北京：北京大学出版社 2006 年版。

[24] 张智辉主编：《检察权优化配置初探》，北京：中国检察出版社 2011 年版。

[25] 张智辉主编：《自由裁量与人权保障》，北京：北京大学出版社 2005 年版。

[26] 张智辉主编：《拟任检察官培训教程》，北京：中国检察出版社

2004 年版。

　　［27］孙谦：《检察：理念、制度与改革》，北京：法律出版社 2004
年版。

　　［28］孙谦主编：《人民检察制度的历史变迁》，北京：中国检察出版社
2014 年版。

　　［29］孙谦主编：《中国特色社会主义检察制度》，北京：中国检察出版
社 2015 年版。

　　［30］孙谦：《人民检察制度的历史变迁》，北京：中国检察出版社 2009
年版。

　　［31］孙谦：《中国检察制度》，北京：法律出版社 2002 年版。

　　［32］孙谦主编：《中国检察制度论纲》，北京：人民出版社 2004 年版。

　　［33］孙谦主编：《中国特色社会主义检察制度》，北京：中国检察出版
社 2009 年版。

　　［34］孙谦等主编：《司法改革报告——检察改革·检察理论与实践专家
对话录》，北京：法律出版社 2002 年版。

　　［35］孙谦、郑成良主编：《司法改革报告——司法考试——司法官遴
选——司法官培训制度》，北京：法律出版社 2002 年版。

　　［36］孙谦、郑成良主编：《司法改革报告——中国的检察院、法院改
革》，北京：法律出版社 2004 年版。

　　［37］孙谦、郑成良主编：《司法改革报告——有关国家司法改革的理念
与经验》，北京：法律出版社 2002 年版。

　　［38］孙谦主编：《检察论丛》，北京：法律出版社 2019 年版。

　　［39］孙谦：《中国检察——论检察》，北京：中国检察出版社 2013
年版。

　　［40］孙谦主编：《检察论丛》，北京：法律出版社 2018 年版。

　　［41］孙谦主编：《检察论丛（第 19 卷）》，北京：法律出版社 2015
年版。

　　［42］孙谦主编：《人民检察八十年：图说历史》，北京：中国检察出版

社 2011 年版。

　　[43] 孙谦：《检察：法律守护人——以刑事法律监督为基点》，北京：中国检察出版社 2019 年版。

　　[44] 孙谦主编：《检察理论研究综述 1999—2009》，北京：中国检察出版社 2009 年版。

　　[45] 孙谦、童建明主编：《检察机关贯彻新刑事诉讼法学习纲要》，北京：中国检察出版社 2012 年版。

　　[46] 孙谦：《平和：司法理念与境界（关于法治检察相关问题的探讨）》，北京：中国检察出版社 2010 年版。

　　[47] 孙谦、刘立宪主编：《检察理论研究综述 1989—1999》，北京：中国检察出版社 2000 年版。

　　[48] 樊崇义、吴宏耀、种松志编著：《域外检察制度研究》，北京：中国人民公安大学出版社 2008 年版。

　　[49] 樊崇义主编：《检察制度原理》，北京：中国人民公安大学出版社 2019 年版。

　　[50] 樊崇义主编：《检察制度原理——中国特色检察制度原理研究》，北京：法律出版社 2009 年版。

　　[51] 樊崇义、陈卫东、种松志主编：《现代公诉制度研究》，北京：中国人民公安大学出版社 2005 年版。

　　[52] 樊崇义、冯中华、刘建国主编：《刑事起诉与不起诉制度研究》，北京：中国人民公安大学出版社 2007 年版。

　　[53] 樊崇义：《刑事诉讼法哲理思维》，北京：中国人民公安大学出版社 2019 年版。

　　[54] 樊崇义主编：《走向正义：刑事司法改革与刑事诉讼法的修改》，北京：中国政法大学出版社 2011 年版。

　　[55] 陈国庆：《检察制度原理》，北京：法律出版社 2009 年版。

　　[56] 陈国庆主编：《青秀检察文集》，南宁：广西人民出版社 2009 年版。

［57］李斌：《能动司法与公诉制度改革》，北京：中国人民公安大学出版社2012年版。

［58］陈国庆主编：《中国检察年鉴2013》，北京：中国检察出版社2015年版。

［59］陈国庆主编：《检察实务问题研究——最高人民检察院重点课题优秀成果荟萃》，北京：中国检察出版社2014年版。

［60］何家弘主编：《检察制度比较研究》，北京：中国检察出版社2008年版。

［61］何家弘：《中美检察制度比较研究》，北京：中国检察出版社1995年版。

［62］何家弘、杨迎泽：《检察证据教程》，北京：法律出版社2002年版。

［63］何家弘、杨迎泽：《检察证据实用教程》，北京：中国检察出版社2006年版。

［64］谢鹏程：《检察基础理论文库》，北京：中国检察出版社2016年版。

［65］谢鹏程主编：《中国检察（第27卷）》，北京：中国检察出版社2018年版。

［66］谢鹏程、朱建华主编：《检察工作》，北京：中国检察出版社2020年版。

［67］王守安主编：《中国检察（第25卷）》，北京：中国检察出版社2016年版。

［68］谢鹏程：《中国检察（第28卷）》，北京：中国检察出版社2019年版。

［69］王守安主编：《中国检察（第24卷）》，北京：中国检察出版社2015年版。

［70］王守安主编：《检察公信力研究》，北京：中国检察出版社2015年版。

[71] 谢鹏程、童建明：《检察智库成果（第 3 辑)》，北京：中国检察出版社 2019 年版。

[72] 张智辉、谢鹏程主编：《中国检察（第 4 卷）——刑事政策与证据规则》，北京：中国检察出版社 2004 年版。

[73] 张智辉、谢鹏程主编：《中国检察（第 1 卷）——2001 年最高人民检察院重点课题汇编》，北京：中国检察出版社 2003 年版。

[74] 谢鹏程主编：《新时代法律监督理论探索》，北京：中国检察出版社 2019 年版。

二、论文类

[1] 陈卫东：《我国检察权的反思与重构——以公诉权为核心的分析》，《法学研究》，2002 第 2 期。

[2] 龙宗智：《论检察权的性质与检察机关的改革》，《法学杂志》，1999 年第 10 期。

[3] 郝银钟：《检察权质疑》，《中国人民大学学报》，1999 年第 3 期。

[4] 朱孝清：《中国检察制度的几个问题》，《中国法学》，2007 年第 2 期。

[5] 韩大元：《坚持检察制度的宪法基础》，《人民检察》，2016 年第 16 期。

[6] 谢鹏程：《论检察权的性质》，《法学杂志》，2000 年第 2 期。

[7] 孙谦：《中国的检察改革》，《法学研究》，2003 年第 6 期。

[8] 陈光中、张建伟：《附条件不起诉：检察裁量权的新发展》，《人民检察》，2006 年第 7 期。

[9] 龙宗智：《检察机关办案方式的适度司法化改革》，《法学研究》，2013 年第 1 期。

[10] 宋英辉、陈永生：《英美法系与大陆法系国家检察机关之比较》，《中央检察官管理学院学报》，1998 年第 3 期。

[11] 何家弘：《论美国检察制度的特色》，《外国法译评》，1995 年第 4 期。

[12] 左卫民、赵开年：《侦查监督制度的考察与反思——一种基于实证的研究》，《现代法学杂志》，2006 年第 6 期。

[13] 郝银钟：《检察权质疑》，《诉讼法学·司法制度》，1999 年第 9 期。

[14] 孙长永：《检察官客观义务与中国刑事诉讼制度改革》，《人民检察》，2007 年第 17 期。

[15] 谢鹏程：《论检察官独立与检察一体》，《法学杂志》，2003 年第 3 期。

[16] 樊崇义、叶肖华：《论我国不起诉制度的构建》，《山东警察学院学报》，2006 年第 1 期。

[17] 秦前红：《检察机关参与行政公益诉讼理论与实践的若干问题探讨》，《政治与法律》，2016 年第 11 期。

[18] 龙宗智：《相对合理主义视角下的检察机关审判监督问题》，《四川大学学报（哲学社会科学版）》，2004 年第 2 期。

[19] 王亚新：《执行检察监督问题与执行救济制度构建》，《中外法学杂志》，2009 年第 1 期。

[20] 刘艺：《检察公益诉讼的司法实践与理论探索》，《国家检察官学院学报》，2017 年第 2 期。

[21] 韩大元、王德志：《检察制度》，《中国法律年鉴》，2003 年第 1 期。

[22] 王顺安、徐明明：《检察机关量刑建议权及其操作》，《法学杂志》，2003 年第 6 期。

[23] 汤维建：《论检察机关提起民事公益诉讼》，《中国司法》，2010 年第 1 期。

[24] 龙宗智：《试论检察官的定位：兼评主诉检察官制度》，《人民检察》，1999 年第 7 期。

[25] 陈永生：《论检察官的客观义务》，《人民检察》，2001 年第 9 期。

[26] 陈瑞华：《论检察机关的法律职能》，《政法论坛》，2018 年第

1 期。

　　[27] 胡勇:《监察体制改革背景下检察机关的再定位与职能调整》,《法治研究》, 2017 年第 3 期。

　　[28] 陈卫东:《论法治理念下的检察机关职务犯罪侦查权》,《人民检察》, 2005 年第 13 期。

　　[29] 朱孝清:《中国检察制度的几个问题》,《当代检察官》, 2007 年第 6 期。

　　[30] 陈桂明:《检察机关应当介入公益诉讼案件》,《人民检察》, 2005 年第 13 期。

　　[31] 张智辉;《论检察机关的建议权》,《西南政法大学学报》, 2007 年第 2 期。

　　[32] 韩大元:《关于检察机关性质的宪法文本解读》,《人民检察》, 2005 年第 13 期。

　　[33] 王敏远:《论我国检察机关对刑事司法的监督》,《中外法学》, 2000 年第 6 期。

　　[34] 谢佑平:《检察机关与非法证据排除》,《中国检察官》, 2010 第 21 期。

　　[35] 周理松:《法国、德国检察制度的主要特点及其借鉴》,《人民检察》, 2003 年第 4 期。

　　[36] 周士敏:《论我国检察制度的法律定位》,《人民检察》, 2016 年第 2 期。

　　[37] 谢佑平、万毅:《检察官当事人化与客观公正义务——对我国检察制度改革的一点反思》,《人民检察》, 2002 年第 5 期。

　　[38] 陈瑞华:《刑事诉讼法修改对检察工作的影响》,《国家检察官学院学报》, 2012 年第 4 期。

　　[39] 龙宗智:《为什么要实行主诉检察官办案责任制:一论主诉检察官办案责任制》,《人民检察》, 2000 年第 1 期。

　　[40] 宋英辉、何挺:《检察机关刑事诉讼职权之比较》,《国家检察官

学院学报》，2004 年第 3 期。

[41] 龚佳禾：《检察官客观义务研究》，《湖南社会科学》，2007 年第 5 期。

[42] 彭勃：《检察权的性质与"检警一体化"理论试析》，《当代法学》，2002 年第 8 期。

[43] 余钊飞：《"四大检察"与执法司法制约监督体系之构建》，《法律科学（西北政法大学学报)》，2020 年第 1 期。

[44] 李亚菲：《检察机关提起环境行政公益诉讼的制度困境及其因应》，《社会科学家》，2020 年第 2 期。

[45] 刘艺：《论国家治理体系下的检察公益诉讼》，《中国法学》，2020 年第 2 期。

[46] 薛伟宏：《中外检察制度漫谈》，《中国检察官》，2016 年第 13 期。

[47] 周新：《我国检察制度七十年变迁的概览与期待》，《政法论坛》，2019 年第 6 期。

[48] 洪浩：《检察制度创新与公益诉讼改革研究》，《山东社会科学》，2019 年第 7 期。

[49] 陈长均：《我国检察制度的沿革与启示》，《人民检察（山西版)》，2017 年第 4 期。

[50] 卞建林、谢澍：《刑事检察制度改革实证研究》，《中国刑事法杂志》，2018 年第 6 期。

[51] 温军：《国家权力结构与检察制度关系探析》，《贵州社会科学》，2018 年第 5 期。

[52] 李雅新：《检察机关巡回派驻检察制度初探》，《中国检察官》，2018 年第 11 期。

[53] Michael Toney，郭大磊：《比较视角下检察制度的差异性》，《国家检察官学院学报》，2018 年第 1 期。

后　记

　　"法者，国之重器也"，检察制度是国之重器的重要组成部分。检察机关是法律监督机关，承担着国家法律监督的重任。在刑事诉讼控、辩、审三方结构构造里，检察机关是控方职能的行使者。检察机关为惩罚犯罪、维护法律正义、保护公民合法权益发挥了"重器"的作用。

　　在 2018 年刑事诉讼法第三次修正的背景下，我国对检察制度进行了大幅度改革。检察制度的理论和实务问题是近几年刑事诉讼法学理论和实务界关注的重点和难点。作为一名专注检察制度理论研究 30 多年的学人，从理论上对我国的检察制度展开深入系统的研究责无旁贷。从 2010 年开始，我组织研究生团队围绕"检察制度改革的理论和实践问题"展开讨论研究，对"检察制度改革"涉及的热点、焦点问题予以系统的、全方位的调查研究，经过 10 多年的思考和耕耘，终于成就本书。拙作是百花园中的小花朵，希望能为国家法治建设献计献策，为检察制度改革添砖加瓦。

　　本书涉及"检察制度改革的理论和实践"热点问题，可能涉猎面较广，虽然成果还不太"成熟"，"果实"还有点稚嫩、粗糙，但它毕竟是自己劳动的结晶，也是对自己在检察制度法学领域研究的一个交代。本书虽然付梓，但长路漫漫，研究并未画上句号。由于学识有限，加上资料收集，尤其是实证资料收集的难度较大，检察制度改革有些热点问题还未触及或研究深度不够，如检察组织、检察信息化建设还没有研究成果，不足之处有待今后继续改进。

　　本书能够成稿与我所带领的研究生团队的努力是分不开的，薛珊珊、周铁群、陈耘、潘婉、肖亚、梁雁秋、唐超琴、汪智超、章昭君、陈娟、唐钰、李利明、闫琰、成智超为本书的成稿付出了辛勤的劳动，在此一并致谢。本书的德文及其他外文资料由沈泽钰提供并翻译，湖南师范大学双一流学科建设基金为本书的出版提供了支持。在此一并致谢！

沈红卫

2021 年 3 月于湖南师范大学